書いて定着

アウトプット専用問題集

中1国語 読解

もくじ

次のように感じたことのある人はいませんか？

☑ 授業は理解できる
➡ **でも問題が解けない！**

☑ あんなに手ごたえ十分だったのに
➡ **テスト結果がひどかった**

☑ マジメにがんばっているけれど
➡ **一向に成績が上がらない**

本書の特長と使い方

本書は、成績アップの壁を打ち破るため、問題を解いて解いて解きまくるためのアウトプット専用問題集です。

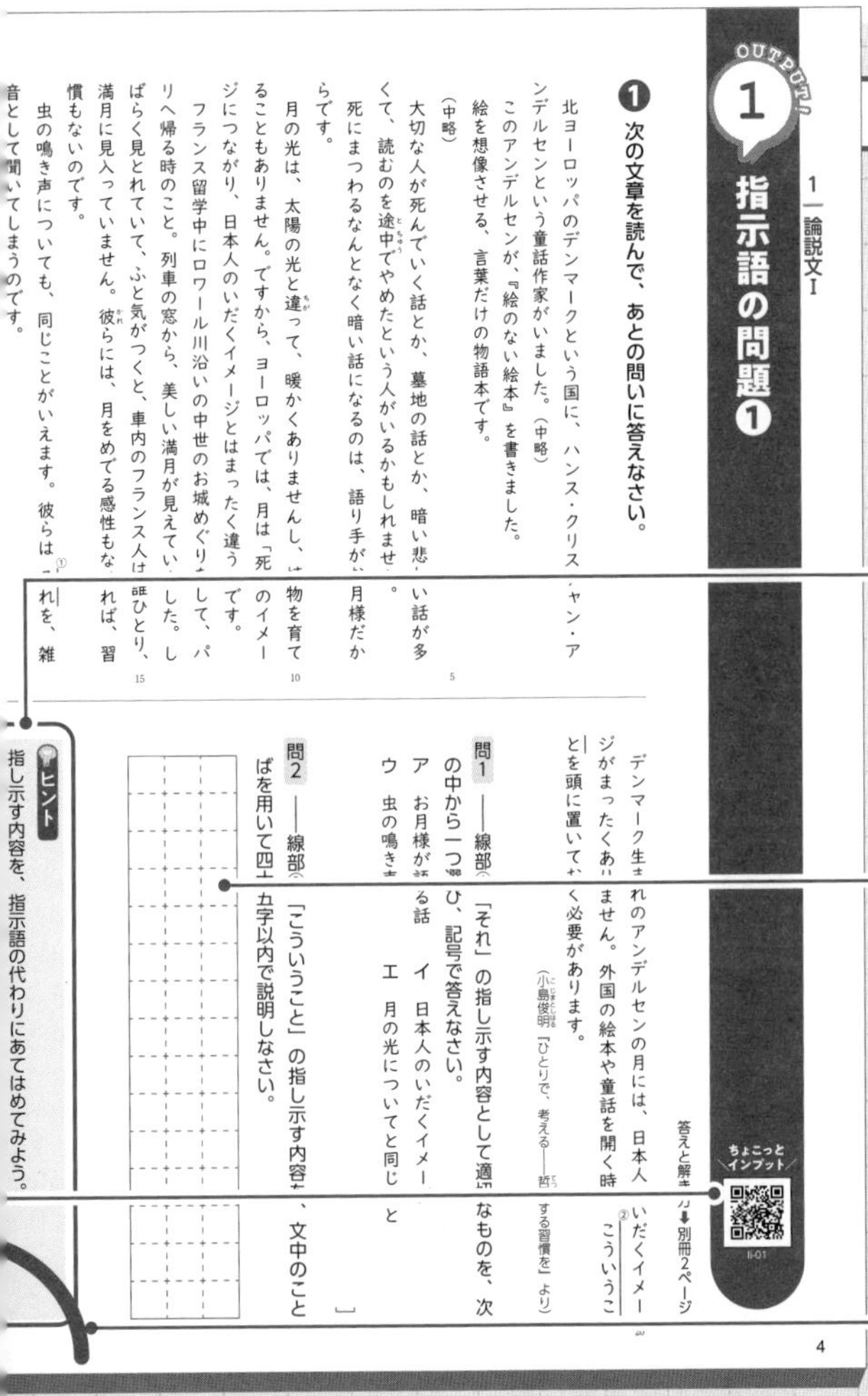

基本のページ

アウトプットに特化したスタイル

ストレスフリーでどんどん解ける！
問題を解いて解いて解きまくろう！

単元はじめの問題にはヒントがあるからつまずかずにスイスイ解ける！

答えはすべて書き込める！

180°開く製本だから書き込みやすい！
手を離しても本が閉じない！

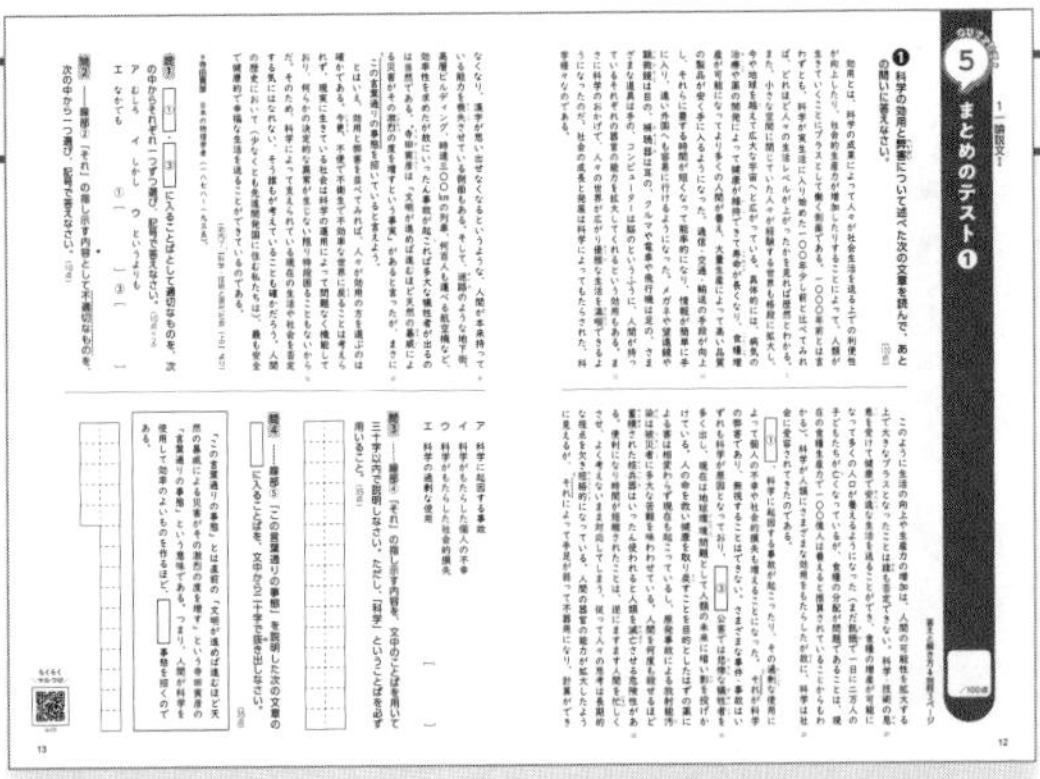

テストのページ

まとめのテスト

数単元ごとに設けています。
これまでに学んだ単元で重要なタイプの問題を掲載しているので、復習に最適です。点数を設定しているので、定期テスト前の確認や自分の弱点強化にも使うことができます。

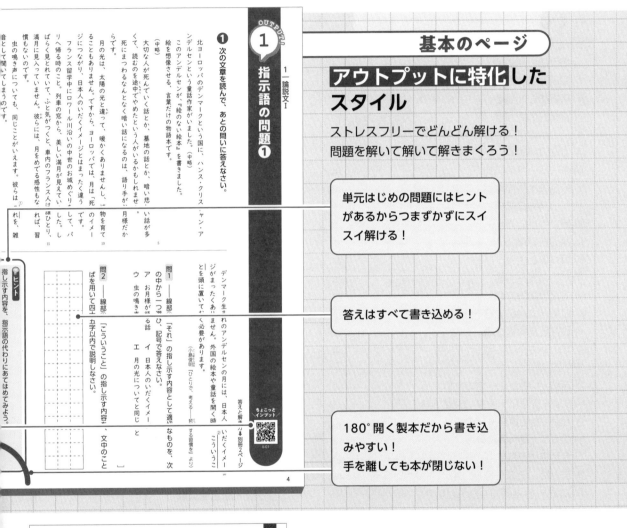

原因は実際に問題を解くという

アウトプット不足

です。

本書ですべて解決できます！

スマホを使うサポートも万全！

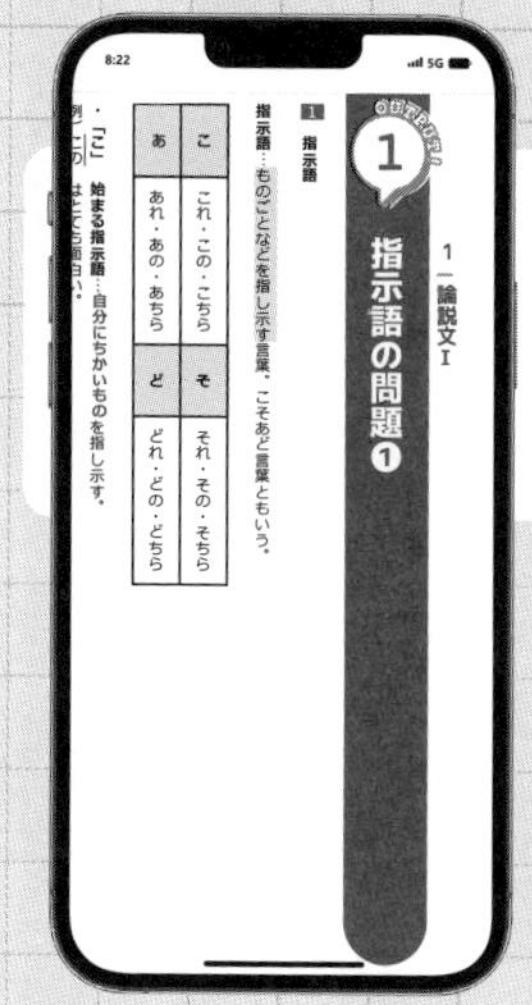

ちょこっとインプット

わからないことがあったら、QRコードを読みとってスマホやタブレットでサクッと確認できる！

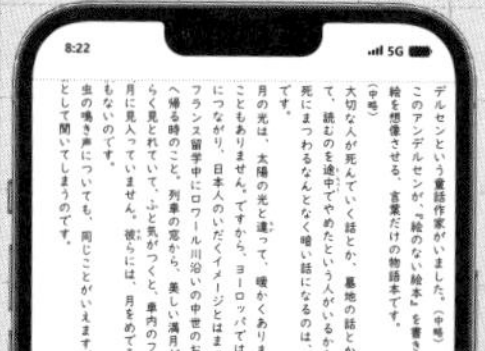

らくらくマルつけ

QRコードを読みとれば、解答が印字された紙面が手軽に見られる！

※くわしい解説を見たいときは別冊をチェック！

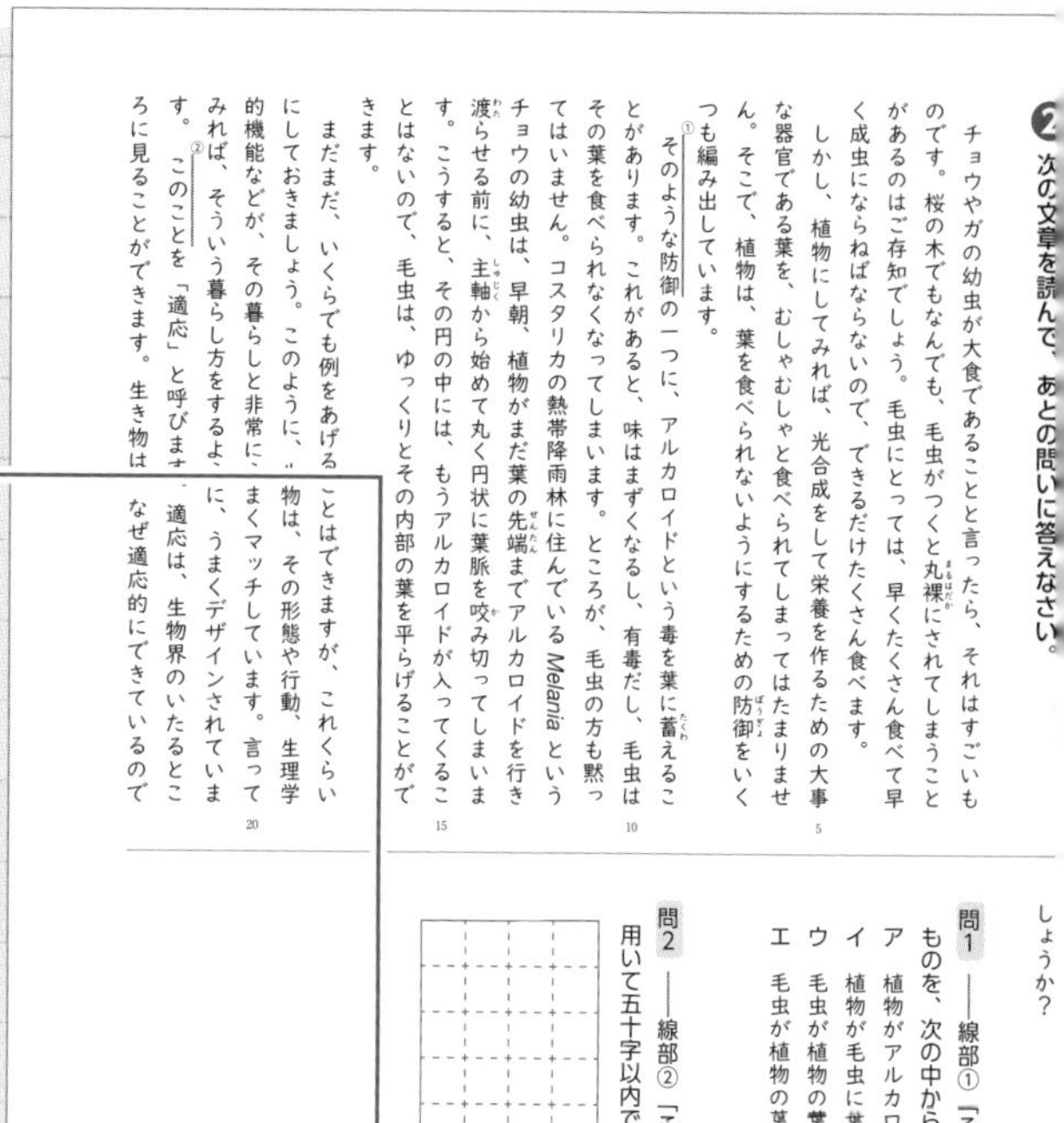

チャレンジテスト

巻末に３回設けています。高校入試レベルの問題も扱っているので、自身の力試しに最適です。入試前の「仕上げ」として時間を決めて取り組むことができます。

●「ちょこっとインプット」「らくらくマルつけ」は無料でご利用いただけますが、通信料金はお客様のご負担となります。●すべての機器での動作を保証するものではありません。●やむを得ずサービス内容に変更が生じる場合があります。●ＱＲコードは（株）デンソーウェーブの登録商標です。

OUTPUT! 1 指示語の問題①

答えと解き方⬇別冊2ページ

ちょこっとインプット

li-01

❶ 次の文章を読んで、あとの問いに答えなさい。

北ヨーロッパのデンマークという国に、ハンス・クリスチャン・アンデルセンという童話作家がいました。（中略）

このアンデルセンが、『絵のない絵本』を書きました。絵を想像させる、言葉だけの物語本です。

（中略）

大切な人が死んでいく話とか、墓地の話とか、暗い悲しい話が多くて、読むのを途《と》中《ちゅう》でやめたという人がいるかもしれません。死にまつわるなんとなく暗い話になるのは、語り手がお月様だからです。

月の光は、太陽の光と違《ちが》って、暖かくありませんし、植物を育てることもありません。ですから、ヨーロッパでは、月は「死」のイメージにつながり、日本人のいだくイメージとはまったく違うのです。

フランス留学中にロワール川沿いの中世のお城めぐりをして、パリへ帰る時のこと。列車の窓から、美しい満月が見えていました。しばらく見とれていて、ふと気がつくと、車内のフランス人は誰ひとり、満月に見入っていません。彼《かれ》らには、月をめでる感性もなければ、習慣もないのです。

虫の鳴き声についても、同じことがいえます。彼らは①それを、雑音として聞いてしまうのです。

デンマーク生まれのアンデルセンの月には、日本人のいだくイメージがまったくありません。外国の絵本や童話を開く時、②こういうことを頭に置いておく必要があります。

（小島俊明《こじまとしはる》『ひとりで、考える――哲学《てつがく》する習慣を』より）

問1 ――線部①「それ」の指し示す内容として適切なものを、次の中から一つ選び、記号で答えなさい。

ア　お月様が語る話　　イ　日本人のいだくイメージ

ウ　虫の鳴き声　　エ　月の光についてと同じこと

［　　］

問2 ――線部②「こういうこと」の指し示す内容を、文中のことばを用いて四十五字以内で説明しなさい。

ヒント 指し示す内容を、指示語の代わりにあてはめてみよう。

❷ 次の文章を読んで、あとの問いに答えなさい。

チョウやガの幼虫が大食であることと言ったら、それはすごいものです。桜の木でもなんでも、毛虫がつくと丸裸《まるはだか》にされてしまうことがあるのはご存知でしょう。毛虫にとっては、早くたくさん食べて早く成虫にならねばならないので、できるだけたくさん食べます。

しかし、植物にしてみれば、光合成をして栄養を作るための大事な器官である葉を、むしゃむしゃと食べられてしまってはたまりません。そこで、植物は、葉を食べられないようにするための防御《ぼうぎょ》をいくつも編み出しています。

①そのような防御の一つに、アルカロイドという毒を葉に蓄《たくわ》えることがあります。これがあると、味はまずくなるし、有毒だし、毛虫はその葉を食べられなくなってしまいます。ところが、毛虫の方も黙ってはいません。コスタリカの熱帯降雨林に住んでいる*Melania*というチョウの幼虫は、早朝、植物がまだ葉の先端《せんたん》までアルカロイドを行き渡《わた》らせる前に、主軸《しゅじく》から始めて丸く円状に葉脈を咬《か》み切ってしまいます。こうすると、その円の中には、もうアルカロイドが入ってくることはないので、毛虫は、ゆっくりとその内部の葉を平らげることができます。

まだまだ、いくらでも例をあげることはできますが、これくらいにしておきましょう。このように、生物は、その形態や行動、生理学的機能などが、その暮らしと非常にうまくマッチしています。言ってみれば、そういう暮らし方をするように、うまくデザインされています。②このことを「適応」と呼びます。適応は、生物界のいたるところに見ることができます。生き物は、なぜ適応的にできているのでしょうか？

（長谷川《はせがわ》眞理子《まりこ》『進化とはなんだろうか』より）

問1 ——線部①「そのような防御」の指し示す内容として適切なものを、次の中から一つ選び、記号で答えなさい。

ア　植物がアルカロイドという毒を葉に蓄えるための防御
イ　植物が毛虫に葉を食べられないようにするための防御
ウ　毛虫が植物の葉を早くたくさん食べて成虫になるための防御
エ　毛虫が植物の葉を安全に食べられるようにするための防御

［　　］

問2 ——線部②「このこと」の指し示す内容を、文中のことばを用いて五十字以内で説明しなさい。

らくらくマルつけ
la-01

OUTPUT!

2 指示語の問題②

答えと解き方⬇別冊2ページ

ちょこっとインプット

Ii-02

1 次の文章を読んで、あとの問いに答えなさい。

リンゴが赤いとか、石が重いとか、あるいは食べた物が苦いとか甘《あま》いとかいうとき、われわれはそうした性質がものそのもののなかにあると考えがちだ。①それが常識的な見方だが、そのような見方になるのは、第一にわれわれがものを知覚したりイメージしたりするときに感覚を頼《たよ》りにする習慣をもっているからであり、また第二にはわれわれは自分の外にあって、自分とは無関係に動いている世界を自分の感じたとおりのものだと信じているからである。常識的なものの見方というのは、要するにものはそれがわれわれに見えるとおりのものだとする見方であり、観察対象の上に観察者の精神を投影《とうえい》すること、ものとこころを結合させることにほかならない。

このように考えると、われわれがもののなかにあると無批判に信じてしまっている性質は、実はわれわれ自身の精神に帰属させられるべきものであることが理解されるのだが、②このことはまた、*アリストテレスの体系がものとこころを結びつける素朴《そぼく》かつ常識的な世界観に基《もと》づくものであることを示唆《しさ》する。自然力や実体的形相といった概念《がいねん》は、われわれがふだん感じていることを*形而上学的《けいじじょうがくてき》に洗練させたものにほかならない。

（落合洋文《おちあいひろふみ》『科学はいかにつくられたか――歴史から入る科学哲学《てつがく》』より）

*アリストテレス　古代ギリシャの哲学者（前三八四～前三二二）。
*形而上学　形がなく感覚でとらえがたい魂《たましい》や神、世界などを研究対象とする学問。

問1　――線部①「それ」の指し示す内容として適切なものを、次の中から一つ選び、記号で答えなさい。

ア　ものの性質はもののなかにあると考えること
イ　ものそのもののなかにあるもの
ウ　ものそのものがもつ性質
エ　ものを知覚したりイメージしたりすること

［　　］

問2　――線部②「このこと」の指し示す内容を、文中のことばを用いて五十字以内で説明しなさい。

ヒント
まずは指示語の前の部分から、指し示す内容を探そう。

❷ 次の文章を読んで、あとの問いに答えなさい。

モノというのは、ふつうの意味での物質であり物である。物理学という言葉は、それが「物の理《ことわり》」を研究する学問であることを示している。だから、物理学の研究対象のことだと言ってもいい。

それに対して、コトというのは、モノの周辺に漂《ただよ》っているさまざまな「関係」や「環境《かんきょう》」や「つながり」のネットワークを意味する。

そして、「モノからコトへ」というフレーズは、現代物理学が進展して、次第《しだい》に物質の本性があらわになってくるにしたがって、主役の座が少しずつ「モノ」から「コト」のほうへシフトしてゆく現象を表《あら》わしている。

つまり、モノの周囲にコトが付随《ふずい》しているのではなく、話は逆で、縦横無尽《じゅうおうむじん》にはしるコトの網目《あみめ》のダイナミックな動きから、いつのまにかモノが紡《つむ》ぎ出されてくるのである。①それが宇宙の本質なのだ。

ところが、そういった「変容するコトの世界」は不安定この上ない。常に生成と消滅《しょうめつ》をくり返す関係性のネットワークは、どこか、人間の喜怒哀楽《きどあいらく》の感情に似ていて、今落ち着いているかと思えば、次の瞬間《しゅんかん》には大変動を起こしたりする。

動物とちがって、「智慧《ちえ》」を身に付けて自然を手なずけた人間は、不安定な状態を嫌《きら》う。だから、どうしても、変動するコトの世界よりも、そこから紡ぎ出されて安定した存在となったモノのほうに目がゆく。モノは不変に見えるし、安定している。それは、やがて人間が世界を見る目を堕落《だらく》させ、先入観として蔓延《はびこ》るようになる。いったん、モノが人間の考え方の奥《おく》深くまで根をはってしまうと、ふたたび世界のコト的な実相に目を向けるのは容易でなくなる。

②それを哲学《てつがく》では（悪《あ》しき）「物象化」と呼んでいる。

（竹内薫《たけうちかおる》『物質をめぐる冒険《ぼうけん》 万有引力からホーキングまで』より）

問1 ――線部①「それ」の指し示す内容として適切なものを、次の中から一つ選び、記号で答えなさい。

ア ふつうの意味で物質や物と呼ばれるモノ
イ モノの周囲にコトが付随していること
ウ 物理学の主役の座が「モノ」から「コト」にシフトする現象
エ コトの網目の動きからモノが紡ぎ出されてくること

［　　］

問2 ――線部②「それ」の指し示す内容を、文中のことばを用いて五十字以内で説明しなさい。

らくらくマルつけ

Ia-02

3 接続語の問題①

答えと解き方⬇別冊3ページ

ちょこっとインプット
Ii-03

❶ 次の文章を読んで、あとの問いに答えなさい。

日本の伝統的な考えでは、自分はどの「イエ」に属するのかが、一番大切であって、その「イエ」の築年や永続性ということが、その人を支える力となっていた。終戦によって「イエ」が否定されると、何らかの「イエ代理」に所属することが、それに代わることになった。つまり自分は「××会社」に所属していることによって、心の安定を得るのである。［　①　］、最近はこれも怪《あや》しくなってきて、要するに「個人」が大切ということが、前面に押《お》し出されてきた。

個人が大切、個性の尊重などと言っても、いったい自分の個人としての支えをどうするか、という大きく重い問題が発生してくる。つまり、アイデンティティの問題である。「幼い私であって、それ以外の何ものでもない」ことを、しっかりと実感することは、なかなか難しい。下手をすると、自分は要するに他人と変わるところがない。②つまり、かけがえのない存在ではない。ということになって、平穏《へいおん》な世界に埋没《まいぼつ》してしまうことになる。

そのようなとき、自分はともかく何らかの点で他人より優《すぐ》れている、と感じることは、強い支えになるだろう。それを自分の判断よりは、他の判断によってなされるとき、それは「確実」になってくる、というところに「検定」が入り込《こ》んでくる。

「私は××検定の一級を取りまして」などと言うときに、さりげなく言っているように見えながら、何となく誇《ほこ》りにしているように感じさせるのは、そこでその人がアイデンティティの確立！　とまでゆかぬにしても、無意識的にしろ、アイデンティティに関わる仕事をひとつ達成したような気持ちが働くからであろう。

（河合隼雄《かわいはやお》『河合隼雄の〝こころ〟――教えることは寄り添《そ》うこと』より）

問1 ［　①　］に入ることばとして適切なものを、次の中から一つ選び、記号で答えなさい。

ア だから　イ しかし　ウ むしろ　エ すなわち

［　　］

問2 ――線部②「つまり」の前後の関係を説明したものとして適切なものを、次の中から一つ選び、記号で答えなさい。

ア 前のことがらが原因・理由となり、その順調な結果があとに続いている。

イ 前のことがらから当然類推される結果とは逆の結果があとに続いている。

ウ 前のことがらについて、別の言い方で繰《く》り返している。

エ 前のことがらの原因・理由などを、あとに続く部分が説明・補足している。

［　　］

ヒント
接続詞の前後の内容の関係を考えてみよう。

❷ 次の文章を読んで、あとの問いに答えなさい。

文系の問いと理系の問いは、大きく違《ちが》います。文系の問い、［　①　］＊芥川龍之介《あくたがわりゅうのすけ》の『羅生門《らしょうもん》』で、「なぜ下人は老婆《ろうば》を襲《おそ》ったのだろうか」という問いを立てたとします。これを考えるのは確かにおもしろいのですが、答えはいくつもいくつも出てきてしまう。一方理系の問いは、論理的に検証していけば一つの答えにたどりつけます。②しかし、その答えは絶対的なものではなく、また仮説が立てられて、答えは改訂《かいてい》されていく。「問い」こそが重要なのです。

問いを立て、論理的に検証しながら一つの答えに近づいていくというのは、とてもスリリングなことなんですね。ニュートンは、「私は、砂漠《さばく》で小石や貝を拾って遊んでいる子どものようなものだった。真理の大海はいまだ発見されることなく目の前に広がっている」と言いました。「真理の大海」を目の前にしても、とうていたどりつけない。わからないことをわかるためには、「何がわからないか」を明確にして問いを立て、それを解いていかなくてはなりません。③だから、世界中の研究者たちが、必死に問いを立て、問いを解き、また次の問いを立てている。これが科学研究の世界なのです。真実にたどりつくということ、この世界を理解するということがどれほどスリリングでワクワクすることか。それをこの本から知ることができます。

実は、私たちが科学的思考をするようになったのは、人類史の中でもごく最近のことです。中世はまだ科学の時代ではありません。宗教は古くからあって、日本でも平安時代は病気になると加持祈祷《かじきとう》をしていましたので、非科学的な時代がずいぶん長かったと言えます。ですので、科学的な問いを立てて論理的に検証していくというのは、人類が新しい段階に入ったということの証明でもあります。

（齋藤孝《さいとうたかし》『文系のための理系読書術』より）

＊芥川龍之介　日本の小説家（一八九二〜一九二七）。

問1 ［　①　］に入ることばとして適切なものを、次の中から一つ選び、記号で答えなさい。

ア いわば　イ しかし　ウ たとえば　エ そして

［　　］

問2 ——線部②「しかし」と——線部③「だから」の前後の関係を説明したものとして適切なものを、次の中からそれぞれ一つ選び、記号で答えなさい。

ア 前のことがらが原因・理由となり、その順調な結果があとに続いている。
イ 前のことがらから当然類推される結果とは逆の結果があとに続いている。
ウ 前の条件に対応することがらをあとで述べている。
エ 前のことがらについて、別の言い方で繰り返している。

②［　　］　③［　　］

らくらくマルつけ
la-03

❶ 次の文章を読んで、あとの問いに答えなさい。

司馬遷《しばせん》という人がいました。紀元前一四五年ごろの生まれ（前八六年ごろ没《ぼっ》）といいますから、前漢（前二〇二～後八）時代の人です。『史記』全一三〇巻を書き残した人物で、中国・アジア（日本を含《ふく》む）の「歴史の父」と言われています。日本の頼山陽《らいさんよう》（一七八〇～一八三二）の『日本外史』は、司馬遷の『史記』を手本として書かれたものなのです。

歴史の父と言えば、世界中、とりわけ西洋の歴史学だけを理不尽《りふじん》にも尊んでしまった明治以降の日本で、ギリシアのヘロドトス（前四八四ごろ～前四二五ごろ）ということになっています。□ヘロドトスはおもしろいし、構成も文章も非常に上手です。そのうえ自分の足で行けるところには必ず行きます。そして今日のイラク（当時のバビロニア）のバグダッド近くに残された古代の運河などを見た上での描写《びょうしゃ》のたしかさや、はるかに遠い昔のエジプトのピラミッドのつくり方など刻明に調べ、数学を使って計算さえしている態度には、敬意を抱《いだ》かずにはいられません。資料や土地の人々の間に残された伝承の集め方も脱帽《だつぼう》せずにいられません。

しかし、司馬遷は、ヘロドトスよりある意味でもっとおもしろいのです。彼《かれ》もまたヘロドトスのように、方々の土地に出かけて調べています。史料をふんだんに集めながら、ただ時代ごとに書きこむのではなくて、彼が登場させる人物がどんな時代のどんな波にもてあそばれつつ志をとげて行ったか、どんな悲劇的な道を勇ましく、あるいはさみしくたどって行ったかなどを、時代像もろとも生き生きと描《えが》き出すからです。

（犬養道子《いぬかいみちこ》『本　起源と役割をさぐる』より）

問1 □に入ることばとして適切なものを、次の中から一つ選び、記号で答えなさい。

ア　たとえば　イ　ところが　ウ　とはいえ　エ　たしかに

〔　　〕

問2 筆者の主張として適切なものを、次の中から一つ選び、記号で答えなさい。

ア　司馬遷は人間を生き生きと描き出した歴史家だった。
イ　司馬遷は歴史家としてはヘロドトスより劣《おと》る人物だった。
ウ　司馬遷はそれまでの歴史家よりも豊富な史料を集めていた。
エ　司馬遷はそれ以前の中国の歴史家たちの文章を発展させた。

〔　　〕

ヒント
逆接の接続詞のあとで、筆者の主張が述べられることが多い。

答えと解き方⬇別冊3ページ

ちょこっとインプット
li-04

❷ 次の文章を読んで、あとの問いに答えなさい。

デジタル世界において私とは何か。それは、電脳記録を集大成した、その蓄積《ちくせき》としての私が私であって、私が主体的にどう考えているかとか、私の意思といったこととは別な〈私〉が成立している。それは行為《こうい》することが観察された私、であって、そこでは私の意思よりは身体性のほうがフォーカスされている。このような変化は確実に起こってくるだろう。

*バイオメトリックス認証においても特徴的《とくちょうてき》だが、（中略）モノとしての身体《からだ》の私が、意識としての私よりはるかに雄弁《ゆうべん》であり、確固としたものであるということが示されてくるだろう。

もし二十世紀的な発想の枠内《わくない》にとどまることができるならば、それは次のような発言になる。疎外《そがい》してきた身体の言うことに耳を傾《かたむ》けよう。神経系拡張のネット時代にあって、身体を置き去りにしてはならない。生命としての身体をないがしろにすることで、仕返しされるのだ。心身二元論を超《こ》えて、失われた身体と私との調和が図られなければいけない、云々《うんぬん》、云々。これがおそらく二十世紀的な、私と身体をめぐる発想の枠であった。（これはこれでもちろん達成・実現されているわけではないし、これは引き続き充実《じゅうじつ》されていかなければならない。）

［　　］、二十一世紀の現在、私と身体をめぐる問題は、これだけにとどまってはいない。むしろいま述べてきたような、身体による私の疎外という、思いもよらなかったような時代が進行し始めているのである。

つまり、これまで私を私として決定づけてきた*デカルト以来の、二十世紀後半の生命倫理《りんり》にいたる私の内面、主体的に行動する私、自分に責任を持つ私は、もしかしたら二十一世紀においては、デジタルの眼《め》を通して見られた私の身体によって裏切られ続けることになるのかもしれない。

（黒崎政男《くろさきまさお》「〈私〉はどこへいく？」より）

*バイオメトリックス　指紋《しもん》などの個人の特徴を利用した生体認証。
*デカルト　フランスの哲学者《てつがくしゃ》（一五九六～一六五〇）。

問1 ［　　］に入ることばとして適切なものを、次の中から一つ選び、記号で答えなさい。

ア なぜなら　イ ならびに　ウ しかし　エ 要するに

［　　］

問2 筆者の主張として適切なものを、次の中から一つ選び、記号で答えなさい。

ア デジタル世界においては、主体的な「私」ではなく、モノとしての身体をもつ受動的な「私」が成立している。

イ デジタル世界においては、「私」の意思よりも、行為が観察される身体としての「私」が注目されている。

ウ デジタル世界における「私」は、二十世紀後半の生命倫理の根拠《こんきょ》を根底から変える存在である。

エ デジタル世界における「私」は、監視社会に適応するために身体性を抑《おさ》えられた存在である。

［　　］

らくらくマルつけ
la-04

OUTPUT! 5 まとめのテスト①

答えと解き方⬇別冊4ページ

／100点

① **科学の効用と弊害《へいがい》について述べた次の文章を読んで、あとの問いに答えなさい。**［100点］

効用とは、科学の成果によって人々が社会生活を送る上での利便性が向上したり、社会的生産力が増加したりすることによって、人類が生きていくことにプラスとして働く側面である。一〇〇〇年前とは言わずとも、科学が実生活に入り始めた一〇〇年少し前と比べてみれば、どれほど人々の生活レベルが上がったかを見れば歴然とわかる。また、小さな空間に閉じていた人々が経験する世界も格段に拡大し、今や地球を越《こ》えて広大な宇宙へと広がっている。具体的には、病気の治療《ちりょう》や薬の開発によって健康が維持《いじ》できて寿命《じゅみょう》が長くなり、食糧《しょくりょう》増産が可能になってより多くの人間が養え、大量生産によって高い品質の製品が安く手に入るようになった。通信・交通・輸送の手段が向上し、それらに要する時間が短くなって能率的になり、情報が簡単に手に入り、遠い外国へも容易に行けるようになった。メガネや望遠鏡や顕微鏡《けんびきょう》は目の、補聴器《ほちょうき》は耳の、クルマや電車や飛行機は足の、さまざまな道具は手の、コンピューターは脳のというふうに、人間が持っているそれぞれの器官の能力を拡大してくれるという効用もある。まさに科学のおかげで、人々の世界が広がり優雅《ゆうが》な生活を満喫《まんきつ》できるようになったのだ。社会の成長と発展は科学によってもたらされた、科学様々なのである。

このように生活の向上や生産力の増加は、人間の可能性を拡大する上で大きなプラスとなったことは誰《だれ》も否定できない。科学・技術の恩《おん》恵《けい》を受けて健康で安逸《あんいつ》な生活を送ることができ、食糧の増産が可能になって多くの人口が養えるようになった（まだ飢餓《きが》で一日に二万人の子どもたちが亡《な》くなっているが、食糧の分配が問題であることは、現在の食糧生産力で一〇〇億人は養えると推算されていることからもわかる）。科学が人類にさまざまな効用をもたらしたが故《ゆえ》に、科学は社会に受容されてきたのである。

［　①　］、科学に起因する事故が起こったり、その過剰《かじょう》な使用によって個人の不幸や社会的損失も増えることになった。②それが科学の弊害であり、無視することはできない。さまざまな事件・事故はいずれも科学が原因となっており、［　③　］公害では悲惨《ひさん》な犠牲者《ぎせいしゃ》を多く出し、現在は地球環境《かんきょう》問題として人類の未来に暗い影《かげ》を投げかけている。人の命を救い健康を取り戻《もど》すことを目的としたはずの薬による害は相変わらず現在も起こっているし、原発事故による放射能汚《お》染《せん》は被災者《ひさいしゃ》に多大な苦難を味わわせている。人間を何度も殺せるほど蓄積《ちくせき》された核兵器《かくへいき》はいったん使われると人類を滅亡《めつぼう》させる危険性がある。便利になり時間が短縮されたことは、逆にますます人間を忙《いそが》しくさせ、よく考えないまま対応してしまう、従って人々の思考は長期的な視点を欠き④短絡的《たんらくてき》になっている。人間の器官の能力が拡大したように見えるが、それによって手足が弱って不器用になり、計算ができ

なくなり、漢字が思い出せなくなるというような、人間が本来持っている能力を喪失《そうしつ》させている側面もある。そして、迷路《めいろ》のような地下街、高層ビルディング、時速三〇〇㎞の列車、何百人も運べる航空機など、効率性を求めたが故にいったん事故が起これば多大な犠牲者が出るのは当然である。＊寺田寅彦《てらだとらひこ》は「文明が進めば進むほど天然の暴威《ぼうい》による災害がその激烈《げきれつ》の度を増すという事実」があると言ったが、まさに⑤この言葉通りの事態を招いていると言えよう。

とはいえ、効用と弊害を並べてみれば、人々が効用の方を選ぶのは確かである。今更《いまさら》、不便で不衛生で不効率な世界に戻《もど》ることは考えられず、現実に生きている社会は科学の運用によって問題なく機能しており、何らかの決定的な異常が生じない限り特段困ることもないからだ。そのため、科学によって支えられている現在の生活や社会を否定する気にはなれない、そう誰もが考えていることも確かだろう。人間の歴史において（少なくとも先進開発国に住む私たちは）、最も安全で健康的で幸福な生活を送ることができているのである。

（池内了《いけうちさとる》『科学・技術と現代社会（上）』より）

＊寺田寅彦　日本の物理学者（一八七八〜一九三五）。

問1　［①］・［③］に入ることばとして適切なものを、次の中からそれぞれ一つずつ選び、記号で答えなさい。（10点×2）

ア　むしろ　　イ　しかし　　ウ　というよりも
エ　なかでも

①［　　］　③［　　］

問2　——線部②「それ」の指し示す内容として不適切なものを、次の中から一つ選び、記号で答えなさい。（10点）

ア　科学に起因する事故
イ　科学がもたらした個人の不幸
ウ　科学がもたらした社会的損失
エ　科学の過剰な使用

［　　］

問3　——線部④「それ」の指し示す内容を、文中のことばを用いて三十字以内で説明しなさい。ただし、「科学」ということばを必ず用いること。（35点）

問4　——線部⑤「この言葉通りの事態」を説明した次の文章の［　　］に入ることばを、文中から二十字で抜《ぬ》き出しなさい。（35点）

「この言葉通りの事態」とは直前の「文明が進めば進むほど天然の暴威による災害がその激烈の度を増す」という寺田寅彦の「言葉通りの事態」という意味である。つまり、人間が科学を使用して効率のよいものを作るほど、［　　］事態を招くのである。

らくらく
マルつけ

la-05

キーワードの発見

❶ 次の文章を読んで、あとの問いに答えなさい。

いま、私は、仕事がら、不登校や引きこもりの子どもたちや、その親ともよく出会います。そういう境遇《きょうぐう》の、たいていの子どもたちが、ある時点までは優等生タイプで、そうした「いい子」を演ずるのに疲《つか》れたと言います。そういう「いい子」を演じている自分は、「本当の自分」ではないと言うのです。こういうときだけ「演ずる」という言葉を使われるのも、演劇を仕事にしている私からすれば不本意ですが、私としては、「演じていて、いいじゃないか」と思うのです。だいたい、本当の自分なんて、どこにもないよ。

大人は、日頃《ひごろ》、父親や母親、夫や妻、会社員、上司、部下、町内会やPTAの役員といったさまざまな役がらを演じています。そのときどきに応じて、自分を使い分けているのです。そんなことは普通《ふつう》のことなのに、子どもには、「本当の自分を見つけなさい」と言う。

演劇の世界では、古くから「*ペルソナ」(ラテン語)という言葉があります。これは、「仮面」という意味ですが、一方で英語のPERSONの語源になった「人格」という意味を兼《か》ね備えています。さまざまな仮面の総体が人格なのです。

話が少し理屈《りくつ》っぽくなりましたが、私の両親に尊敬できるところがあったとすれば、それは彼《かれ》らが、立派な親を演じきった点にあると思います。子どもが世界一周をするという変なことを言い出したときに、おもてだっては狼狽《ろうばい》せず、頭ごなしに反対もせずに、自分たちが決めた「子どもを自由に育てる親」を演じきったところは偉《えら》かった。人間は、大きな運命に直面したときに、その人の本質が出るものですが、そういう意味では、私の両親の態度は立派だったと感謝しています。

(平田《ひらた》オリザ『16歳《さい》 親と子のあいだには』より)

*ペルソナ　俳優の演じる役がらや登場人物。

問　——線部「演ずる」ことについて本文中で述べられている内容として適切なものを、次の中から一つ選び、記号で答えなさい。

ア　さまざまな境遇で「本当の自分」を守るために必要である。
イ　子どもが「本当の自分」を見つけ出すために必要である。
ウ　人はさまざまな役がらを演ずることで、人格をつくっている。
エ　大きな運命に直面したら自分の役がらを演じきるべきである。

［　　　］

ヒント　前後の文脈をふまえて、繰《く》り返し出てくるキーワードの意味をつかんでみよう。

答えと解き方⬇別冊4ページ

ちょこっとインプット li-06

❷ 次の文章を読んで、あとの問いに答えなさい。

みなさんは困ったときにどういう情報に頼《たよ》るでしょうか。若い人は、まず気軽に聞けるという点で、友人や先輩《せんぱい》を頼りにすることが多いのではないでしょうか。なんといっても身近な問題を同世代として共有できるので、もしすでに経験した問題であれば、もっともホットな情報が聞けるわけです。

しかし、これを鵜呑《うの》みにしてはいけません。その人の情報が間違《まちが》っているとは言いませんが、それは限られた体験や知識にもとづく情報である場合があります。とくに人の意見に左右されやすい人は気をつけたほうがいいでしょう。

（中略）

人は置かれた立場によってちがう見方をします。就職の話で言えば、ある会社でいやいや働いている人と、やりがいをもって働いている人とでは、その会社や業界について尋《たず》ねられたとき、答えはちがってくるでしょう。一般的《いっぱんてき》な事実は参考にしても、人それぞれ向き不向きがあれば、価値観もちがいます。大切なのはそうした情報を参考にしながらも、立場のちがう人たちの口コミや、あわせてマスコミなどから客観的な情報を仕入れて、それらをもとにできるだけ自分の目と耳で確認《かくにん》して判断することです。

（中略）

情報を与《あた》えてくれる人で、もっとも親身になって考えてくれるのはたいてい家族です。両親や兄弟は、あなたにとって有用な情報を入手できる可能性があれば、あなたのために動いてくれるでしょう。しかし、あまりに身近な存在であるため、別の言い方をするとあなたの進路や決断が家族に与える影響《えいきょう》も大きい（結婚《けっこん》はその最たることがらです）だけに、親族は客観的な判断ができなくなってしまうことがあります。その意味で、家族間の情報は冷静に受けとめたほうがいいでしょう。

（川井龍介《かわいりゅうすけ》『社会を生きるための教科書』より）

問 ――線部「情報」について本文中で述べられている内容として適切なものを、次の中から一つ選び、記号で答えなさい。

ア　友人や先輩から得た情報は、その人の限られた体験や知識にもとづいている場合があるので、鵜呑みにするべきではない。

イ　自分と異なる立場にある人の意見はほとんど参考にならないため、情報は自分の目と耳を頼りにして判断するべきである。

ウ　マスコミから得られる情報も、結局は他人が自らの価値観をもとに発信する情報であるので、客観的な情報とはいえない。

エ　家族は自分に対してもっとも親身になってくれる存在なので、家族からの情報こそがもっとも信頼《しんらい》できる情報だといえる。

［　　］

らくらく
マルつけ
Ia-06

OUTPUT! 7 筆者の主張の発見

1 次の文章を読んで、あとの問いに答えなさい。

短編小説は礼儀《れいぎ》正しい。長くはおじゃまいたしません。二、三時間くらいのおつきあいで足ります。たとえ自分の考えや好みと異なっていても、

——ふーん、世の中にはこんなこと考えてる人がいるのか。どこがおもしろいのかな——

いくつか触《ふ》れるうちに周囲に対する理解が広がり、脳みそを活性化することができるでしょう。新しい好みを発見する道にも通じますし、小説をよく知らない人にも魅力《みりょく》の一端《いったん》が示されます。

短編小説の特徴《とくちょう》は短いことです。それ以外には言いようがありません。あたりまえのことですが、短いからこそ全体として多様であり、多彩《たさい》であり、いろいろなものを私たちの前にくり広げてくれます。長編一つを読む時間で短編なら一〇〜二〇も読めるわけですから、さまざまな世界に触れることができるのは、これもまたあたりまえのことです。

とはいえ、私はけっして長編小説の価値を否定するわけではありません。あえて言えば小説の王道はやっぱり長編のほうであり、短編は補助的な役割である、と、そんな構図を心に描《えが》いていますが、それでもなお大声で叫《さけ》びたいのは、短編小説は短いぶんだけ長編にできないこと、やりにくいことをみごとに果たすことができる、と、この長所です。この簡便性、全体として多様性……。

（中略）

短編小説は短いから入りやすいのです。考えてみれば、昔話、伝説、童話、怪談《かいだん》、みんな短いお話、つまり短編小説の一種でした。私たちは幼いころ、どなたも、こういうものからストーリーの世界へと踏《ふ》み込《こ》んだはずです。

（阿刀田高《あとうだたかし》『短編小説を読もう』より）

問 この文章全体の筆者の主張として適切なものを、次の中から一つ選び、記号で答えなさい。

ア 短編小説は短時間で読めるために人の時間を奪《うば》わず、小説をよく知らない人に勧《すす》めても礼儀を損《そこ》なわない。

イ 短編小説の短さは、読者にとっての簡便性や、作品の多様性を生み出すことにつながっている。

ウ 短編小説は短いからこそ長編小説にできないさまざまな試みができるため、小説の王道といえる。

エ 短編小説はだれもが幼いころに親しむものであり、人間がストーリーの世界を知るために不可欠である。

［　　］

ヒント 文章の中で繰《く》り返し出てくることば（キーワード）に注目すると、筆者の主張をつかみやすい。

答えと解き方⬇別冊4ページ

ちょこっとインプット
II-07

❷ 次の文章を読んで、あとの問いに答えなさい。

「山椒魚《さんしょううお》は悲しんだ」という一節は、*井伏鱒二《いぶせますじ》の作品の出だしの一行である。

山椒魚の棲家《すみか》である岩屋から、ある日外に出てみようと思ったら、彼《かれ》の体はその出口よりはるかに大きくなっていて出るに出られない。

（中略）

外の風景は山椒魚の感情を刺激《しげき》する。そして彼《かれ》自身も出口から外に出ようと試みるものの、いつも頭が挟《はさ》まる状態になって出ていくことができない。やがて訪《おとず》れるあきらめ。①井伏はこの作品で何を問おうとしたのか、解釈《かいしゃく》は自由だ。私は、私たち自身がつくりあげていく社会が、いつのまにか私たちの制御《せいぎょ》不能に陥《おちい》る様をテーマとしているのではないか、と考えるのである。

どのような民衆の運動も*カリスマをつくりだすというのは、まさに山椒魚が出口から何とかして外に出ようと試みても、決して出ることはできないという図に似ているといえるのではないか。

かつて私たちの国では、死を賭《と》して聖戦*報国を要求された。②軍事指導者たちは、*軍人勅諭《ちょくゆ》に倣《なら》い、兵士の命は国に捧《ささ》げよと命じた。確かに戦争でない時期にはそれはひとつの*スローガンになりうる。しかしひとたび戦争が始まったならば、必要なときだけ国に命を捧げよとか、命を決して粗末《そまつ》にしてはいけないとそのスローガンに歯止めをかけるべきであった。

ところが戦時の指導者たちは、ひたすら「死ね」と要求するだけで、それがどのような意味をもつかなどは説明もしない。兵士に死を要求するのに、自分たちはいかに生命を捨てないでいるかに汲々《きゅうきゅう》としている有様なのだ。彼ら軍事指導者たちは、自分たちがつくりあげた〈死の強要〉という戦争は勝利に結びつくわけはない、などと考えたこともない。

山椒魚の如《ごと》く岩屋に閉じこもったままなのである。

（保阪正康《ほさかまさやす》『昭和史の本質―良心と偽善《ぎぜん》のあいだ―』より）

*井伏鱒二　日本の小説家（一八九八～一九九三）。
*カリスマ　超人的《ちょうじんてき》な存在。
*報国　国の恩に報《むく》いること。
*軍人勅諭　明治天皇が軍人向けに発したことば。
*スローガン　主義や主張を簡単に要領よく示したことば。

問1 ――線部①「井伏はこの作品で何を問おうとしたのか」とあるが、この問いに対する筆者の考えとして適切なものを、次の中から一つ選び、記号で答えなさい。

ア　人間がつくりあげた社会から戦争がなくならない問題。
イ　民衆が優《すぐ》れた指導者の指示に従わず人命が失われる問題。
ウ　人間がつくりあげた社会が人間の手に負えなくなる問題。
エ　どんなカリスマでも民衆の感情を制御できない問題。

［　　］

問2 ――線部②「軍事指導者たち」の様子をたとえたことばを、文中から十五字以上二十字以内で抜《ぬ》き出しなさい。

らくらくマルつけ
la-07

OUTPUT! 8

言い換《か》えの発見

答えと解き方⬇別冊5ページ

ちょこっと インプット

li-08

1 次の文章を読んで、あとの問いに答えなさい。

「美しい」ことと「美しく生きる」ことの差――それは、もっとも露骨《ろこつ》にいえば、美しい女の人の写真と*『銀の匙《さじ》』の差です。この差が文学の基本にあることは誰《だれ》の目にも明らかなことでしょう。『銀の匙』の年のいった「伯母《おば》さん」がふつうの意味で美しい人だったとは考えられません。それでいてこの小説が出版されてから今日に至るまでの八十年間、彼女《かのじょ》はまさに美しく生きた人として深く読者の心に生き残り続けてきたわけです。微妙《びみょう》なのは、文学の基本にあるという、この「美しい」ことと「美しく生きる」ことの差が、「表面的な美」と「内面的な美」という言葉には置き換《か》えられないということです。

「内面的な美」という表現は、究極的には、ある人の生きざまが倫理《りんり》的《てき》であることを意味するように思います。そして、倫理的であるということは、究極的には、その人の生きざまの立派さというものが万人《ばんにん》にとって理解できるものであること、つまりその人の生きざまの価値に客観性があるということを意味するのではないでしょうか。ところが「私」の「伯母さん」の生きざまはそのようなものではありません。実際、見方によっては、彼女は一人の意気地《いくじ》なしの男の子を猫可愛《ねこかわい》がりするだけの無知蒙昧《もうまい》な老婆《ろうば》に過ぎないからです。そんな老婆の姿が美しいのは、それを美しいと思う「私」という主人公の感銘《かんめい》に因《よ》るだけなのです。あるいは、その感銘を中勘助《なかかんすけ》という一作家の文章を通じて共有できる私たちの感銘に因るだけなのです。このように考えると、「美しい」と「美しく生きる」の差は「表面」と「内面」の差だとはいい切れません。それは二つの異なった価値の比喩《ひゆ》、すなわち、万人にとって自明な価値と、自明ではない価値の比喩だといった方がよいでしょう。

（水村《みずむら》美苗《みなえ》『日本語で読むということ』より）

＊『銀の匙』　中勘助による自伝的小説。

問 ――線部「『美しい』ことと『美しく生きる』ことの差」の指し示す内容として適切なものを、次の中から一つ選び、記号で答えなさい。

ア 「表面的な美」と「内面的な美」の違《ちが》い
イ 「積極的な価値」と「消極的な価値」の違い
ウ 「感銘に因る価値」と「感銘に因らない価値」の違い
エ 「自明な価値」と「自明ではない価値」の違い

［　　　］

ヒント 「つまり」「すなわち」などの、言い換えを表す接続語の前後の内容に着目しよう。

❷ 次の文章を読んで、あとの問いに答えなさい。

ユダヤ人に対する、社会的、また歴史的な偏見《へんけん》は、日本にはないのじゃないか、これは外国のお話じゃないか、といわれる人もあるのではないでしょうか？　一方、そうじゃない、という人たちがいます。私が外国で教えた学生たちが東京に来てまず驚《おどろ》いたというのは、大きい本屋の店先の、よく売れる本を表紙を上に並べてある――平積《ひらづ》み、といいます――場所に、①日本人の書いたユダヤ人に対する偏見にみちた本が置かれている、ということなのです。

それは、単に日本人がよく知らないことに好奇心《こうきしん》をあおられやすい、ということでしょうか？　私はそうじゃないと思います。人間は、自分たちの世界が大きな邪悪《じゃあく》な力におびやかされている、という情報に敏感《びんかん》です。それは当然のことです。現在は、文明の作ったさまざまのものに私たちの社会は守られています――その逆に、核兵器《かくへいき》とかオゾン層の破壊《はかい》とか、文明の作ったもののおかげで、危険にさらされてもいますが――。はるかな昔の人たちは、私たちよりもっと敏感でいなければなりませんでした。いまでは人間が戦いに勝った疫病《えきびょう》にも、永くどんなに苦しんだか。②ペストとの戦いに日本人の医学者がついこの間、大きい働きをしたことをご存知《ぞんじ》でしょうか？　コレラについていうと、二百年近く前のこの国で、オランダからつたわった医学を勉強しはじめたばかりの若者たちが、当時の書き方では大坂《おおさか》で強力な働きをしました。

このように、人間に対して邪悪な働きをするものの実体がわかれば、それと戦うことができます。戦う人間はいます。しかし、実体がわからない時、人間は、漠然《ばくぜん》とした空想をしがちです。そして、自分たちの空想のなかで、そうした邪悪な働きをするものの、ニセの正体をこしらえあげてしまうのです。

（大江健三郎《おおえけんざぶろう》『「自分の木」の下で』より）

問1　――線部①「日本人の書いたユダヤ人に対する偏見にみちた本が置かれている」とあるが、このような本が「平積み」に置かれているのはなぜか。その理由として適切なものを、次の中から一つ選び、記号で答えなさい。

ア　人間は邪悪な働きをするもののニセの正体を空想して作り上げてしまうものだから。

イ　日本人には、よく知らないことに好奇心をあおられやすいという国民性があるから。

ウ　人間は、自分たちの世界が異質で邪悪な力におびやかされている、という情報に敏感だから。

エ　日本人には、ユダヤ人の社会的、または歴史的な背景に関する知識が豊富にあるから。

［　　　］

問2　――線部②「ペストとの戦い」の例を通じて筆者が説明しようとしたことを、「〜ことができるということ。」につながる形で文中から三十字以内で抜《ぬ》き出しなさい。

ことができるということ。

らくらく
マルつけ

la-08

❶ 次の文章を読んで、あとの問いに答えなさい。

ヒマラヤのランタン谷に行って、僕《ぼく》の人生は変わってしまった。それまでのように、科学の研究や、科学の進歩ということに価値を見いだせなくなってしまった。いや、そういうものに価値があることはわかっていても、いま僕たちには、もっとやるべきことがあるのではないか、と思うようになったのだ。それは、いま目の前で壊《こわ》されようとしている地球の環境《かんきょう》を守る仕事である。

二〇世紀まで、すべての科学も経済学も、哲学《てつがく》さえ、地球の環境は無限であり、人類の影響《えいきょう》など微々《びび》たるものだという信念に裏打ちされたものだった。そういう素朴《そぼく》な思い込《こ》みがあって、はじめて人間は好き勝手な研究をしたり、どんどん経済を発展させたりしてこられたのである。二〇世紀が終わろうとするいまになって、ようやく、これまでに人類が頼《たよ》りにしてきたそういう信念が根本的に誤っていることが明らかになってきた。

地球の環境そのものが、もう耐《た》えられないと悲鳴を上げ始めたからである。それでも、人間たちは相変わらず、これまでと同じやり方ですむと思っているらしい。科学のあり方も、僕たちの生き方じたいも、いままでとは根本的に変わらなければいけないはずなのに、僕たちは、ほとんど同じような生活をしているのではないだろうか。

（小野有五《おのゆうご》『ヒマラヤで考えたこと』より）

答えと解き方➡別冊5ページ

ちょこっとインプット
li-09

問1 ――線部「いま僕たちには、もっとやるべきことがあるのではないか」とあるが、「やるべきこと」を文中から三十字以内で抜《ぬ》き出しなさい。

問2 この文章の筆者の主張として適切なものを、次の中から一つ選び、記号で答えなさい。

ア 人間は卑小《ひしょう》な存在である。
イ 地球環境を守るのは困難だ。
ウ 人間は生活を変えるべきだ。
エ 科学や経済学は誤っている。

［　　］

ヒント
問いかけのあとから答えを探そう。
文章の最後の問いかけは、そのまま筆者の主張であることが多い。

❷ 次の文章を読んで、あとの問いに答えなさい。

①グローバリゼーションとはいったい何でしょうか。おおざっぱに言うと「社会や経済が国も地域も超《こ》えて地球規模でつながり、その結果個々の国や地域や民族や人びとの生活に大きな変化を引き起こすこと」です。こう聞くとすばらしいことのように思えますが、グローバリゼーションには「良い面」と「困った面」があります。私たちはその二つの面をきちんと理解しなければなりません。②「困った面」はなんでしょう？　グローバル企業《きぎょう》が儲《もう》かる背景には、不幸な人が存在することです。たとえば、明治維新《めいじいしん》は日本の歴史における大きなグローバル化のひとつでした。外国の産業や文化が入ってきたことで、人びとは「欧米《おうべい》の文化こそがすぐれた文化だ」と信じるようになり、英語を理解できない人や西欧文化を知らない人は落ちこぼれと馬鹿にされました。戦後にも日本に大きなグローバリゼーションが起こります。アメリカの莫大《ばくだい》な好景気を目《ま》の当たりにし「お金を持っている人が偉《えら》い」と考えるようになったのです。一九六〇年代の日本には、農作物を作って売ることできちんとした生活を営む農家がやまほどいましたが、彼《かれ》らが「現金を持てばもっと幸せになれるのではないか」と錯覚《さっかく》し、田を捨て、都会に出て企業で働きはじめます。しかし会社には「倒産《とうさん》」があり、都会の家賃は高く、どんどんお金がなくなる……。

実はこのことは、いま東南アジア各地で起きていることです。グローバリゼーションにおいては、「この文化が一番いい」という決めつけがいったん地球を覆《おお》うと、それまでじゅうぶん豊かに暮らしていた多様な文化圏《ぶんかけん》の人たちが「自分は不幸だ」と思いこむ困った現象が起きるのです。

（田中優子《たなかゆうこ》『グローバリゼーションの中の江戸《えど》』より）

問1　――線部①「グローバリゼーションとはいったい何でしょうか」とあるが、この問いかけに対する答えとなる部分を、文中から六十字以内で抜《ぬ》き出しなさい。

問2　――線部②「『困った面』はなんでしょう？」とあるが、「困った面」として適切なものを、次の中から一つ選び、記号で答えなさい。

ア　「一番いい」とされる文化を認められる人たちと認められない人たちが対立すること。

イ　すぐれた文化を理解して受け入れるために、莫大な労力が必要とされること。

ウ　お金を重視する風潮によって、農業を営む人が減り、農作物が不足してしまうこと。

エ　豊かに暮らしていた人たちが「不幸だ」と思いこむようになってしまうこと。

［　　］

らくらく
マルつけ
la-09

ちょこっとインプット
li-10

答えと解き方⬇別冊6ページ

❶ 次の文章を読んで、あとの問いに答えなさい。

*グローバリゼーションの根本にあるものは何でしょう。それは科学技術と産業システムだと言えます。

科学技術というのは物事を対象として捉《とら》え、それを精緻《せいち》に観察し、できるだけ分解して単純な要素にし、さらにそれらの要素を組み合わせて知識をつくり上げることです。そうしてつくった知識は、実際に応用してものをつくり出すことに役立ちます。

一方、産業システムというのは、industryということです。industryは、日本語では「工業」と「産業」の二通りに訳されていますが、ヨーロッパでは「産業」も「工業」もindustryで同じ言葉です。

（中略）

あらゆるものが製品としてつくられ、これが商品として流通するというシステムの中に人間は取り込《こ》まれてゆきます。自然に従属することからは解放されたが、今度は人間が産業システム、産業と経済のシステムの中に身を置かなければ生きていけなくなるわけです。

自由を獲得《かくとく》したのか、あるいは拘束《こうそく》されるようになったのか。これは裏表の関係ですが、システムが生産と人間の生活の変革を、どんどん加速させていくことになります。このシステムはあまりに効率がよく、またあまりに物を生み出すため、システムが世界中に広まり、それが受け入れられるようになり、やがて今日の世界ができあがってきたということです。

（西谷修《にしたにおさむ》「私たちはどこにいるのか？―哲学《てつがく》入門―」より）

*グローバリゼーション　人やものの移動が国境を越《こ》え、地球規模で行われるようになること。

問　――線部「グローバリゼーション」が進んだ理由について本文に述べられている説明として適切なものを、次の中から一つ選び、記号で答えなさい。

ア　科学技術によってつくられた知識を応用して工業を発展させた結果、自然を支配することができるようになったから。

イ　科学技術によってつくられた知識を用いて自然や産業システムへの従属から解放され、自由を獲得したから。

ウ　科学技術の発達にともなって交通手段の性能が向上し、国境を越えた人やものの移動が容易になったから。

エ　科学技術を応用して効率的にものをつくり流通させる産業システムが広まって、世界中で受け入れられたから。

［　　］

ヒント
「グローバリゼーション」という結果をもたらす原因になったことは何かを読み取ろう。

❷ 次の文章を読んで、あとの問いに答えなさい。

筆者は、東北地方を中心に狩猟《しゅりょう》という視点で研究活動を進めてきた関係で東北の人々の食物生産に対するこだわりの深さを何度か身をもって体験している。ある＊マタギとの語らいの中で実家では米を作っているのかと尋《たず》ねられ、田んぼは工業団地の指定区域に線引きされてしまったため、現在では工業団地内に代替地《だいたいち》をもらって空き地のままになっていると説明すると、①そのマタギは烈火《れっか》のごとく怒《おこ》りだした。なんでおまえは反対しなかった、自分が食べていくための田を人に易々《やすやす》と渡《わた》してしまうその性根が気に食わぬというのである。まさにマタギからすれば「たわけ者（田分け者）」と映ったのであろう。このように自分の食い扶持《ぶち》は自分で、自分の胃袋《いぶくろ》を他者に預けてどうする、という考え方が根強くあるのが東北の地に根ざした生き方でもあろう。現代の日本人からは想像できない執着《しゅうちゃく》のように見えるが、確かに輸入食料に頼《たよ》り、自前での食料生産を減らしていくような国によりよい未来はありそうにない。食料は政治的駆《か》け引きに使われる可能性があるからだ。マタギたちのこのような一見保守的と思われる思考は、生き延びるための基本的な条件なのかもしれない。

ところでマタギやアイヌの人たちに共通して見られるのは、自然の産物はカミ（自然神）のものであるという考え方である。（中略）マタギや＊山人と称《しょう》する人々は、カミ（山の神）からの授《さず》かりものであるクマという命を周囲の人々とともに共食することを好んだ。それは山や森の世界はヒトを分け隔《へだ》てせず何人にも開かれているという基本的な考え方を裏づけている。（中略）

彼《かれ》らは獲物《えもの》を殺すとは言わない。②獲物をカミ（山の神）から授かったと表現する。そして獲物となった動物たちの毛皮や骨や肉や内臓すべてを資源として使い尽《つ》くすのがカミから授かった獲物に対する礼儀《れいぎ》と考えてきた。

（田口洋美《たぐちひろみ》「ジビエと獣害《じゅうがい》：マタギとアイヌの視点から」より）

＊マタギ　日本の東北地方の山間部に住む、狩《か》りを行う人々。
＊山人　山に住む人々。

問1 ――線部①「そのマタギは烈火のごとく怒りだした」とあるがそれはなぜか。その理由として適切なものを、次の中から一つ選び、記号で答えなさい。

ア　自分で食べものを得るための手段を手放してしまう筆者の態度が正しくないと感じたから。
イ　田んぼというカミからの授かりものを大切にしない筆者の態度が無礼だと感じたから。
ウ　筆者のような人々がいるせいで、日本が輸入食料に頼る国になってしまったと考えていたから。
エ　カミをおびやかす工業団地のやり方に反対しなかった筆者は、カミへの敬意が足りないと思ったから。

［　　］

問2 ――線部②「獲物をカミ（山の神）から授かったと表現する」とあるが、その理由を、文中のことばを用いて三十字以内で説明しなさい。

らくらくマルつけ
Ia-10

❶ 江戸《えど》時代の両替屋《りょうがえや》についての次の文章を読んで、あとの問いに答えなさい。

　両替屋とは、当時商取引に併用《へいよう》されていた金貨、銀貨および小口の銭貨をその時その時の相場にもとづいて交換《こうかん》をおこなうのが本来の商売であるが、同時に、その資力による信用と厳重に守られたその*金《かね》蔵《ぐら》の安全性をもとに、ひとびとの財産の保管もおこなっていた。そこで、預金者にたいしてかれらが発行したのが「預《あずか》り手形」といわれているものである。それは、たとえば表に「銀拾《ぎんじゅう》*匁《もんめ》なり」と書かれ、その横に「右の通りたしかに請《う》け取り申し候《そうろう》、この手形をもって相渡《あいわた》すべく申し候」という金貨銀貨との引き換《か》えを保証する文章が添《そ》えられている短冊形《たんざくがた》の紙きれのことである。（中略）

　実際、この預り手形を両替屋にもっていけばだれでもその表に書かれている額の金貨や銀貨を受取《うけと》ることができるから、ひとはいちいち本来の支払《しはら》い手段であるべき金貨銀貨を直接渡さず、代わりにこの預り手形を渡して自分の借金の支払いに代えることができる。そして、この預り手形を貸出《かしだし》の返済の代わりとして受取ったひとも、今度はそれを使って自分の借金相手への支払いに代えることができる。その意味で、この預り手形は、それといつでも引換《ひきか》えられる金貨銀貨の「代わり」として、あたかもそれ自身が借金の支払い手段であるかのように用いられることになる。（中略）

　ここにひとつの逆説が作用している。はじめは本来の支払い手段である金貨銀貨の単なる代わりであった預り手形が、現実の商取引においてあたかも支払い手段であるかのように使われ、窮極《きゅうきょく》的にそれ自身が金貨銀貨に代わって実際の支払い手段として流通するようになるのである。すなわち、ホンモノのおカネの単なる「代わり」が、本来のホンモノのおカネに「代わって」それ自身がホンモノのおカネになってしまうという逆説である。

（岩井克人《いわいかつひと》『ヴェニスの商人の資本論』より）

＊金蔵　金銀や宝を納めておく蔵。　＊匁　江戸時代の銀貨の単位。

問　――線部「預り手形」について、次の問いに答えなさい。

(1) 「預り手形」とはどのようなものか。適切なものを、次の中から一つ選び、記号で答えなさい。

ア　小口の銭貨　　イ　安全性の高い金蔵
ウ　短冊形の紙きれ　　エ　金貨銀貨

［　　　］

(2) 本文中の「預り手形」という具体例について説明した次の文の□に入ることばを、文中から三字で抜《ぬ》き出しなさい。

> 筆者は「預り手形」という具体例を挙げて、「ホンモノのおカネ」の「□」であったものが、やがて「ホンモノのおカネ」と同じようにあつかわれるようになることを示した。

［　　　］

ちょこっとインプット li-11

答えと解き方➡別冊6ページ

ヒント　本文中の具体例と筆者の主張の対応関係を考えて読もう。

❷ 次の文章を読んで、あとの問いに答えなさい。

当時十セントだったコーヒーが今は一ドル何十セントするというようなちがいが、アメリカ合州国にもあります。月に二〇〇ドルでは、学生でもとうてい食って行けない。そういうちがいも、もちろん、ありますが、これは、いわば、量的な変化です。質的なちがいではない。質的なちがい――そこにおいて、かつてのアメリカ合州国と今のアメリカ合州国とは決定的にちがう。そのことを、まず、ここで私は書いてみたいのです。

①この決定的なちがいは「南部」にありました。（中略）

「南部」諸州にあっては、アフリカ各地から奴隷《どれい》として連れられて来た人びとの子孫である黒人たちには、選挙権がありませんでした。白人の学校に入れませんでした。バスに乗っても黒人用の席にしか坐《すわ》れませんでした、列車も黒人用の車両にしか乗れなかった、駅の待合室も便所も黒人用にしか入れなかった、食事をするにも黒人用の食堂にしか行けない――とあれこれあって、まとめ上げて言って、人間が人間としてある権利――人権を認められていませんでした。（中略）

黒人は、もちろん、白人と結婚《けっこん》できませんでした。黒人、白人の男女がいっしょに住んでいるだけで、そのころの「南部」では公然としてあった白人の「リンチ」の対象になってひどい目にあっていたでしょうし（殺されることはざらでした）、法的にもそれは、逮捕《たいほ》、牢《ろう》屋《や》行きになる行為《こうい》でした。そして、私がここでことさらに結婚のことを書くのは、「南部」には当時、黒人と白人の結婚が「違法《いほう》」だった州が、私の記《き》憶《おく》するかぎり、すくなくとも二州あったからです。（中略）

今はもう「南部」でもそんなことはありません。だから、②そこに起こった変化、変化がもたらしたちがいはまさに質的なちがいだと私は言うのです。

（小田実《おだまこと》『「殺すな」と「共生」』より）

問1 ――線部①「この決定的なちがい」の具体例として不適切なものを、次の中から一つ選び、記号で答えなさい。

ア　アメリカ合州国ではかつて今よりもコーヒーの価格が大幅《おおはば》に安かったこと。
イ　アメリカ合州国ではかつて黒人に選挙権がなかったこと。
ウ　アメリカ合州国にはかつて黒人用の便所や食堂があったこと。
エ　アメリカ合州国ではかつて黒人と白人が結婚することに危険がともなったこと。

［　　］

問2 ――線部②「そこに起こった変化」とはどのような変化だったと考えられるか。文中のことばを用いて二十五字以内で説明しなさい。ただし、「人権」ということばを必ず用いること。

らくらくマルつけ
la-11

OUTPUT! 12 対比の読み方①

❶ 次の文章を読んで、あとの問いに答えなさい。

じつは、日本以外の世界に住んでいるあらかたの人びとはバイリンガルだともいえます。ひとつに限らずいろんな言語を話せることが多い。たとえばアメリカだったら、英語だけじゃなく、むしろスペイン語のほうが通用する地域というのもある。同じように、どの国でもたいてい二カ国語くらいは通用することが多い。

それに引き換《か》え、日本人は①モノリンガルだといえるでしょう。日本語以外の言語が通用する地域というのは、まずありえない。日本語というのは言葉と国籍《こくせき》が直結した、いわば体質的な言語だということです。だから外国語を話すことが下手なんじゃないかと言われてしまう。

その考えはたしかに成り立つ。ただ私は、逆にこんなふうにも思うんです。「日本語ほどバイリンガルな言葉はないのかもしれないな」と。

日本語には「かな」と「漢字」がありますよね。この二つは、姿も体系もまったく異なっている。「かな」から「漢字」へ、「漢字」から「かな」へ、私たち日本人はそのひとつひとつの切り替《か》えを、読むときばかりでなく話すときも瞬時《しゅんじ》にこなしているんです。パソコンだったらこの変換《へんかん》は機械がやってくれるわけだけど、日常的なやりとりではそうはいかない。その膨大《ぼうだい》な量の変換を常に頭の中で行うことになる。

②そりゃあ疲《つか》れるはずですよね。

そのぶん、翻訳《ほんやく》は非常にうまい。それから、外国から入ってきた技術を理解して覚えるのも大層うまいといえます。

（古井由吉《ふるいよしきち》「言葉について」より）

問1 ――線部①「モノリンガル」とはどういう意味か。その説明として適切なものを、次の中から一つ選び、記号で答えなさい。

ア　国籍と言葉が直結していないという意味。
イ　一つの地域に複数の言語が通用するという意味。
ウ　一つの言語しか話せないという意味。
エ　外国語を話すことが下手であるという意味。

［　　　］

問2 ――線部②「そりゃあ疲れるはず」と筆者が考える理由を説明した次の文の□に入ることばを、文中から十五字以内で抜《ぬ》き出しなさい。

□文字の変換を大量に、かつ瞬時に頭の中で行っているから。

ヒント 筆者がどういう点に注目して日本と外国を比較《ひかく》しているか考えよう。

ちょこっとインプット li-12
答えと解き方⬇別冊7ページ

❷ 次の文章を読んで、あとの問いに答えなさい。

たとえば、平和を守るという場合、平和というものは日本人にとって現状であり、外部の変化と無関係に現状が維持《いじ》できると考え、現状維持を平和を守ることと考える。ヨーロッパ人のように外部に向かい、内部を守るという形になると、平和というものは外部の状況《じょうきょう》変化に応じ、主体的に外に働きかけることではじめて守れると考える。平和はあるものではなくして、たえざる建設を要するものであるという感覚にどうしてもなる。

日本人が家庭を守るという場合も、家庭は不可変的、自然的な存在と考えている。同様に、日本人の平和というものは、放っておいたら人類は平和になるはずという立場だ。悪い奴《やつ》がどこからか出てきてその平和を害するのだから、その魔手《ましゅ》を拒否《きょひ》さえすれば内側は平和になり戦争は起こらない、という観念が日本人の平和を守るという観念なのである。

しかし、ヨーロッパ人にとっては、平和というものは、はっきりと建設するものなのである。平和は日々建設していかなければならない。その姿勢は外界に応じ、たえず変化をしなければならぬ。そうでないかぎり、平和は崩壊《ほうかい》し、戦争になってしまう。つまり存在ということは、日本人の場合は現に「ある」のであるが、向こうの場合は「作る」のである。ヨーロッパ人の「作る」に対しては、日本人では「なる」ということであろう。（中略）

日本人は自分の決断でさえ自然発生的と感じる。「どうしたんだい」というと、「こうなったんだよ」と答えるのが私たちだ。（中略）

家庭の場合でも、家庭というものは自然的存在で抱《だ》きしめていたら守れると考える。ヨーロッパの場合は、家庭というものは毎日毎日の建設作業である。波の打ち寄せる渚《なぎさ》で、砂の城を作っているように、毎日毎日建設していかないかぎり家庭は崩壊すると考える。主人は妻に対し、毎朝「永久にお前を愛する」といわねばならない。そういわないと崩壊すると思っている。それはやむをえざる日常的な補強作業なのだ。

（会田雄次《あいだゆうじ》『会田雄次著作集　第二巻』より）

問 ――線部「平和というもの」についての筆者の考えとして適切なものを、次の中から一つ選び、記号で答えなさい。

ア　日本人にとっては外部への働きかけを通じて維持できる現状である一方で、ヨーロッパ人にとっては外部の状況にかかわらずに主体的に作り上げることではじめて守れるものである。

イ　日本人にとっては外部の変化と無関係に維持できる現状である一方で、ヨーロッパ人にとっては外部の状況変化に応じてたえず主体的に働きかけることではじめて守れるものである。

ウ　日本人にとっては日常的に補強作業を重ねることで強固になるものである一方で、ヨーロッパ人にとっては一から建設することではじめて強固さを保つことができるものである。

エ　日本人にとっては戦争を経て運よく再建できたものである一方で、ヨーロッパ人にとっては人々の日々の営みを通じて必然的に生み出すことのできたものである。

〔　　　〕

らくらくマルつけ

Ia-12

❶ 次の文章を読んで、あとの問いに答えなさい。

私たち人間は、他の動物よりずっと長い保育期間を必要とする。牛や馬は生まれ落ちるとすぐに立ちあがれるが、私たちは一歳《さい》前後で、ようやく立って歩けるようになる。犬や猫《ねこ》はみじかい哺乳《ほにゅう》期間がすむと、母親が死んでも野良犬や野良猫となって生きられる。私たちは二歳前後で、ようやく箸《はし》やスプーンをもって、こぼしながら食べられるようになる。自分でエサを探すことなど、まだ及《およ》びもつかない。

そのように、まったく未完成な状態で生まれ、保護がなければ生きられないので、私たちはみんな、愛されたい一方の子どもである。甘《あま》ったれであり、ひがみっ子でもある。そして甘えやひがみの奥底《おくそこ》には、記憶《きおく》にはないのだが、赤ん坊《ぼう》のころに深夜に目がさめて、母親がそばにいないので泣き叫《さけ》びつづけたときのような、無力な孤立感《こりつかん》が秘められている。

「甘える」とは、おさない求愛行為《こうい》である。「ひがむ」とは、「すねる」や「ふくれる」と同様に、求愛がはねつけられたときの反応である。「ひがみ」はまた「そねみ（嫉妬《しっと》）」の裏がえしであって、自分以上に愛されている相手にたいする憎《にく》しみがふくまれている。

「自分だけが愛されていない」という「ひがみ」は、「あいつだけが愛されていやがる」という「そねみ」に、逆転しやすいものである。

（中略）

「ひがみ」や「そねみ」は、いだいている当人にとっても、むろん不《ふ》愉快《ゆかい》な感情であるが、これらの感情の奥底には、無力な孤立感が秘められている。（中略）

愛に飢《う》える孤立から、周囲との積極的な調和をはかる自立へいたるのが、人間の自然な成長である。青春期をむかえることの意味である。

（真継伸彦《まつぎのぶひこ》『青春とはなにか　友だち・スポーツ・読書』より）

問 ——線部「甘ったれであり、ひがみっ子」とあるが、人間がこのような性質をもつのは、人間が他の動物と比べてどんな生き物だからか。文中のことばを用いて、三十字以内で説明しなさい。ただし、「未完成」ということばを必ず用いること。

ヒント
「人間」と「他の動物」を対比して、筆者が何を述べようとしたのか考えてみよう。

ちょこっとインプット
li-13

答えと解き方⬇別冊7ページ

❷ 次の文章を読んで、あとの問いに答えなさい。

このごろは、あまり区別するひとがいなくなったが、日本語には①口語と文語というふたつの表現方法がある。いうまでもなく、口語とはふだんの会話でつかっていることば。それに対して文語というのは、あらたまって「文章」にした「書かれたことば」のこと。たとえば口語で「きのうはどうも」というところを文語では「昨日は失礼いたしました」というたぐい。口語はしたしみやすいが、文語はおおむね硬《かた》くなる。硬いだけでなくむずかしくて、めんどうになる。ばあいによってはヨソヨソしくなる。（中略）

定型文の「多大なご迷惑《めいわく》」というのは文語である。ふつうの日常会話では「多大の」などとはいわない。「たいへんな」という。その「たいへん」を「多大」という文語体の文字を読み上げるから、ていねいなようで、無愛想なのである。（中略）

②「ことば」によるコミュニケーションでいちばんだいじな心得は、このような文語文を使用しないことである。ふつうの口語体でみずからを表現することである。もちろん口語体といっても、いまこうして書いている「文字ことば」は「である」調という表記法であって、「はなしことば」とはちがう。ほんとうの「はなしことば」で「そうじゃないかな」というべきところを「文字ことば」では「そうではあるまいか」になる。「会話ことば」に近づけようとして、「そうではないでしょうか」と「です。ます」調にしてみてもやっぱり「文字ことば」だ。こればかりはしかたがない。「ことば」はほんとうにむずかしい。

（加藤秀俊《かとうひでとし》『社会学―わたしと世間』より）

問1 ――線部①「口語と文語というふたつの表現方法」とあるが、その違《ちが》いとして適切なものを、次の中から一つ選び、記号で答えなさい。

ア 口語は日常会話でつかわれることばであり、文語は口語を文字に書き起こしたものである。

イ 口語は文語をくずしたことばであり、文語は文字として書かれた正式なことばである。

ウ 口語は日常会話でつかわれることばであり、文語はあらたまった文章でつかわれることばである。

エ 口語では主に「である」調が使われるが、文語では「です」「ます」調がつかわれることが多い。

［　　］

問2 ――線部②「『ことば』によるコミュニケーションでいちばんだいじな心得は、このような文語文を使用しないこと」とあるが、その理由を、口語と比較しながら、文中のことばを用いて三十字以内で説明しなさい。ただし、「無愛想」ということばを必ず用いること。

らくらく
マルつけ
la-13

段落と文章構成①

❶ 次の文章を読んで、あとの問いに答えなさい。

1 私は過去百年間、日本人をささえた価値観は、そういう勤勉―繁《はん》栄《えい》―進歩という価値観であったと思う。（中略）しかしこのような価値観は、現在、大いに動揺《どうよう》している。むしろ、このような価値観の上に育った文明そのものが、このような価値観に対して懐疑《かいぎ》を投げるのである。

2 今日、完全に機械の時代である。多くの単純労働において、機械は人間より、はるかに多くの能力を発揮することは、すでに十九世紀において明らかになった。そしてやがて複雑な労働すら、機械は人間にかわってすることが出来るようになった。そして最後に、頭脳労働においてすら機械は、人間に優《まさ》るようになった。勤勉は唯一《ゆいいつ》絶対の価値であることを失うのである。

3 なぜなら汗水《あせみず》たらした労働より、むしろゆとりをもった自由な思《し》惟《い》が、技術の発明に好都合であることが多いからである。機械は人間よりはるかに勤勉ですらある。かくして、勤勉は、価値の王座からおちる。それと共に、繁栄ももはや価値の王座に、君臨することができない。なぜなら、繁栄は、現在、先進的資本主義国にはほぼ実現されはじめた価値であるからである。（中略）

4 そして最後に進歩も文明の目標ではなくなる。進歩の思想において、未来は現在よりよくなるという観念がある。ここでは現在は現在として価値あるのではない。むしろ現在は、未来のために是認《ぜにん》されるのである。（中略）

5 勤勉―繁栄―進歩の価値観は崩壊《ほうかい》しようとしている。それに代わって、遊び―自然―自由が、新しい価値観として立てられようとしているとしても、なおそのような価値観は人類を長い間ささえる価値観とはならないであろう。なぜならいったん、文明の木の実を食べた人間は、再び、非文明へ逆転することは出来ないからである。

（梅原猛《うめはらたけし》『日常の思想』より）

問 この文章の構成の説明として適切なものを、次の中から一つ選び、記号で答えなさい。

ア 1段落で文章全体のテーマを提示したあと、2～4段落で詳《くわ》しく説明し、5段落で筆者の主張を述べている。

イ 1段落で文章全体のテーマを提示したあと、2～3段落で筆者の主張を述べ、4～5段落で対立意見への反論を述べている。

ウ 1～2段落で文章全体のテーマとなる問題を提起したあと、3～5段落で具体例を挙げながら筆者の主張を述べている。

エ 1～2段落で文章全体のテーマとなる問題を提起したあと、3段落で筆者の主張を述べ、4～5段落で根拠《こんきょ》を述べている。

［　　］

答えと解き方⬇別冊7ページ

ちょこっとインプット
li-14

ヒント 段落ごとの要旨《ようし》をまとめて文章全体の構成を考えよう。

❷ 次の文章を読んで、あとの問いに答えなさい。

1 しつけの良さというのは、テーブルクロスにソースをこぼさないことではなく、誰《だれ》かがこぼしても気にもとめないという点にある。
チェーホフ「手帖《てちょう》Ⅰ」（神西清《じんざいきよし》・池田健太郎《いけだけんたろう》・原卓也《はらたくや》訳）

2 思わず笑《え》みが浮《う》かぶことばではないだろうか。

3 誰かが不作法な失態をしても、いちいちそれを指摘《してき》するようなハシタナイことをしてはいけない。ことによると、見て見ぬふりをするのでも不十分だ。いくら「ふりをする」と言っても、すでに「見て」いる以上、相手はその視線の動きをすばやくキャッチして、ことばで発する以上の強い軽蔑《けいべつ》のメッセージに動揺《どうよう》しているかもしれない。

4 だとすれば、「気にもとめない」というのは、相当に高度な「しつけ」であり、若輩者《じゃくはいもの》の及《およ》ぶところではないのではないか？

5 実はこのことば、次の翻訳文《ほんやくぶん》で読むと一層深々とした味わいがある。

6 いい教養というものは、ソースをテーブル・クロースにこぼさないことではなくして、だれか別のひとがこぼしても、気づかぬふうをしているところにある。
『チェーホフの言葉』（佐藤清郎《さとうせいろう》訳）

7 この表現のほうが腑《ふ》に落ちるかもしれない。「いい教養」と聞いて、ただちに納得《なっとく》するものがある。原文が気になるところだが、あるロシア文学者に教えを請《こ》うたところ、「しつけ」と訳している語は、〈ヴォスピターニエ〉（養育、訓育、鍛練《たんれん》）で、「教養」である〈オブラゾバーニエ〉の意味は含《ふく》まれていないとのこと。しかし、佐藤清郎訳が決して間違《まちが》いと言えないのは、ソースをこぼすのは「しつけ」の問題であるにせよ、「気づかぬふりをする」のは明らかに「教養」に関わることだからだ、との教示も受けた。その通りだと私も思う。こうした「教養」こそ、大人への条件のはずだが、さて当の大人たちは？
（中村邦生《なかむらくにお》『いま、きみを励《はげ》ますことば―感情のレッスン』より）

問1 この文章の中で、筆者の主張が述べられている段落の番号を算用数字で答えなさい。
［　　］

問2 ――線部「佐藤清郎訳が決して間違いと言えない」とあるが、その理由として適切なものを、次の中から一つ選び、記号で答えなさい。

ア 「しつけ」という行為《こうい》の中に「教養」を身につけさせることが含《ふく》まれるから。
イ 「しつけ」ということばは「教養」ということばと意味が重なる部分があるから。
ウ 「気づかぬふりをする」という行為には、当人の「教養」が関係しているから。
エ 「気づかぬふりをする」という行為の妥当《だとう》性を判断するのに「教養」が必要だから。
［　　］

らくらくマルつけ
la-14

❶ 次の文章を読んで、あとの問いに答えなさい。

[1] 子どもの頃《ころ》に予想していたことに較《くら》べれば、大人になってからの人生は意外と楽しく面白《おもしろ》い。学校の生徒でいる間は、友達が出来ないと、それは自分が誰《だれ》にも相手にされないダメな人間である証拠《しょうこ》だと思えて、身も世もなく切ない。しかし世の中に出ればそんなことはたいした問題ではないことがやがて分《わ》かる。仕事をふつうにやり、家庭をふつうに作り、隣近所《となりきんじょ》の人たちともふつうにあいさつをしていれば、必ず、お互《たが》いにお互いを必要とする頼《たの》もしい親しい人ができる。その親しさを大事にしてゆけばそれで十分やってゆける。友達の数が少ないといって不安になったりするのは学校にいる間だけのことだった。

[2] 大人だってヘマをすると陰《かげ》でこそこそ笑われることはある。しかし学校の先生やその尻馬《しりうま》に乗ってガミガミ言う親たちのように、勉強ができないぐらいのことで頭の上から人の人格を否定するような言い方はしない。知らんプリをしてもかまわないように陰で言うだけだ。それが大人の社会では礼儀《れいぎ》というものだ。残念ながら大人は子どもにはそういう礼儀をあまり払《はら》ってくれないし、大人がそうだから子ども同士もあからさまに仲間をバカにする。バカにされるのが辛《つら》いから、小さいときにはやたら友達がほしかった。守ってくれる仲間がほしかったのだ。もちろんいい友達はあったほうがいいが、友達が少ないと心細くなったりしたのは、子どもの世界が礼儀で守られていないからだ。（中略）

[3] だから私は小さい子どもたちに言いたい。いまどんなに苦しくっても、それが一生つづくものだと考えてはいけないよ、と。

（佐藤忠男《さとうただお》『大人になるということ』より）

問1 ――線部「大人になってからの人生は意外と楽しく面白い」とあるが、筆者がそう考えるのはなぜか。その理由として適切なものを、次の中から一つ選び、記号で答えなさい。

ア 仕事や家庭などを通じて友達が増えるから。
イ 友達づき合いがうまくなってくるから。
ウ 世の中の広さを知り、楽しみの選択肢《せんたくし》がふえるから。
エ 友達が少なくてもたいした問題でなくなるから。

［　　］

問2 この文章の結論が書かれている段落の番号を、算用数字で答えなさい。

［　　］

ヒント
文章の結論は、最初や最後の段落に書かれていることが多い。

答えと解き方⬇別冊8ページ

ちょこっとインプット
Ⅱ-15

❷ 次の文章を読んで、あとの問いに答えなさい。

[1] 私たち一人ひとりは、家族の一員であり、学校の生徒であり、クラブ活動のメンバーであり、自治体の住民であり、国家の国民であるという具合に、いろいろなレベルで帰属する集団や団体をもっています。それはあなたが*同心円の中心に立って、そのまわりに大きな円がしだいに広がっていく様子を想像してもらうとわかりやすいかもしれません。地球市民というものは、そのいちばん広い同心円だと見ることもできます。（中略）

[2] それにしても、地球市民という言葉は、いささかロマンチックで理想的すぎる響《ひび》きをともなって聞こえる言葉かもしれません。第二次世界大戦の後に、国連で「世界市民」という言葉が使われはじめたとき、たしかにそれは美しい理想であり、憧《あこが》れであり、遠くにある目標のようなものでした。というのも、当時はまだ、国家の枠《わく》を超《こ》えてものを考えるということ自体が非常に困難でしたし、それほどに国家の枠組が強固なものだったからです。しかし、事態は刻々と変化しています。

[3] 世界中に人権の意識が根をおろし、*グローバル・イシューが共有されていく過程で、地球市民の意識が、現実に必要なものとなってきたからです。今後もこの傾向《けいこう》は、ますます顕著《けんちょ》なものとならざるをえないでしょう。地球市民としての資質もまた、「遠くにある美しいもの」ではなく、一人ひとりの生き方や姿勢にかかわるものになりつつあります。

[4] ですから、一人の人間が生まれ、育ち、やがて大人になっていくように、地球市民という言葉も、時代の変化にあわせて成熟していくことになるはずです。狭《せま》い国際感覚はやがて、より広い視野をもつ国際感覚としての「地球市民感覚」へと、その概念《がいねん》を広げていくことになるのかもしれません。

（渡部淳《わたなべじゅん》『国際感覚ってなんだろう』より）

*同心円　中心を同じくする、重なり合う複数の円。
*グローバル・イシュー　地球規模の問題。

問1 ――線部「地球市民というもの」の現在について説明した内容として適切なものを、次の中から一つ選び、記号で答えなさい。

ア　時代にとらわれず普遍的《ふへんてき》な理想となるもの。
イ　地球規模の問題解決のために現実的に必要になってきたもの。
ウ　個々の人間の生き方とは無関係な非現実的なもの。
エ　第二次世界大戦を通じて国際感覚として定着したもの。

［　　］

問2 この文章の結論を、文中のことばを用いて五十字以内で説明しなさい。ただし、「国際感覚」ということばを必ず用いること。

らくらく
マルつけ
la-15

まとめのテスト②

／100点

答えと解き方⬇別冊8ページ

❶ 次の文章を読んで、あとの問いに答えなさい。 〔100点〕

以前国会の論戦において、若い二人が結婚《けっこん》をしても、住宅その他、生活が大変なので、幸せになることができないという質問に対して、時の総理がそれでもその二人はわたしよりも幸福だと思うと語って野党の猛攻撃《もうこうげき》を受けていた。わたしは野党の支持者だったが、この一点だけに関しては、①自民党の総理のいうことの方が正しいと内心は考えていた。それはこのような経験があったからである。冬の郊外《こうがい》の駅前の夜の屋台で、仲のよかった人と一緒《いっしょ》に熱いラーメンをすすっていた時今ここで死んでしまってもいいという幸福感に充《み》ちあふれていることを意識していた。その幸福が好きな人と一緒にいるということから来るのか、熱いラーメンの方から来るのか、どちらかは分からなかったが、少なくともこの二つが両方そろえば、それ以上のものは、自分には何もいらないなと感じていた。

もちろん社会には幸福のために必要な基本的な物質条件をすでに十分に確保しながら、その上になお、何億でも何十億でも金もうけをしてみたいという人はいる。

けれどもそういう人は、ある種の趣味《しゅみ》の悪い人として、みんなからけいべつされるだけというように、時代の空気の潮目は変わろうとしている。

立ち止まって基本を固めておくと、基本的な生活のための物質的な条件の確保ということは、もちろん、何よりもまず必要なことである。そのために経済発展ということはある水準までは必要であった。現在でも世界の多くの貧しい国々では、必要である。[②]、豊かな先進産業諸社会の中にも今もなお飢《う》えている人びともいる。「熱いラーメン」も食べられない人びとである。[③]後者の、「豊かな社会」の内部の飢えている人びとに関していえば、それはほんとうは、これ以上の経済成長の問題ではなく、分配の問題である。分配の問題を根本的に変革しないで、いくら成長をつづけても、富はそれ以上の富の不要な富裕層《ふゆうそう》にぜい肉のように蓄積《ちくせき》されるだけで、貧しい人びとは、いつまでたっても貧しいままである。

計算してみれば分かることだが、日本を含《ふく》む先進産業諸社会においては、まずすべての人びとに、幸福のための最低限の物質的な基本条件を配分しても、なお多大な富の余裕は存在している。この巨大《きょだい》な余裕部分にかんしては、経済ゲームの好きな人たちは、いくらでもシェアを争って、自由な競争をしたらいいとわたしは考えている。④肝要《かんよう》のことは、経済的不平等の完全な否定とか、格差の消滅《しょうめつ》ということではなく、すべての人に、幸福のための最低限の物質的な条件を、まず確保するということである。

必要な以上の富を追求し、所有し、誇示《こじ》する人間がふつうにけいべつされるだけ、というふうに時代の潮目が変われば、三千年の悪夢から目覚めた朝の陽光みたいに、⑤世界の光景は一変する。必要な以上の富を際限なく追求しつづけようとするばかげた強迫観念《きょうはくかんねん》から資本家が解放されれば、悪《あ》しき意味での「*資本主義」はその内側から空洞《くうどう》化《か》して解体する（人間の幸福のための*ツールとしての資本主義だけが残る）。

（見田宗介《みたむねすけ》『現代社会はどこに向かうか―高原の見晴らしを切り開くこと』より）

*資本主義　資本家が労働者を雇《やと》って商品生産を行い、利益を得る経済体制。

*ツール　道具。

問1　――線部①「自民党の総理のいうことの方が正しいと内心は考えていた」のはなぜか。その理由として適切なものを、次の中から一つ選び、記号で答えなさい。（20点）

ア　自分の経験から、幸福は好きな人と一緒にいるということからのみ来るものだと考えていたから。

イ　若いときにたくさん苦労しておいた方が、その後の人生でより大きい満足を得られることを実感していたから。

ウ　自分が日頃《ひごろ》から支持している政党の見解であるうえ、自分の経験からも裏打ちされた内容であったから。

エ　最低限の物質的な条件が整った状態で、好きな人と一緒にいると幸福を感じることを経験していたから。

〔　　〕

問2　［②］・［③］に入ることばとして適切なものを、次の中からそれぞれ一つ選び、記号で答えなさい。（10点×2）

ア　さて　　イ　けれども　　ウ　それよりも　　エ　また

②〔　　〕　③〔　　〕

問3　――線部④「肝要のこと」の指し示す内容として適切なものを、次の中から一つ選び、記号で答えなさい。（20点）

ア　経済的な不平等に立ち向かい、格差を消滅させること。

イ　富裕層に蓄積された富の正当性を確かめること。

ウ　すべての人びとに、最低限の物質的な条件を確保すること。

エ　富の余裕部分をめぐって自由に競争すること。

〔　　〕

問4　――線部⑤「世界の光景は一変する」とあるが、こうなるには現代がどのような時代になる必要があると筆者は考えているか。文中のことばを用いて四十五字以内で説明しなさい。ただし、「強迫観念」ということばを必ず用いること。（40点）

らくらくマルつけ

la-16

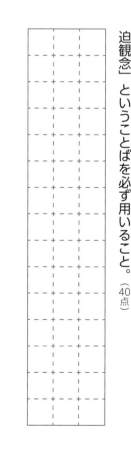

OUTPUT! 17

3 論説文Ⅲ

自然・科学がテーマの文章

❶ 次の文章を読んで、あとの問いに答えなさい。

北米や北欧《ほくおう》の山々は、日本でいえば阿蘇《あそ》や岡山県北部の蒜山《ひるぜん》のような高原状のゆるやかな起伏《きふく》の森林が、とてつもなくひろがっているのです。木は大きいし、大型機械で切られ、超大型《ちょうおおがた》トラックで搬出《はんしゅつ》されるので、先進国であっても、費用が安くなるのです。

牛乳パックの原料は、このスケールの大きい山々の針葉樹です。これを、チップにし、製紙工場で漂白《ひょうはく》し、まっ白いパルプにしてから、日本に輸出しています。製紙メーカーは計画的に植林しているので、伐採《ばっさい》した量よりも成長した量が多いし、チップは柱などにできない細い部分や背板を利用しているので、自然破壊《はかい》ではないといっています。

私は最上流をまだたずねていないので、わかりませんが、たとえそうだったとしても、すぐ使い捨てられる紙容器がひろがっていくことは残念に思っています。そして牛乳びんにもどってほしいという願いをもっています。同じ願いをもっている市民も多いので、メーカーは、びんを二〇回使用したばあいと、牛乳パックを利用したばあい、それぞれに使われるエネルギーを比較《ひかく》しています。パックを埋立《うめた》てるばあいは多くのエネルギーが使われるが、焼却《しょうきゃく》工場で燃やし、エネルギーを回収するばあいには、びんを使ったばあいよりすこし省エネになる、という研究結果になっています。

焼却工場では、ごみがもっているエネルギーの一割ていどしか利用できません。この報告はそのことを考慮《こうりょ》せず、過大評価している疑いがあります。しかし、環境《かんきょう》問題にかかわっている市民は、現在、この論点をきちんとつめようとしていません。たとえびんのほうが省エネになることが立証されたとしても、現段階で紙容器の使用減に効果があるとは思えないので、保留しているのです。

（森住明弘《もりずみあきひろ》『環境とつきあう50話』より）

問 ——線部「環境問題にかかわっている市民」の考えとして適切なものを、次の中から一つ選び、記号で答えなさい。

ア 牛乳びんのほうが省エネになることが立証されれば、紙容器の使用減につながる可能性があると考えている。

イ 牛乳びんのほうが省エネになることが立証されているので、紙容器の使用減に結びつけたいと考えている。

ウ 牛乳びんよりも紙容器を省エネで利用できるように、紙容器の漂白の工程をなくしたいと考えている。

エ 牛乳びんのほうが省エネになることが立証されても、紙容器の使用減には結びつかないと考えている。

［　　］

ヒント
「私」「メーカー」「環境問題にかかわっている市民」の考えを区別して読み取ろう。

答えと解き方➡別冊9ページ

ちょこっとインプット
li-17

❷ 次の文章を読んで、あとの問いに答えなさい。

知性をもって生まれてきたことは、人間にとって幸いだったのか、不幸だったのか。

もちろん人間の知性のおかげで、現在のわれわれの生活は、便利になっています。早い話、わたしはいま、パソコンで原稿《げんこう》を書いていますが、こんな便利な機械が存在するのも人間の知性のたまものでしょう。（中略）人間の知性は確実に、人間そのものに幸いをもたらしました。

でも、困ったこともあります。知性をもつことによって、人間には、「不安」が忍《しの》び寄ってくるのです。

わたしは核《かく》や公害の問題のことを言っているのではありません。そんなものは科学技術がさらに進めば解決される問題でしょう。というふうに簡単に言い切ってしまうのは楽観的すぎるかもしれませんが、科学技術だけで解決できないとしたら、そこには政治や倫理《りんり》の問題が関わっているのです。政治というのは厄介《やっかい》な問題ですが、とにかく多くの人々が話し合い、さまざまな利害を調節して、人類共通の普遍的《ふへんてき》な倫理を確立すれば、問題は解決するはずです。

わたしの言う「不安」とは、もっと根本的なものです。

宇宙とは何なのか。宇宙はどのようにして始まったのか。宇宙はどのようにして先に進んでいくのか。宇宙には果てがあるのか。こういった大きな問題に対しては、科学技術は何の解答ももたらしてはくれません。

あるいは、微小《びしょう》な問題。物体や物質を小さく細分化していくと、そこにはどのような世界が広がっているのか。これも未解決の問題です。宇宙の空間的な広がりだけでなく、時間的な広がりも謎《なぞ》に満ちています。宇宙の過去、宇宙の未来について、わたしたちは何も知りません。そもそも時間とは何なのか。よくわかりません。

そして、最も根本的な問題。宇宙の中に置かれている、この「私」とは、いったい何なのか。

こういうことがわからないと、わたしたちは、「不安」の中に突《つ》き落とされます。確かに毎日、与《あた》えられた仕事をこなし、おいしいものを食べ、たまに気晴らしをする、といった生活の範囲内《はんいない》では、こうした「不安」と無縁《むえん》の人も多いでしょう。（中略）でも人間は、何かの拍子《ひょうし》に、答えのない大きな問いにぶつかって、解決不能の「不安」を覚えることになります。

（三田誠広《みたまさひろ》『アインシュタインの謎を解く　誰《だれ》もがわかる相対性理論』より）

問 筆者の主張として適切なものを、次の中から一つ選び、記号で答えなさい。

ア 人間は知性を活《い》かすことができずに、解決不能な不安を抱《かか》えてしまうことがある。

イ 人間は知性をもっているがゆえに、解決不能な不安を抱えてしまうことがある。

ウ 人間は知性をもっているがゆえに、解決不能な不安に耐《た》えることができる。

エ 人間の知性には限界があり、解決不能な不安については保留するべきである。

［　　］

らくらくマルつけ

la-17

文化・言語がテーマの文章

答えと解き方⬇別冊9ページ

ちょこっとインプット
li-18

1 次の文章を読んで、あとの問いに答えなさい。

人間にじろりと見られると犬でも緊張《きんちょう》するように、かつての日本社会では相手の顔をじろじろ見るのは非礼とされていました。目ではなくネクタイの結び目あたりをそれとなく見ながら話すのがたしなみだったようです。そのため、話をちゃんと聞いている証拠《しょうこ》に「ええ」「ああ、そうですか」といったことばをはさむ習慣になっていて、そういうあいづちとして「はい」がよく使われます。日本文化にうとい外国人は、その「はい」を賛同の表示と誤解し、イエスを連発しながら最後にノーと言う日本人を、ウソつきと思うそうです。

質問に答える場合はどうでしょう？　「行く（の）か」という肯定《こうてい》形《けい》の問いかけであれば、「行く」ときには英語で「イエス」、日本語で「はい」、「行かない」ときには英語で「ノー」、日本語で「いいえ」と返事をするので、この場合はきちんと対応します。しかし、「行かない（の）か」という否定形の問いかけになると、「行く」ときに英語は「イエス」で日本語は「いいえ」、「行かない」ときに英語は「ノー」で日本語は「はい」と返事をするのが基本であり、対応は逆になります。矛盾《むじゅん》しているように見えますが、これは考え方の違《ちが》いです。英語では自分の答えが肯定の場合に「イエス」、否定の場合に「ノー」を使うのに対し、日本語では自分の答えが相手の問いの形に合えば「はい」、合わなければ「いいえ」を使うという原則に立っているのです。たえず相手の気持ちを考えながら、互《たが》いの関係に気を配って応対する日本人の国民性を反映した言語習慣だと見ることもできるでしょう。

（中村明《なかむらあきら》『日本語のニュアンス練習帳』より）

問1 ――線部「日本文化にうとい外国人」について述べられている内容として適切なものを、次の中から一つ選び、記号で答えなさい。

ア　日本語の賛同の意を「ノー」と誤解して考えている。
イ　日本語のあいづちを賛同の意と誤解して考えている。
ウ　安易に賛同を繰《く》り返す日本人をウソつきだと考えている。
エ　間違《まちが》った前言を認めない日本人をウソつきだと考えている。

［　　　］

問2 この文章の筆者の主張を、文中のことばを用いて五十字以内で説明しなさい。

ヒント
具体例を通じて、筆者が主張したいことを考えてみよう。

2 次の文章を読んで、あとの問いに答えなさい。

よく似た考えや意見といった程度のものなら、世の中にいくらもあります。が、文学作品は、誰《だれ》がどんなふうにそれを言葉にするかということです。よく問題にされる*芥川《あくたがわ》のシニカルな人間観や厭世的《えんせいてき》な気分といったものも、なにも芥川の独創でも専売特許でもない。古来、いくつも先人の例があるし、今後も出てくるにちがいない。王朝物とかキリシタン物とかの題材にしても、べつだん彼《かれ》の発明ではない。出所はわかっているし、同じような材料は彼の友人の*菊池寛《きくちかん》も扱《あつか》っている。その後も多くの作家が書いているし、これからも書くでしょう。そんなわけで、小説の題材だのモチーフだのというものに関しては、まさに「日の下に新しきものなし」で、各時代時代に大勢の作者が同じ場所を、さまざまな掘《ほ》り方で掘り返しているにすぎません。

では、芥川の独創、発明はどこにあるかと言えば、まさに彼の文章にあると言うべきでしょう。彼の書いたものが――全部が全部とは言いませんが――話の中身はもうすっかりわかっているのに、何度読んでも面白《おもしろ》いのは、一にかかって文章の力と言う他はないでしょう。むろん話自体が面白い場合もありますが、本当は話が面白いのではなくて、文章が面白いのです。ただ話が面白いだけなら、一度読めばそれで十分でしょうから。

芥川のものはどれもみな短いですから、一つ読んで面白いと思ったら、立てつづけにいくつか読んでみるといいと思います。学生の諸君は、あるいは中学や高校の教科書で『羅生門《らしょうもん》』とか『鼻』とか『芋《いも》粥《がゆ》』とか、あるいは『蜘蛛《くも》の糸』とか『杜子春《とししゅん》』とか『トロッコ』とか、彼の名作と言われるものをいくつかは読んでいるでしょう。ストーリーぐらいはぼんやり覚えているでしょう。と同時に、この作者独特の語り口、その文章の呼吸のようなものがかすかにでも耳に残ってはいないでしょうか。

(猪野謙二《いのけんじ》『小説の読みかた―日本の近代小説から―』より)

*芥川　芥川龍之介《りゅうのすけ》。日本の小説家(一八九二～一九二七)。
*菊池寛　日本の小説家(一八八八～一九四八)。

問1　――線部「芥川の独創、発明はどこにあるかと言えば、まさに彼の文章にある」とあるが、なぜか。筆者がそう考える理由として適切なものを、次の中から一つ選び、記号で答えなさい。

ア　内容はわかりきっている話なのに、何度読んでも面白いから。
イ　立て続けに作品を読んでも、疲《つか》れずに面白く読めるから。
ウ　作者独特の語り口で、独創的なテーマを扱っているから。
エ　他の作家が扱っていない題材を、面白く語っているから。

［　　］

問2　この文章の筆者の主張を、文中のことばを用いて三十五字以内で説明しなさい。

らくらく マルつけ
la-18

社会・生活がテーマの文章

答えと解き方⬇別冊10ページ

ちょこっと インプット
li-19

❶ 次の文章を読んで、あとの問いに答えなさい。

連帯感という言葉が存在することからも分かるように、連帯の成立にとって感情は重要な要素である。集団の成員たちによってある種の感情が共有されていなければ、連帯が成立し持続することは困難だろう。連帯と親和的な感情は、共感や親近感や一体感といったものであろう。こうした感情が共有されず、成員たちが憎《にく》しみ合っていたり、利己主義が支配的であったりするような集団においては、連帯は成立し難いはずである。（中略）親近感や共感が支配している集団では、相《そう》互《ご》に助け合ったり、他者のために行動したりすることが容易になるだろう。

［　①　］、感情は、連帯にとって*諸刃《もろは》の剣《つるぎ》である。一つには、感情が及《およ》ぶ範囲《はんい》の問題がある。人間の感情の及ぶ範囲は狭《せま》い。連帯が感情を基礎《きそ》にするものだとすると、規模の比較《ひかく》的小さな集団の内部でなら連帯は容易に成立するだろう。だが、②感情が及ぶ領域を越《こ》えたところに存在する者たちとのあいだに連帯が成立することは困難になる。他者との空間的・社会的隔《へだ》たりが大きいとき、共感の感情が薄《うす》らぐという可能性を想像するのは難しいことではない。人は、自身の帰属する比較的小さな集団の内部では連帯的であるのに対して、共感の感情が及びにくい距離《きょり》――空間的であれ社会的であれ――にある他者に対しては無関心であったり冷淡《れいたん》であったりする傾向《けいこう》がある。さらには、感情が連帯の基礎と見なされるなら、遠くの他者に対して無関心であったり冷淡であったりすることが、むしろ正当化されてしまうことだろう。

（馬渕浩二《まぶちこうじ》『連帯論　―分かち合いの論理と倫理《りんり》』より）

＊諸刃の剣　役に立つ一方で、大きな損害を与《あた》える危険もあるもののたとえ。

問1 ［　①　］に入ることばとして適切なものを、次の中から一つ選び、記号で答えなさい。

ア　だから　　イ　ところで　　ウ　だが　　エ　むしろ

〔　　〕

問2 ――線部②「感情が及ぶ領域を越えたところに存在する者たち」を言い換《か》えたことばを、文中から五字以内で抜《ぬ》き出しなさい。

□□□□□

ヒント
言い換えたことばを探すときは、前後の文節との修飾《しゅうしょく》関係が似ている部分を探してみよう。

❷ 次の文章を読んで、あとの問いに答えなさい。

　工業製品には、個性があってはならない。これが工芸品や芸術作品なら、許されるどころか、個性はなくてはならない。着物や木工家具のように職人が作るものも、個性が尊重される。着物や洋服を仕立てる職人も、家具を作る職人も、他の人とはひと味もふた味もちがったものを作ることに、心を砕《くだ》く。［　①　］工業製品は、個性を求めないどころか、排除《はいじょ》しなければならない。

　それなのに②わたしは、工場で働く人たちを職人と書いてきた。わたし自身は、コンピュータ機能をもった*旋盤《せんばん》を使いながら、自分を旋盤職人と呼んでいる。

　なぜか？　削《けず》るものは限りなく無個性なものをめざす。しかし、無個性なものを作るために、工場の職人たちは、どのような方法で、どのような道具を使うかをイメージし、工夫する。ものを作るプロセスは、自由である。結果として、早く正確なものができればよい。それを作るプロセスでは、個性を発揮することができる。無個性なものを作るためにも、個性が大事だから、職人だといえる。

　職人とは、ものを作る手だてを考え、道具を工夫する人のことである。

　それをしないで、与《あた》えられた道具を使って、教えられた通りの方法でものを作る人は、単なる労働者にすぎない。あるいはもっと極端《きょくたん》にいえば、単なる要員にすぎない。要員とは、いつでも他の人にとってかえることが可能な役割を担《にな》うような人をさして言う。

　技術は作られたものに現《あら》われるが、それを作る人間の個性は、そのものを作る過程に、もっともよく現《あら》われる。

　わたしもずいぶん長い間、それを勘《かん》ちがいして、同じものを作ってもひと味ちがう、ひと目見てこれは俺《おれ》が削ったものとわかるような仕事をしようと心がけてきた。それが誤りだと知って、ずいぶん気が楽になったが、気がつくとそれはそれで、なかなかむずかしいことなのだった。

（小関智弘《こせきともひろ》『ものづくりに生きる』より）

＊旋盤　加工する物を主軸とともに回転させるための工作機械。

問1　［　①　］に入ることばとして適切なものを、次の中から一つ選び、記号で答えなさい。

ア　さて　　イ　たとえば　　ウ　しかし　　エ　そうして

［　　　］

問2　――線部②「わたしは、工場で働く人たちを職人と書いてきた」とあるが、その理由を、文中のことばを用いて三十五字以内で説明しなさい。

らくらく
マルつけ
la-19

グラフ・資料の読み取り

❶ 次の資料を見て、あとの問いに答えなさい。

エネルギー資源の望ましいバランスは?

一九七〇年代の石油ショックや石炭の燃焼《ねんしょう》技術の向上は、日本の一次エネルギー供給構成に、大きな変化をもたらしました。一九七三年度と二〇二一年度を比べて見ると、石炭の構成割合は大幅《おおはば》に増えています。

しかし、石炭は、利用時に排出《はいしゅつ》される二酸化炭素の量が多い化石燃料です。温暖化対策として、二酸化炭素をはじめとする温室効果ガスの排出量削減《さくげん》が求められている現在、一次エネルギー供給構成は、更《さら》なる変化の局面にありそうです。

日本の一次エネルギー供給構成の推移

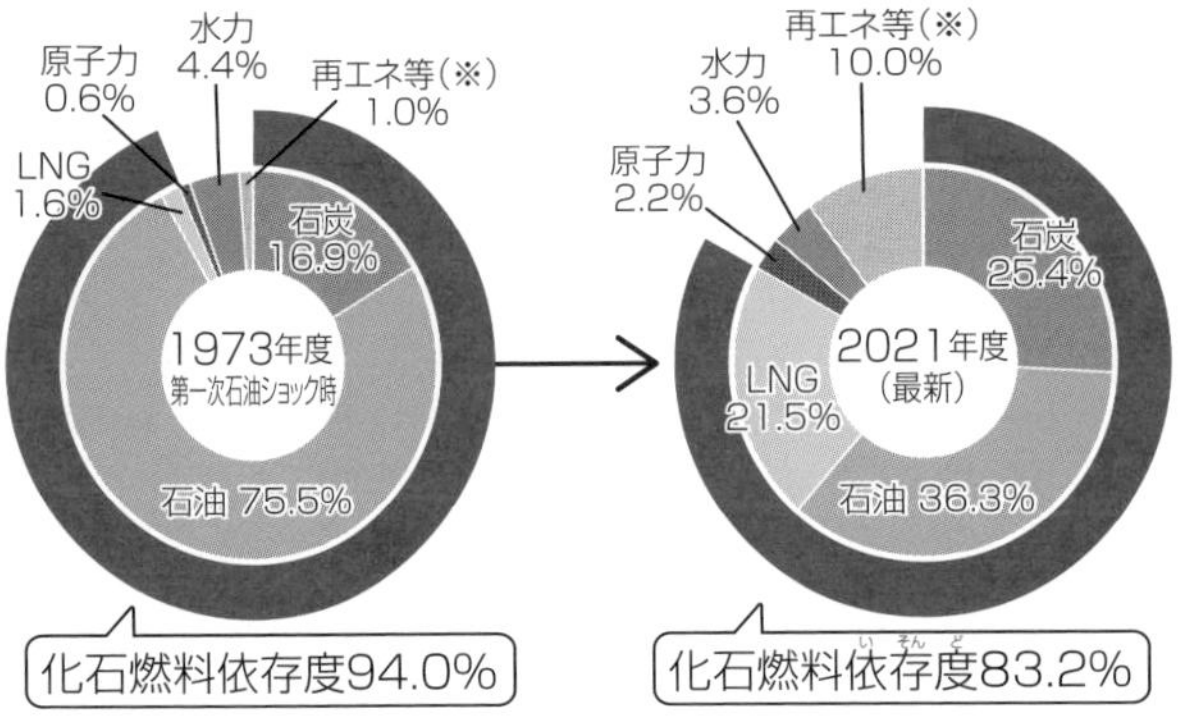

出典:資源エネルギー庁「総合エネルギー統計」の2021年度速報値
※再エネ等(水力除く地熱、風力、太陽光など)は未活用エネルギーを含《ふく》む。

問 次の文章は資料から読み取れることを説明したものである。①～③に入ることばや数字をそれぞれ答えなさい。

資料は、一九七〇年代の石油ショックにより、石油の代わりとなるエネルギーとして、燃焼技術が向上した ① の利用が進んだことを示している。

グラフでは、石炭の構成割合が一九七三年度には16・9%だったのが二〇二一年度には ② %になっている。

一方で石油の構成割合は、一九七三年度には ③ %だったのが二〇二一年度には36・3%に半減している。

① [　　　　]　② [　　　　]

③ [　　　　]

ヒント グラフの各項目《かくこうもく》について、一九七三年度と二〇二一年度の数値を比較《ひかく》して変化をつかもう。

答えと解き方⬇別冊10ページ

ちょこっとインプット
II-20

❷ 次の文章を読んで、あとの問いに答えなさい。

二〇〇〇年代以降、能力主義的な賃金制度の導入や非正規労働の増加などによって、低所得者が多くを占《し》める若年層の所得格差はたしかに拡大してきました。しかし、もともと高所得者が多い高齢層《こうれいそう》の男性では、格差の幅《はば》も大きいために、高所得者の割合が減ると格差は縮小して表《あら》わされることになります。（中略）ここでまず指摘《してき》したいのは、年齢層による貧困率《ひんこんりつ》の変化の相違《そうい》は、それぞれの年齢層の生活意識にも相違をもたらしているという事実です。

図を見ていただくと、近年の貧困率の上昇《じょうしょう》とともに、①努力しても報われないと考える人が全体的に増えていることが分かります。それと同時に、この傾向《けいこう》は、貧困率の上昇が激しい若年層でとくに強くなっていることも分かります。また②高齢層を見てみると、依然《いぜん》として貧困率の高い女性では報われないと感じている人が増えているものの、貧困率の下がっている男性ではあまり大きな変化が見られないことにも気づきます。このように貧困率の変化は、人びとの人生観にも少なからぬ影響《えいきょう》を与《あた》えているようです。

（土井隆義《どいたかよし》『「宿命」を生きる若者たち　格差と幸福をつなぐもの』より）

努力しても報《むく》われないと思う割合

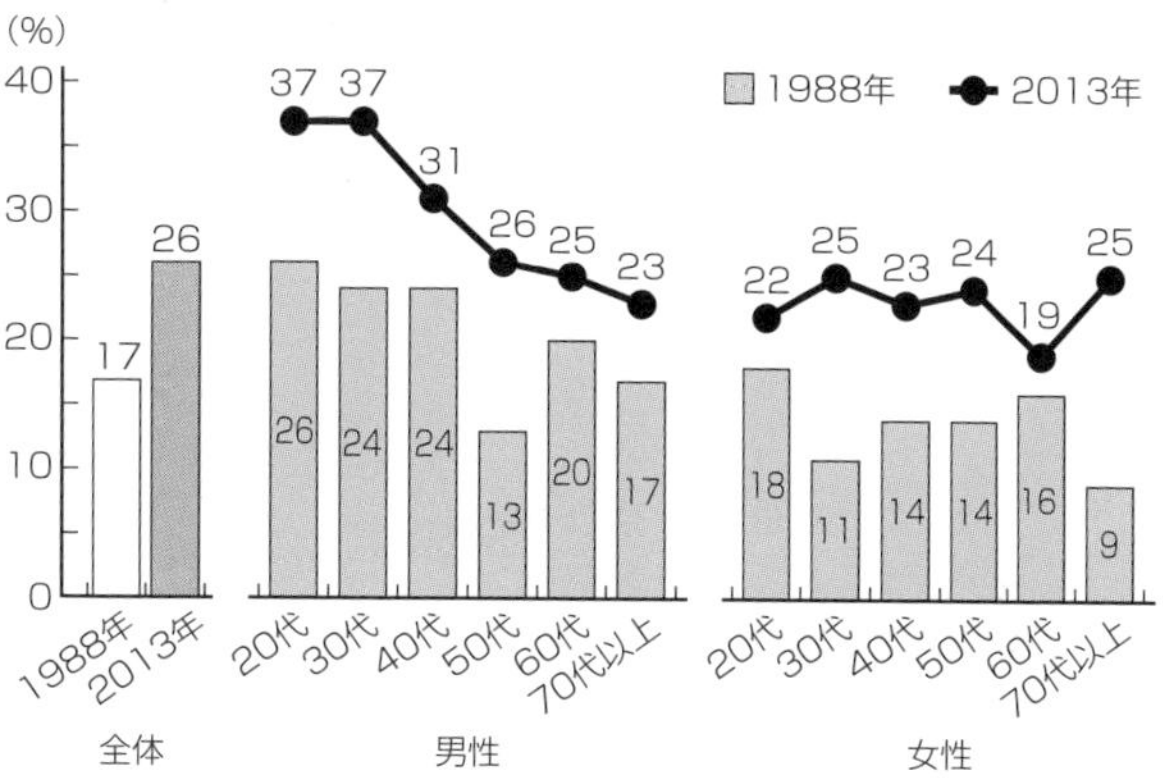

出典：統計数理研究所「日本人の国民性調査(第13次)」

問 次の文章は文章中のグラフの読み取り方を説明したものである。［X］～［Z］に入る数字をそれぞれ答えなさい。

> まず、――線部①「努力しても報われないと考える人が全体的に増えている」については、「努力しても報われないと思う割合」の「全体」が一九八八年は17％であるのに対し、二〇一三年は［X］％になっていることから読み取れる。
> また、――線部②「高齢層を見てみると、依然として貧困率の高い女性では報われないと感じている人が増えている」については、「男性」の「70代以上」が17％から23％に増加しているのに対し、「女性」の「70代以上」が［Y］％から［Z］％へ増加していることから読み取れる。

X［　　］

Y［　　］

Z［　　］

らくらく
マルつけ
la-20

OUTPUT! 21 会話の読み取り

答えと解き方⬇別冊10ページ

ちょこっとインプット
Ii-21

❶ 次の文章を読んで、あとの問いに答えなさい。

― 多神教における自我《じが》と一神教における自我はどう違《ちが》うのでしょうか。

岸田《きしだ》 やはり、強いとか弱いとか、硬《かた》いとか軟《やわ》らかいとか、脆《もろ》いとかしなやかだとか、いろいろ違いがあるんじゃないでしょうか。近代日本人は、ヨーロッパ人は自我が確立していて日本人は確立していないと思ったわけですね。その違いというのは、ヨーロッパ人の自我は一神教の神に支えられているから強くて、日本人の自我というのは足場がしっかりしていないから弱く、だからヨーロッパ人の自我とぶつかったときに押《お》し流されてしまったということがありました。結局、強い自我というのは強い神に支えられた自我であるということでしょう。つまり、自我の背後に一神教的な信仰《しんこう》がないと強い自我というのは成り立たないということはありますが、しかし、自我は強い必要があるのかな。強い自我がいいのかな。

― 日本人の自我とヨーロッパ人の自我ということですが、一般《いっぱん》に分かりやすい言葉で言えば、むしろ個性ですね。日本人の個性とヨーロッパ人の個性。これは＊桶谷秀昭《おけたにひであき》さんが言っていることなんですが、個性が強いということは昔の日本の言葉で言えば癖《くせ》が強いということですね。とはいえ、個性が強いというのと癖が強いというのとではニュアンスがちょっと違う。西洋と日本の違いというか、あいつは癖が強いというのは必ずしも褒《ほ》め言葉ではない。（中略）むしろ悪い意味で言うわけです。個性が強いというのは褒め言葉ですが、癖が強いというのは……。

岸田 悪い意味ですね。普通《ふつう》から外れているということでしょう。みんな一緒《いっしょ》がいい農村共同体のようなところでは、癖が強い人というのは具合が悪いでしょう。だけど、都市においては癖が強いほうが成功できるわけですよね。

（岸田秀《きしだしゅう》・三浦雅士《みうらまさし》『一神教VS多神教』より）

＊桶谷秀昭　日本の文芸評論家（一九三二〜）。

問　この対談の内容として適切なものを、次の中から一つ選び、記号で答えなさい。

ア　強い自我は強い神に支えられているとは限らない。
イ　聞き手は癖の強さは都市部では歓迎《かんげい》されないと考えている。
ウ　岸田氏は日本人の自我に多神教の信仰が重要だと考えている。
エ　聞き手は自我を個性ということばで言い換《か》えている。

［　　］

ヒント
「自我」というキーワードに着目し、岸田氏や聞き手の主張をとらえよう。

❷ 次の文章を読んで、あとの問いに答えなさい。

山田《やまだ》　工藤《くどう》さんがお書きになった一連の*ラフカディオ・ハーンの評伝を拝読し、さすがだと思いました。（中略）三冊とも大変面白《おもしろ》かったのですが、中でもアメリカ篇《へん》である『夢の途上《とじょう》　ラフカディオ・ハーンの生涯《しょうがい》』に登場するマティ・フォウリに興味を惹《ひ》かれました。*シンシナティでハーンの最初の妻となったマティには、ちょっと超《ちょう》自然的なところがあったとお書きになっている。

工藤　はい。不思議なものを見たり聞いたりする女性だったようです。

山田　彼女《かのじょ》との生活は、ハーンの中にある*ケルトの記憶《きおく》を掻《か》き立てたのではないかと思います。

工藤　大いにあったのではないでしょうか。ただ、結果的にはマティとの結婚《けっこん》は短期間で終わり、傷心のハーンは*ニューオリンズに居を移すことになります。

山田　ニューオリンズをどうお感じになりましたか？

工藤　ニューオリンズはなんといっても南部ですから、*ニューヨークなどの東部とは大違《おおちが》いで、いわゆる土俗的《どぞくてき》なものが今でも残っているような土地柄《とちがら》です。（中略）

山田　対して、近代の象徴《しょうちょう》ともいうべきニューヨークのことは大嫌《だいきら》いで、残っている書簡の中でも「最も冷酷《れいこく》な怪物《かいぶつ》」と表現していますね。こうしたことを考え合わせると、ハーンは、近代が捨てていった非合理的な世界にこそ居心地《いごこち》の良さを見出《みいだ》していたのではないかと思います。

工藤　おっしゃる通りです。私自身、かつてカナダに住んでいた頃《ころ》に経験したのですが、北米にはロジカルでないもの——感情的な物言いや愚痴《ぐち》を否定する文化がある。ハーンのように感じやすい人間には、住みづらい環境《かんきょう》です。

（工藤美代子《くどうみよこ》『怖《こわ》い顔の話』より）

*ラフカディオ・ハーン　日本に帰化したイギリス人文学者（一八五〇～一九〇四）。
*シンシナティ　アメリカ合衆国の中西部にある大都市。
*ケルト　アイルランド・ウェールズにおける主要な民族。
*ニューオリンズ　アメリカ合衆国の南部にある大都市。
*ニューヨーク　アメリカ合衆国の北東部にある大都市。

問1　この対談の内容として不適切なものを、次の中から一つ選び、記号で答えなさい。

ア　山田氏はハーンの中に北米的なものへの志向を感じている。
イ　ハーンの好みに関する山田・工藤両氏の見解は一致《いっち》している。
ウ　山田氏はハーンが好む土地柄の特徴《とくちょう》を分析《ぶんせき》している。
エ　工藤氏はニューオリンズの非合理的な側面に注目している。

〔　　〕

問2　——線部「ハーンのように感じやすい人間」はどのような土地に住みやすいのか。工藤氏の考えを「ような土地。」に続くように文中から十五字以内で抜《ぬ》き出しなさい。

□□□□□□□□□□□□□□□ような土地。

らくらくマルつけ

Ia-21

答えと解き方⬇別冊11ページ

／100点

❶ 次の文章を読んで、あとの問いに答えなさい。 ［100点］

　科学が進歩し、それが日常生活の中に入って来るというのは、単に目に見える形で入って来るだけでなくて、われわれの物の考え方、生活態度というようなものが、それと一緒《いっしょ》に変《かわ》って行くという点、そこにむしろ一つ一つの文明の利器が使われるということと同等以上の重要性があると思う。

　たとえば、科学が発達しておらなかった時代、あるいは科学者は科学を研究していても、それが一般《いっぱん》の人たちには非常に縁遠《えんどお》く、一般人の生活の中に入って来なかったという時代には、一般の人たちの物の考え方というものは、今日とは非常に違《ちが》っていた。ずっと昔の未開時代から遺《のこ》っている、いろいろな迷信《めいしん》というようなものが、何の反省もなく信じられておって、昔からのしきたりだから、その通りする。

　①そのようなしきたりの中には、特に害毒もなく、そのまま続いておっても差支《さしつか》えない、むしろ、それがわれわれの生活を豊かにしているというようなものもたくさんある。［　②　］、私の住んでいる、この京都の町、こういう古い町には、昔からのしきたりに従って、いろいろな年中行事がある。祇園祭《ぎおんまつり》であるとか、大文字の送り火であるとか、その他さまざまの年中行事があるが、こういうものは、その多くは楽しいものであり、美しいものであり、われわれの生活にうるおいを与《あた》えている。よそから来る人も、それを見て楽しむ。これらは非常に結構なことで、特に問題とすべきことはない。

［　③　］、そういうものに伴《ともな》って、いろいろな迷信が残存している場合がある。たとえば、どういうふうにすれば病気が治るとか、どういうことをしなければ祟《たた》りがあるとか、いろいろなことが信ぜられ、行われている。そういうものも、その人が、そういうお呪《まじな》いその他のものを信じて、それでそういう気持《きもち》になり、その人の気分を軽くし、それで気持が快くなり健康状態にも良い影響《えいきょう》があるという限りにおいては、何も悪いことはない。しかし、そういうのが、だんだん極《きょく》端《たん》になると、現代の医学の教えるところに従って科学的な方法で病気を治すということに対する努力が薄《うす》らぐ、そういう影響がある場合には、これは困ったことになる。

　科学がだんだんと発達して来るということは、昔から人間が、何となく信じておったこと、習慣的に信じておったことを、それぞれの場合について、よく反省し、現在われわれが正しいと思っている科学的な知識というものと照《てら》し合《あわ》せてみて、間違っているものは捨ててしまう。④そういうことによって、自然と皆《みな》の物の考え方の筋が通って来る、無理のない考え方をするようになって来る。それによって、皆の生活が、一方では、科学のいろいろな成果を直接利用することによって、生活が楽になり、豊かになると同時に、人間の社会生活というものが、無理が少なくなって、お互《たが》いに気持よく暮《くら》して行けるようになる。そういう効果があって初めて、科学というものの真価が発揮され

たのだと思う。（中略）

結局、科学といっても、そんなにこれを狭《せま》く解釈《かいしゃく》して、昔からあるものとすべて矛盾《むじゅん》し、科学が進むということは、そういう昔からあるものをただ捨てて行くのだ、新しいもので置き換《か》えて行くのが社会の進歩だ、というように一概《いちがい》に考えるのは、必ずしも当《あた》っておらない。そういう一方的な方法によって、人間の生活がほんとうに幸福になるというようなことは保証されない。

（湯川秀樹《ゆかわひでき》「科学が生かされるということ」より）

問1 ——線部①「そのようなしきたり」の指し示す内容として適切なものを、次の中から一つ選び、記号で答えなさい。（10点）

ア　昔の未開時代に間違っていると判断されたしきたり
イ　科学が一般の人に身近になってから廃《すた》れたしきたり
ウ　科学が一般の人に身近でなかったころから続くしきたり
エ　科学によって美しさや楽しさを高めてきたしきたり

［　　　］

問2 ［②］・［③］に入ることばとして適切なものを、次の中からそれぞれ一つ選び、記号で答えなさい。（10点×2）

ア　要するに　イ　そこで　ウ　たとえば　エ　しかし

②［　　　］　③［　　　］

問3 ——線部④「そういうこと」の指し示す内容を、文中のことばを用いて五十字以内で説明しなさい。ただし、「科学」ということばを必ず用いること。（35点）

問4 筆者の主張として適切なものを、次の中から一つ選び、記号で答えなさい。（35点）

ア　科学がその真価を発揮するためには、古いしきたりのなかにある科学的な思考に気づく必要がある。
イ　科学がその真価を発揮するためには、古いものを新しいもので置き換えて行くという方法だけでは不十分である。
ウ　科学がその真価を発揮するためには、非科学的な迷信がもたらす害毒を人々に広く知らしめるべきである。
エ　科学がその真価を発揮するためには、人々がうるおいのある心豊かな生活を送っていることが望ましい。

［　　　］

らくらくマルつけ
la-22

❶ 次の文章を読んで、あとの問いに答えなさい。

「私」は「ママ」を亡《な》くして、元気がなく沈《しず》んだ気持ちのまま夏を過ごしている。やることのない朝には、駅のあたりまであてどなく、飼い犬のペロを連れてただうつろに歩くのだった。

ひたすら沈んで寝込《ねこ》んでいるパパとは会話もあまりなく、行き場のない静かな思いやりだけがお互《たが》いの間にやはりうつろに沈んでいた。

そんなとき、大川さんが愛犬のフレンチブルドッグを連れて歩いてくるのによく行きあった。フレンチブルは黒くて熱いし、ぶひぶひいっているし、弱っているし泣いて目も腫《は》れているから避《さ》けたいなあとさえ思ったかもしれない。

しかしなぜかそういう心細い朝、あてのない気持ちで街並みを見ているとき、あの黒い塊《かたまり》が私のひざにぐいぐい顔を押《お》しつけてくると、生まれたての赤ちゃんを抱《だ》っこさせてもらうのと同じくらい、生きているし必要とされている、という感じになった。

「ありがとうね、ニコちゃん。」

私は黒くて固い頭を撫《な》でて、その犬の匂《にお》いをせいいっぱいかいだ。

私の腫れた目に、沈《しず》んだ心に気づいていても大川さんはなにも言わずににこにこして、思う存分犬を触《さわ》らせてくれた。

生きていたい、生きてる、そう言いたいようなこうばしい匂いだった。ペロからもしてくるその匂い。陽《ひ》にあたった幸せな犬の匂い。世話されて、愛されて暮らしているものの匂い。感じてる感じてる、自分は生きてる、言葉ではなくそう思って充電《じゅうでん》された。

（よしもとばなな『ジュージュー』より）

問 ——線部「犬の匂い」について説明した次の文の□に入ることばを文中から十字で抜《ぬ》き出しなさい。

「犬の匂い」をかいで、□存在に触れた「私」は、自分も生きていることを実感して癒《いや》されていった。

ヒント
「犬の匂い」をかいだときの「私」の心情の変化に注目しよう。

答えと解き方⬇別冊11ページ

ちょこっと インプット
li-23

❷ 次の文章を読んで、あとの問いに答えなさい。

惇一《じゅんいち》は十年ぶりに幼馴染《おさななじみ》の景子《けいこ》と再会したが、明るく優《やさ》しかった景子が、荒々《あらあら》しく母親と対立する様子に驚《おどろ》いた。

中学三年の景子は、自分が思っているより、はるかに大人のような気がした。惇一は二十歳だ。が、もしかしたら、五歳《さい》年下の景子のほうが、もっと物事を深く考えて生きているのかも知れないと思った。

（中略）

十六、七メートル向《む》こうに、まるく輪になって遊びたわむれている四、五人の子供たちがいた。その輪の中に、白いセーターの少女がうずくまり、両手で顔を覆《おお》い、数を数えているようだった。そのうしろ姿を見て、惇一ははっとした。景子に似ていた。

（景子が子供たちと遊ぶわけはない）

と思った時、少女がぱっと立ち上がった。やはり景子だった。

（どうして!?）

（なぜ、景子が!?）

①惇一の頭は混乱した。景子が輪を突《つ》き破って走り始めた。子供たちが後を追った。後を追う子供たちは、心から景子を慕《した》っているように見えた。雰囲気《ふんいき》でそれがわかった。追われて景子は、また元《もと》の場所に戻って来た。倒《たお》れこむように景子が坐《すわ》った。景子の傍《かたわ》らに、子供たちが景子に真似《まね》て坐った。笑い声が弾《はじ》け、「景子姉ちゃん」「景子姉ちゃん」という声がする。景子の明るい声が何か言っている。惇一は夢を見ているような気がした。

（これが景子だ）

惇一はそう思った。と、はっとしたように景子が立ち上がった。その視線が真っすぐに惇一に注がれた。子供たちと遊び呆《ほう》けていた景子は、惇一に気づかなかったのだろう。惇一を見つめていた景子が、不意に赤い舌を出した。

（あ！　十年前の景子とおなじだ！）

惇一はうれしくなって手をふった。と、景子も手をふった。気づいた子供たちも手をふった。惇一の胸に喜びがあふれた。②景子が生き返ったと思った。

（三浦綾子《みうらあやこ》『あのポプラの上が空』より）

問1 ――線部①「惇一の頭は混乱した」とあるが、その理由として適切なものを、次の中から一つ選び、記号で答えなさい。

ア　景子が昔とはまったく異なる様子で突然《とつぜん》現れたから。
イ　景子が現在の自分の中の印象と異なる行動をしたから。
ウ　景子が年上の自分よりも深い考えをもっていたから。
エ　景子が驚くほど巧《たく》みに子供たちの心をつかんでいたから。

［　　］

問2 ――線部②「景子が生き返ったと思った」とあるが、このとき惇一はどんな気持ちか。文中のことばを用いて五十字以内で説明しなさい。

らくらく
マルつけ
la-23

人物の心情②

1 次の文章を読んで、あとの問いに答えなさい。

渓流《けいりゅう》の石と石との間を、流れの力を借りて、下流へと体を流して行くことを、村の子供たちはナンガレと呼んでいたが、その名の如《ごと》く泳ぐのではなくて流れるのである。洪作《こうさく》もナンガレはできたが、海においてのまともな泳ぎはできなかった。

洪作は一年生の間を浜松《はままつ》中学で送り、二年の初めに沼津《ぬまづ》中学へ転校して来たので、沼津中学における夏休みは、こんどが二度めであった。浜松中学の一年の夏は学校から浜名湖の水泳場に通わされたが二、三日通っただけで、腹痛を起《おこ》し、それをしおに水泳の講習を受けるのをやめてしまい、去年の夏は沼津中学へ転校したばかりで友達もできていなかったので、水泳を習う気持《きもち》にはなれなかった。従って、本格的な水泳の講習を受けるのは、こんどが初めてであると言ってよかった。（中略）

洪作はナンガレができるくらいだから、潮の中へ体を浮《う》かすことはできた。泳ぎもすぐ覚えることができた。ただ深いところへ行くことはできなかった。体も浮《う》くし、多少の泳ぎもできるので、指導に当《あた》っている上級生の命令通り、飛込台《とびこみだい》の設けられてあるところまでは、普《ふ》通《つう》の少年なら、なんでもなく行くことができる筈《はず》だったが、洪作はそれがだめだった。ここは大海の一部であり、底知れぬ深さを持った海につながっているのだと思うと、ふいに恐怖心《きょうふしん》が彼《かれ》を襲《おそ》った。

「もう、おまえは大丈夫《だいじょうぶ》だ。二十メートルや三十メートルはらくに泳げる筈だ」

上級生は言ったが、洪作は飛込台のところまで行くことなど思いもよらなかった。いつも後込《しりご》みした。

（井上靖《いのうえやすし》『夏草冬濤《なつぐさふゆなみ》』より）

問 ——線部「恐怖心」の対象として適切なものを、次の中から一つ選び、記号で答えなさい。

ア 慣れている渓流ではなく潮に身をまかせること。

イ 一年生のときのように水泳が原因で腹痛を起すこと。

ウ 飛込台のある海の深いところまで行くこと。

エ 上級生に嫌《いや》なことを強制されること。

［　　］

ヒント

洪作がどんなときに恐怖心を感じたのかを読み取ろう。

答えと解き方↓別冊12ページ

ちょこっとインプット

li-24

❷ 次の文章を読んで、あとの問いに答えなさい。

代々陶芸《とうげい》を営む集落に生まれ育った「わたし」は、おじさんと祖父が言い争ったときの話を父から聞く。

「①こげんとこは、おれの住むとこやなか」

あるとき、おじさんはそう言った。

「こげんとこば、言いよったな。こげんとこばと。おまえが言うこげんとこがおまえを育ててくれたと」

「それがいややったんや。なんもかんもいややった。こん山全体が一族で、窮屈《きゅうくつ》で不便で。早《はよ》うおとなになって、ここを出ていくんや。こげんとこで、おれは生きていとうない」

「なんやと？　いま、なんて言うた？　もう一度言ってみい」

「何度でも言うたる。こげんとこで生きていとうないんや。兄ちゃんは言わんけど、兄ちゃんだって、こころんなかじゃ、そげん思っとるはずや。みんな、ここに縛《しば》られて生きとるんや」

じいちゃんのびんたがおじさんの頬《ほお》を打って、それからはつかみ合いになった。（中略）

「なあ、とうさん」

「なんね？」

「おじさんは、ここがきらいだったん？　だから出ていったん？」

「きらいというのとは違《ちが》うなあ」

「じゃあ、どうして？　なんかあったと？」

「重かったんやろう」

「重かったって？」

「時間。じゃなかろうかな。ここに流れとる時間が、あいつには重かったんだろう。百年も二百年も変わることを許さないこの村の伝統ちゅうかな」

「伝統を守っていかなならんのはとうさんたい。おじさんじゃなか」

とうさんは黙《だま》った。黙って、川の流れを見ていた。とうさんの横で、わたしも黙ったまま、時を過ごした。そうしながら、いましがた聞いたばかりの時間の重さというものを考えていた。

②わたしのなかで、時間は、古ぼけた厚い布団《ふとん》のようなものになった。

（石井睦美《いしいむつみ》『皿と紙ひこうき』より）

問1 ――線部①「こげんとこ」とは「こんなところ」という意味の方言であるが、おじさんは生まれた集落をどのようなところだと思っていたか。「～なところ。」につながるように、文中から五字以内で抜《ぬ》き出しなさい。

□□□□□ なところ。

問2 ――線部②「わたしのなかで、時間は、古ぼけた厚い布団のようなものになった」とあるが、このときの「わたし」の心情として適切なものを、次の中から一つ選び、記号で答えなさい。

ア　伝統に敬意を感じるゆえに、おじさんに反発を覚える気持ち。

イ　身近でなじんだ伝統に対し、重苦しさも感じる気持ち。

ウ　時間の流れを忘れるほどに、伝統になじんでいく気持ち。

エ　時間の流れの速さに驚《おどろ》きつつ、さびしさを感じる気持ち

［　　］

らくらくマルつけ

la-24

OUTPUT! 25 裏腹な心情

答えと解き方⬇別冊12ページ

ちょこっとインプット li-25

1 次の文章を読んで、あとの問いに答えなさい。

ぎょっ、と足がすくんだ。

店の裏の空き地に、六年生がいる。三人組だ。同級生の中では小さくなってるくせに、下級生にはいばりまくるトリオ——ぼくたちはガムガム団って呼んでる。ガムが靴《くつ》の裏に貼《は》りついたらなかなか取れないように、しつこく下級生をいじめるから、ガムガム。サイテーの三人組だ。

ガムガム団は、二年生の男子を取り囲んで、クジで当てた景品を「貸してくれよー、すぐ返すからよー」とせびっていた。

二年生の子は半べそをかきながらも景品を胸に抱《だ》きしめて、絶対に渡《わた》さない、とがんばっている。でも、それ、まずいよ。ガムガム団はすぐにパンチとキックを出して、無理やり奪《うば》っちゃうんだから。しかも、「落ちてるのを拾ったんだ」「これがおまえのだっていう証拠《しょうこ》あるのかよ」「名前書いてるのかよ」って、絶対に返してくれないんだから。

ヤバいなあ……。

「助けてあげなくちゃ」——心の半分で、思った。

「早く逃《に》げないとオレまでガムガム団にいじめられちゃうぞ」——でも、心の残り半分は、そうつぶやいている。

ガムガム団も二年生の子も、まだぼくに気づいていない。いまなら、そーっと逃げれば、だいじょうぶ……。

一歩あとずさった。

（重松清《しげまつきよし》『くちぶえ番長』より）

問 ——線部「一歩あとずさった」とあるが、このときの「ぼく」の気持ちの説明として適切なものを、次の中から一つ選び、記号で答えなさい。

ア 二年生の子を助けたいという思いはあるが、ガムガム団に見つかる前に逃げ出したいと思っている。

イ 二年生の子を助けたいという思いはあるが、ガムガム団がいじめているかははっきりしないと思っている。

ウ 二年生の子がかわいそうなので、ガムガム団に見つからないうちに助けを呼びに行こうと思っている。

エ 二年生の子はかわいそうだが、けんかの強いガムガム団が相手では頑張《がんば》っても勝てないだろうと思っている。

［　　］

ヒント
「ぼく」の心の中にある裏腹な心情に注目しよう。

❷ 次の文章を読んで、あとの問いに答えなさい。

〔「ぼく」は大学のサークルの先輩《せんぱい》の真紀《まき》さんに十年ぶりに再会し、真紀さんの夫についての話を聞いている。〕

「――下請《したう》けを減らすなんていう話とか、どっかとどっかの部とか課とかをくっつけるなんて話が大好きで、家に帰ってきてもうれしそうにそういう話してるの。あたしがいちいち聞いてなくても関係なしに、横でずうっとしゃべってたりするからね。

あいつはトロいから今度とばしてやるとかね――、あの部長はもう先がないから退職金を減らされる前に辞めてどこかもっと小さいところに移った方がいいとかね――、人一人の生活やプライドに関わることを、じつに楽しそうにしゃべるのよね。（中略）

ダンナのああいう面はすごく嫌《いや》だけど、人間の気持ちっていうのは奥深《おくぶか》いものがあるから（そこでまた真紀さんは短く笑った）――っていうか、一緒《いっしょ》にいる時間が長くなればなるほど奥深さが醸成《じょうせい》されちゃって、単純に一つの気持ちに傾《かたむ》いていかなくなってるよね。結婚《けっこん》する前に好きだったのと違《ちが》う風に好きだし、あの頃《ころ》といまとでどっちがあの人のこと好きかって言えば、いまの方が好きなんだと思うよ。

嫌《きら》いな部分も強くなってるけどね。

――どうしてああいう大人が作られるのか不思議になるわよね。ゲームやってる感覚と変わらないもん。チェスの駒《こま》を動かすように人を動かすって、よく言われるけどホントそのとおりでさァ、しかも自分がチェスの駒だっていう感覚がないのが、また不思議なのよね」

「でも珍《めずら》しくないよ」

ぼくが言うと、真紀さんは「あなたも他人事のように言うわね」と言った。

「うん。勝負がつくまで触《さわ》られなかった駒でいたいと思ってるから」

「あそこはそういう人たちの集まりだったものね」

「あそこ」とは大学のサークルのことだが、その＊宮下《みやした》さんもいまや宮下さんなりに動かされる駒になっている。

（保坂和志《ほさかかずし》『この人の閾《いき》』より）

＊宮下さん　「ぼく」や真紀さんの大学時代のサークル仲間。

問 「真紀さん」の「ダンナ」に対して抱《いだ》いている心情の説明として適切なものを、次の中から一つ選び、記号で答えなさい。

ア　他人をチェスの駒のように動かす一面を軽蔑《けいべつ》しているが、同時にその行動に共感してもいる。

イ　仕事に関する話を喜々として語る一面が好きだが、同じような話ばかりするのでうんざりしている。

ウ　他人に動かされる駒でありたくないという考えには共感しているが、人生をゲーム感覚で生きている点は嫌っている。

エ　他人の人生やプライドにかかわる話を好む一面は嫌っているが、他の面では好ましくも思っている。

〔　　　〕

らくらく
＼マルつけ／

Ia-25

OUTPUT! 26 複雑な心情

❶ 次の文章を読んで、あとの問いに答えなさい。

寄宿学校の寮《りょう》で暮らす「ぼく」は、＊ハンセン病患者《かんじゃ》の人びとを慰問《いもん》する学校行事のため、彼等《かれら》が暮らす病院を訪《おとず》れた。

案内された広間には既《すで》に三十人ぐらいの患者が集まっていた。学芸会で子供や孫の芝居《しばい》をみるためにやって来たように、前列には老人たちが膝《ひざ》の上に手をおいて坐《すわ》っているのが、こちらからチラッと見えた。老人の数はひどく多いように思われた。

見まいとしてもその方に眼《め》がいく。我々は急に、老人だと思っていた患者たちが実は中年の男であることに気がついた。いや中年の男だけではなく、青年であり、女性たちでさえあるのがわかってきた。頭《とう》髪《はつ》を失い、顔面が赤く膨《ふく》らんでいるために、ぼくたちは彼等を老人と見まちがったのだ。みな、きちんと膝に手をおいて、咳《せき》一つせず静かにぼくらを見つめている。その人たちが昨日から大悦《おおよろこ》びで我々を待っていたという事務長のさきほどの言葉を思いだし、彼等に、嫌悪《けんお》の情を感じたことが今たまらなく心に痛かった。

（俺《おれ》ってイヤな奴《やつ》だな。本当にイヤな奴だ）

自己嫌悪にかられながら、ぼくは、みんなの表情をみた。どの寮生の顔も悪いことをして叱《しか》られたようにうつむいている。うつむきながら、しかし、やはり病人たちをこわがる本能的な気持《きもち》を抑《おさ》えることができないらしかった。（中略）

寮生と肩《かた》をくんで校歌らしいものを怒鳴《どな》りながら、ぼくはますます気がめいってくるのだった。

（お前たちは偽善者《ぎぜんしゃ》だよ）

頭のどこか一点から、そのような声が心にきこえてくるのだ。本当は逃《に》げだしたいくらいこわいくせに、一体、なんのためにこんな猿芝《さるしば》居《い》をやっているのだと、その皮肉な声は嘲笑《ちょうしょう》しつづけるのである。

（遠藤周作《えんどうしゅうさく》「雑木林の病棟《びょうとう》」より）

＊ハンセン病　感染力《かんせんりょく》の弱い感染症《かんせんしょう》。治療《ちりょう》が困難だった時代には皮膚《ひふ》や手足などに変形が残ることがあり、患者は差別されていた。

問 ――線部「その皮肉な声」は「ぼく」のどのような心情を表しているか。文中のことばを用いて五十字以内で説明しなさい。

ヒント 「患者」の姿を見た「ぼく」の心の動きを整理しよう。

ちょこっとインプット li-26
答えと解き方➡別冊12ページ

2 次の文章を読んで、あとの問いに答えなさい。

素焼《すやき》の小皿に盛られた*神馬《じんめ》の餌《えさ》は、麦と人参《にんじん》の二種類であった。男はどちらも買った。そして髪《かみ》に花飾《はなかざり》をつけた幼女に人参の皿を与《あた》え、両手で後ろから抱《だ》き上げると、石の台の窪《くぼ》みに餌を移させた。馬は、その窪みを鼻先と唇《くちびる》で拭《ぬぐ》うようにしながら人参を口に移したが、食べ終《お》わるか終らないうちに、突然《とつぜん》大声に男が叫《さけ》んだ。

お廻《まわ》り！

あの優《やさ》しい大きな目を、瞼《まぶた》がゆっくり覆《おお》った。しばらくそうなっていた。再び瞼が開くと、神馬は頸《くび》を上下に振《ふ》ってから、枯草《かれくさ》の敷《し》き詰《つ》められている床《ゆか》を踏《ふ》んで、左手に静かに廻りはじめた。少女は目を瞠《みは》った。厩舎《きゅうしゃ》はあまり広くはなく、馬がその中を一巡《いちじゅん》するのにさほどの時間もかからなかったけれど、少女にはずい分長い道程に感じられた。

格子《こうし》の隙間《すきま》に白い顔が戻《もど》った時、中年の男は、今度は男の児《こ》を抱き上げて麦を移させた。馬は形よく開いた耳をぴくぴくさせながら、頸を深く傾《かたむ》けて石の台に顔を寄せて来た。額から鼻梁《びりょう》にかけての毛が、風に吹《ふ》き分けられた薄《すすき》の穂波《ほなみ》のように、きれいに左右に分《わか》れている。少女は、この馬も、時には風を突《つ》いて広い草原を駆《か》けたいだろうにと思った。以前写真で見た、明け方の草原を勢いよく駆けて行く一群の馬の遠い影《かげ》のような姿は、少女にはいつのまにかもう、写真と実景との区別がつかないものになっていた。

ようやく麦を食べ終った頃《ころ》、待ちかねたように男がまた叫んだ。神馬はいったん顔を起《おこ》すと、鬣《たてがみ》のもつれている頸をしっかり立てたまま、幾度《いくど》か頭を左右に振った。それから目を伏《ふ》せた。しかし、男がいま一度、前よりも大きな声で叫ぶと、もう頭は振らず、そのまま頸を落《お》として、前と同じ方向に廻りはじめた。（中略）

いつのまにか、少女は人だかりの外に押《お》し出されていた。そうされていながらなお蹄《ひづめ》の音を聞き、人声を聞いた。神様のお乗りになる馬だから、人間の言葉がちゃんとわかるの。いまに目がまわってぶっ倒《たお》れるぞ。食べるだけじゃあ運動不足になるからな。もういやだという時は頭を振るのね、賢《かしこ》いわ、この馬。違《ちが》うよ、怒鳴《どな》られて、音におどろいて廻るんだよ……

少女はそうしているうちに、どういうわけか、自分が非常に悲しい気分になっていることに気づいた。あのように厩舎を廻っている馬にも、廻らせている男にも自分を見るという分別は、無論まだついていない。それで少女は、ただそれだけが手だてでもあるかのように、人々の後ろにいて、拠《よ》りどころのさだかでない悲しみを悲しんだ。誠実に悲しんだ。

（竹西寛子《たけにしひろこ》「神馬」より）

*神馬　神社の祭事などに奉納《ほうのう》される馬。

問　――線部「拠りどころのさだかでない悲しみ」とあるが、その心情の説明として適切なものを、次の中から一つ選び、記号で答えなさい。

ア　神馬に餌を買ってやれない自分の貧しい境遇《きょうぐう》への悲しみ。
イ　神馬の賢さを理解しない人間のおろかさへの悲しみ。
ウ　人間が神馬を見せ物のようにあつかい弄《もてあそ》ぶことへの悲しみ。
エ　人間が残酷《ざんこく》に神馬が倒れるまで芸をさせることへの悲しみ。

［　　］

らくらくマルつけ
la-26

OUTPUT! 27 心情の変化

答えと解き方⬇別冊13ページ

ちょこっとインプット
II-27

❶ 次の文章を読んで、あとの問いに答えなさい。

クリスマスイブの夜、雄太《ゆうた》は一人で街をさまよい歩いた。家にいて、もし誰《だれ》かから電話がかかってきたら、本当は予定がなかったことがばれてしまう。（中略）

ただ、くせでケータイだけは握《にぎ》り締《し》めている。表示窓の、メール受信のマークを始終目で探しているのだ。

マークが点滅《てんめつ》した。こんな夜に誰からだろうと見ると＊伊良部《いらぶ》だった。

《クリスマスケーキは帝国《ていこく》ホテルから取り寄せました》

また始まったのか。一人鼻息を漏《も》らす。

《イチゴが大きくて満足しました》

まったくいい大人が。本来なら、サンタの衣装《いしょう》で自分の子供にプレゼントをあげる立場だろう。（中略）

手持ち無沙汰《ぶさた》なので雄太もメールを打った。

《ぼくはいま、女子校の女の子たちとスキー場へ行くバスに乗っているところです》

するとすぐさま返事がきた。

《ねえねえ、写真送って》

あちゃー。科学が進歩すると、嘘《うそ》もつけないのか。

《すいません、嘘でした》どうせ歳《とし》の離《はな》れた他人なので、正直に書いた。《やることがないので一人で街をぶらついています》

何かを告白した気分だった。胸に、かすかに風が通った感じもする。

《ぼくも友だちはいないみたいです。ネクラなのがばれたのかもしれません》

すらすらと言葉が出てきた。なぜか素直な気持ちになっている。

（中略）

せいせいした。本当は自分を偽《いつわ》ったり、他人の顔色をうかがう毎日に、いいかげん疲《つか》れていたのだ。

（奥田英朗《おくだひでお》「フレンズ」より）

＊伊良部　雄太の通院する神経科の医師。

問　——線部「せいせいした」とあるが、このときの「雄太」の心情として適切なものを、次の中から一つ選び、記号で答えなさい。

ア　伊良部という友だちがいることに気づいた喜び。
イ　孤独《こどく》な状態から抜《ぬ》け出したことへの安堵《あんど》。
ウ　クリスマスという季節に感じる懐《なつ》かしさ。
エ　自分を偽ることをやめたことによる解放感。

［　　］

ヒント
「雄太」の行動とメールの内容から、心情の変化をとらえよう。

❷ 次の文章を読んで、あとの問いに答えなさい。

自分一人、廊下《ろうか》に立たされている僕《ぼく》は、その馬について、いろいろに考えることが好きになった。彼《かれ》は多分、僕のように怠《なま》けて何も出来ないものだから、曲馬団《きょくばだん》の親方にひどく殴《なぐ》られたのだろうか。殴ったあとで親方はきっと、死にそうになった自分の馬をみてビックリしたにちがいない。それで、ああやって殺しもできないで毎年つれてきては、お客の目につかない裏の方へつないで置くのだろう。そんなことを考えていると僕は、だまってときどき自分のつながれた栗《くり》の木の梢《こずえ》の葉を、首をあげて食いちぎったりしているその馬が、やっぱり、(まアいいや、どうだって)と、つぶやいているような気がした。

(中略)

その日、僕がサアカスの小屋へ入って行ったのも別段、何の理由もなかったのだ。僕はムシロ敷《じ》きの床《ゆか》の上に、汚《よご》れた湿《しめ》っぽい座ぶとんをしいて、熊のスモウや少女の綱《つな》わたりなど同じようなことが果てしなく続く芸当を、ぼんやり眺《なが》めていた。が、ふと場内をみわたしながら僕は、はっとして眼《め》を見はった。……あの馬が見物席の真ん中に引っぱり出されてくるのだ。僕は団長の親方が憎《にく》らしくなった。いくら、ただ食べさせておくのが勿体《もったい》ないからといって、何もあんなになった馬のカタワを見せものにしなくたっていいじゃないか。

馬は、ビロードに金モールの縫《ぬ》いとりのある服を着た男にクツワを引かれながら、申し訳なさそうに下を向いて、あの曲った背骨をガクガクゆすぶりながらやってくる。鞍《くら》もつけずに、いまにも針金細工の籠《かご》のような胸とお尻《しり》とがバラバラにはなれてしまいそうな歩き方だ。

……しかし、どうしたことか彼が場内を一《ひ》と廻《まわ》りするうちに、急に楽隊の音が大きく鳴り出した。と、見ているうちに馬はトコトコと走り出した。

まわりの人は皆《みな》、眼をみはった。楽隊がテンポの速い音楽をやり出すと、馬は勢《いきお》いよく駈《か》け出したからだ。すると高いポールの上にあがっていた曲芸師が、馬の背中に——ちょうどあの弓なりに凹《へこ》んだところに——飛びついた。拍手《はくしゅ》がおこった。

おどろいたことに馬はこのサアカス一座の花形だったのだ。人間を乗せると彼はみちがえるほどイキイキした。(中略)長年きたえぬいた巧《たく》みな曲芸をみせはじめた。楽隊の音につれてダンスしたり、片側の足で拍子《ひょうし》をとるように奇妙《きみょう》な歩き方をしたり、後足《うしろあし》をそろえて台の上に立ち上ったり……。いったいこれは何としたことだろう。あまりのことに僕はしばらくアッケにとられていた。けれども、思いちがいがハッキリしてくるにつれて僕の気持《きもち》は明るくなった。

(安岡章太郎《やすおかしょうたろう》「サアカスの馬」より)

問 ——線部「僕の気持は明るくなった」とあるが、その変化の理由を、文中のことばを用いて五十字以内で説明しなさい。

らくらくマルつけ

la-27

28 まとめのテスト④

／100点

答えと解き方⬇別冊13ページ

1 次の文章を読んで、あとの問いに答えなさい。 〔100点〕

〔高校三年生の「ぼく」は、同じ学年の片岡《かたおか》さんに告白されて付き合うことになった。〕

両手に提《さ》げたカバンがスカートの前にあって、視線を上げれば、彼《かの》女《じょ》が少し困ったように微笑《ほほえ》んでいた。昼休みにも体育館の前から中庭に向かって歩いたが、時間もなくて、駅まで一緒《いっしょ》に帰ろうと約束しただけで、お互《たが》いの教室に戻《もど》った。だから、二人で話すのさえ初めてなのに、それが校庭からも校舎からも丸見えの下校ルートを歩きながらになるのかと思うと、けさの照れ臭《くさ》さが甦《よみがえ》った。

結婚式《けっこんしき》のヴァージンロードがいくら神聖でも、そこに至るまでには様々な経験を積んでいるはずで、これほどの緊張《きんちょう》を味わうのは最初で最後にちがいない。自転車をあいだに挟《はさ》んで歩きだした片岡さんとぼくの姿を見つけて、グラウンドの後輩《こうはい》たちから冷やかしの声がかかった。

「やっぱり、やめておけばよかったかなあ」

「でも、休み時間に逢《あ》ってれば、わかっちゃうでしょ」

「まあ、そうだけどね」

「わたしはうれしいから」

ぼくは①跳《と》び上がりたくなる気持ちを抑《おさ》えるのがやっとだった。正門を出たあとも、自転車で帰る連中がわれわれの様子を覗《のぞ》きながら通り過ぎていくので、ひとつも落ち着いて話ができない。それでも、並んで歩いていれば、彼女の背丈《せたけ》がぼくの顎《あご》くらいまでしかないことや、髪《かみ》の毛が驚《おどろ》くほど細いことがわかる。

ふと道路の向こう側に目をやると、ママチャリに乗った*三浦《みうら》が坂を下っていく。ぼくたちに気づいていないはずはないが、よそ見をするわけにはいかないという顔で懸命《けんめい》にハンドルを握《にぎ》る姿が、なんともおかしかった。

（中略）

三浦によれば、ぼくはいつか、ひどい負け惜《お》しみに行き当たる人間だというが、そのとき片岡さんとはどんな関係でいるのだろう。恋人《こいびと》同士のままでいたとして、彼女はそうなったぼくを見てどう思うだろうか。

考えただけで悲しくなり、ぼくは彼女の横顔を見つめた。おでこ、眉《まゆ》、目、鼻、口元。どれも、あまり大きくはないが、きれいに形が整っていて、人間の顔とはこんなにも見事につくられていたのかと感心してしまう。

彼女を失わずに生きていくためにはどうすればいいのだろう。付き合い始めたばかりでこんなことを考えるなんてバカだと思っても、気持ちは落ち着かなかった。

②ぼくは、そのとき初めて、父と母がどんな想いで結婚したのかを

知りたくなった。できちゃった結婚のはしりで、記念写真ではウェディングドレスを着た母が生まれたてのぼくを抱《だ》いていた。十四年後に離婚《りこん》してしまうわけだが、同じ男性として、父が母のことをどう思っていたのかが知りたかった。そして、いつ、どんなことがきっかけになって、一緒にはいられないと考えるようになったのかも知りたかった。きっと、二人の男女が添《そ》いとげるというのは、これまでぼくが思ってきた以上にたいへんなことなのだろう。

そこで駅に着き、片岡さんが笑顔《えがお》で手を振《ふ》りながら改札の向こうに歩いていった。どうか、ぼくたちに幸福が訪《おとず》れますように。ケンカをしても、すぐに仲直りできますように。③ぼくは彼女を乗せた電車が見えなくなるまでくりかえし祈《いの》り続けた。

（佐川光晴《さがわみつはる》『ぼくたちは大人になる』より）

＊三浦　「ぼく」の友人。

問1　――線部①「跳び上がりたくなる気持ち」を説明した次の文の X ・ Y に入ることばを、文中から抜き出しなさい。（15点×2）

「グラウンドの後輩たち」の X の声を受けても、「ぼく」と一緒に帰ることを「 Y 」と言う片岡さんから強い愛情を感じて、「ぼく」は幸せな気持ちになっている。

X［　　　］

Y［　　　］

問2　――線部②「ぼくは、そのとき初めて、父と母がどんな想いで結婚したのかを知りたくなった」とあるが、その理由を文中のことばを用いて四十五字以内で説明しなさい。（40点）

問3　――線部③「ぼくは彼女を乗せた電車が見えなくなるまでくりかえし祈り続けた」とあるが、そのときの「ぼく」の心情として適切なものを、次の中から一つ選び、記号で答えなさい。（30点）

ア　男女の愛情のはかなさを知っているために、片岡さんとの仲が続くかは運しだいだと思っている。

イ　片岡さんと添いとげる明るい将来を思い描《えが》くことができず、不安になっている。

ウ　男女が添いとげる秘訣《ひけつ》を知っているので、今後の片岡さんとの関係に自信を深めている。

エ　二人の男女が添いとげる難しさを想像しつつも、真剣《しんけん》に片岡さんとの関係を続けたいと思っている。

［　　　］

らくらく
マルつけ

la-28

OUTPUT! 29

場面分け

答えと解き方⬇別冊14ページ

ちょこっとインプット
li-29

❶ 次の文章を読んで、あとの問いに答えなさい。

[1] 戦争にまけてから、いや、おやじが出征《しゅっせい》した日からおやじはこわくなった。なぜなら皆《みな》が万歳《ばんざい》とさけんだとき、ぼくは万歳をしなかったから。親族知人が父をとりまかずにあちこちかたまって戦《せん》況《きょう》を噂《うわさ》しているとき、彼《かれ》は駅の洗面所で父に呼びとめられた。

「いいかね、見送りのとき皆より少し早くお父さん万歳、とさけぶのだ。そうすると皆が万歳と声をそろえるだろう、おまえはその音《おん》頭《ど》をとることになるわけだよ、いいかね、できるだろう」

[2] 彼ははいと答えるほかはなかった。

[3] しずまりかえっている大勢の見送人のなかで一人だけ早く、お父さん万歳といえるかどうかはともかく、いわなければならないという気持《きもち》がつよかった。そうすると不意にのどの奥《おく》はゴム栓《せん》でふさがれたように息苦しく、彼は水道の蛇口《じゃぐち》に口をつけてむやみに水をのんだ。

[4] 親族代表の激励《げきれい》演説がすみ、父は訣別《けつべつ》のあいさつをした。

[5]「……決戦のとき、最後の五分間、重大な戦局、老兵の御奉公《ごほうこう》……」

というきれぎれの言葉が緊張《きんちょう》にふるえている彼の耳にとどいた。もっとながくおやじのあいさつが続けば、そしてそれが終《おわ》ったとたん見送人たちがいっせいに万歳とさけぶのであれば、どんなにたすかるだろう、と彼は考えた。父の言葉が終《おわ》り、見送人がわっとどよめくまでの短い一刻がたえがたく感じられた。彼は手に汗《あせ》をにぎって父の唇《くちびる》をみつめていた。ついに父の口が勇壮《ゆうそう》な言葉を吐《は》くのをやめ、何かを待ちうける表情に変《か》わった。今だ。

[6] 彼は両手をあげてさけぼうとした。それを皆が期待していて、彼が万歳といわなければ自分たちもいえないのだとあんに催促《さいそく》しているように思われた。

[7] にわかに沈黙《ちんもく》が棘《とげ》のように鋭《するど》いものとなって皮膚《ひふ》を刺《さ》すかと感じられた。

[8]「お父さん、万歳」

だしぬけに声を発したのは兄である。次の瞬間《しゅんかん》、父は万歳の歓呼《かんこ》につつまれて微笑《びしょう》していた。弟はつられてふらふらと両手をさしあげた。

（野呂邦暢《のろくにのぶ》「白桃《はくとう》」より）

問 この文章を二つの場面に分けるとき、二つ目の始まりとなる段落の番号を算用数字で答えなさい。

［　　］

ヒント
「駅の洗面所」から場面が変わっている段落を探そう。

❷ 次の文章を読んで、あとの問いに答えなさい。

ふたりは、地下のプラットフォームへ降りる階段で足をとめ、手摺《てすり》に寄りかかっていた。鉄製で、真鍮《しんちゅう》の輪飾《わかざ》りがついた手のこんだものだ。この駅は地下鉄の駅としては随一《ずいいち》と云《い》ってよいほど古く、意匠《いしょう》に凝《こ》っていた。だが、装飾《そうしょく》や浮彫《うきぼり》が、忙《いそが》しく通り過ぎる人の目にとまることは稀《まれ》である。少年などは、その稀な目利《めき》きのひとりだった。

「先生、この地下街に海百合《うみゆり》の化石があるんですよ。」

灰色大理石をふんだんに使った地下通路の探検は、紺野《こんの》先生も終えていた。しかし、少年の云うような海百合の化石は発見していない。アンモナイトの破損した化石を見つけたくらいだ。

「それは気づかなかったな。」

「よかった。この街に着いて間もない先生に発見されては、友だちにも秘密《ひみつ》にしてきた甲斐《かい》がないや。」

少年は悪戯《いたずら》っぽく微笑《ほほえ》んでみせた。

「きみは、地下街に詳《くわ》しいんだね。」

「だって、ぼくの庭みたいなものだもの。」

少年は父が地下街で果実の店舗《てんぽ》をひらいていることを打ち明けた。閉店を待って、父や兄たちと食事をして帰るのが彼《かれ》の日課なのだ。家は駅に隣接《りんせつ》する建物の三階だと云う。

「宿題も勉強も、地下通路の椅子《いす》や階段に腰《こし》かけてするんです。電車音や、ざわめきを聞いているほうがはかどるなんて、おかしいと思われるでしょうけど。」

利発そうな少年の顔を見ながら、紺野先生は首を横にふった。

「海月《くらげ》の化石を見たことがあるかい、」

少年の案内で海百合の化石を見に行く途中《とちゅう》、紺野先生は訊《き》いてみた。

「いいえ、」

そこで、紺野先生は上着のポケットから新聞紙と真綿で包んだ化石を取りだして見せる。海月はブリキ製の歯車に似たギザギザがあり、セロファンのような状態を想像していた少年の意表を突《つ》いた。

「なんだか、銅製の浮彫みたいだ。」

「気にいったかい、」

「ええ、とても。」

少年の瞳《め》は煌《かがや》いている。執着《しゅうちゃく》は見せなかったが、それは少年の遠慮《えんりょ》というものだ。

「きみにあげよう。気にいってくれた人の手もとにあるのはいいことだよ。」

「でも、」

「秘密の場処を教えてくれたお礼さ、」

宝物や秘密の交換《こうかん》は、同じ生徒と短時間しか触《ふ》れあえない紺野先生には貴重なできごとだ。海百合の化石も、オウトツのある立派なものだった。

（長野《ながの》まゆみ『夏帽子《ぼうし》』より）

問 この文章を二つの場面に分けるとき、二つ目の始まりの最初の五字を抜《ぬ》き出しなさい。

らくらくマルつけ

Ia-29

ちょこっとインプット
li-30

答えと解き方⬇別冊14ページ

OUTPUT! 30 回想シーン

❶ 次の文章を読んで、あとの問いに答えなさい。

獣医《じゅうい》学科の学生である「わたし」は、就職活動の一環《いっかん》として、ペット保険会社のインターンに参加した。そこで、自分のグループの発表の評価の低さに納得《なっとく》がいかず、社員にその理由を問う。

「あの、わたしのグループがなぜ七位だったのか、教えていただけませんか？　順位に納得がいきません」（中略）

「そうだね、これはあくまで自分ひとりの意見として聞いてほしいんだけど……うん、具体的な数字が挙がっていたのは評価ポイントだね。おとといの発表よりも良くなっている。でもほかのグループもそれは意識して発表していたし、飛びぬけていいかというとそうでもないかな」

社員はわたしの発表のスライドを印刷した資料を、ぱらぱらとめくる。

「内容自体も、目新しいとは言えないね。誰《だれ》もが思いつきそうなことだし、かといってものすごく深く掘《ほ》り下げてあるわけでもない。あのテーマだったら、もっといろんな可能性があっただろうに。確かにあの発表は、模範《もはん》解答と言えるかもしれないけど、模範解答は求めてなかったんだよね」

「模範解答……」

「うちはまだまだできたばかりの若い会社だけど、だからこそ大手の保険会社より自由にできることも多い。既成概念《きせいがいねん》にとらわれない、柔《じゅう》軟《なん》な発想ができるかどうかを見たかったんだよ。だからあえてああいったテーマを設けた。学生さんにはちょっと難しかったかもしれないけどね」

「これからの人間と動物の関係性」。やたら漠然《ばくぜん》としたテーマには、やはり相応の理由があったのか。

『……ここで出されたテーマが「ペット」じゃなくて「動物」なのは、なにか意味があるんじゃないかな』

不意に＊クロサイの言葉が思い浮《う》かんだ。その後、強引にペットに議論を絞《しぼ》ったわたし。もしもあのとき、クロサイの意見で立ち止まっていたら？

（片川優子《かたかわゆうこ》「ネガコン！」より）

＊クロサイ　「わたし」と同じグループのおたくっぽい女子に、「わたし」が心の中でつけているあだ名。

問　「わたし」が過去の出来事を思い出している部分の最初の五字を文中から抜《ぬ》き出しなさい。

ヒント　回想とは過去の出来事を思いおこすこと。「思い浮かんだ」「思い出した」などの表現に注意しよう。

❷ 次の文章を読んで、あとの問いに答えなさい。

カンボジア難民医療団《いりょうだん》に志願する医者が少なくなっているため、これまで一年近く派遣《はけん》してきている日本医療チームの編成が困難になっている――医長がこの病院にも医師派遣の依頼《いらい》が中央官庁から来ていることを、内科の定例会議で伝えた。そのとき、ぼくは細長い会議室のいつもの最後列に座《すわ》り、ノートにこの付近の川の絵図を描《か》き、となりに座る釣《つ》り好きの同僚《どうりょう》と解禁日のねらい場を小声で検討し合っていた。例年、大型のアユが居つく、病院の裏の荒瀬《あらせ》の大石をボールペンで黒く塗《ぬ》りつぶしていたぼくは、下半分を塗り残したまま手を止めた。そこは今年はだめじゃねえか？――同僚が肘《ひじ》で脇腹《わきばら》をこづいた。ぼくはノートの余白に「カンボジア」と書いた。同僚はぼくの顔をのぞきこんできた。行ってみよう、と思った。なぜ？　というふうに、同僚は口を尖《とが》らせた。なぜ？――

あとになって思い返してみると、そのときの気分は、日本海に面した東北の町で過《すご》した学生時代に経験した覚えのある衝動《しょうどう》によく似ていた。

夏の午後、階段教室の最後列で退屈《たいくつ》な解剖学《かいぼうがく》の講義を受けていたとき、となりに座る友人が窓の外の沈《しず》みかけた陽《ひ》を指さし、

「抜《ぬ》け出して海に行かねえか？」

と、誘《さそ》った。

大腿骨《だいたいこつ》にラテン語を書き入れていく教授の板書を写すだけの作業より、夕陽に向《む》かって泳ぎ出し、沖の波間にただよいながら、ひき返そうか、そのまま大陸に向って進んで、疲《つか》れ果てて沈んでしまおうか、と悩《なや》む方が、退屈しきっていたそのときのぼくにははるかに貴重に思えた。ぼくはためらわずに教室を抜け出し、友人の運転する中古の軽自動車で海に向った。

結局、ぼくは会議では手を挙げず、解禁日の対策を検討し続けた。アユを釣ってからでも遅《おそ》くはないだろう、と思ったからだ。日本を離《はな》れることで心残りがあるとすれば、それはただ、解禁日が目前に迫《せま》っているアユのことだけだった。

（南木佳士《なぎけいし》「冬への順応」より）

問1 この文章の中で過去の出来事が描《えが》かれている部分の最初と最後の五字を文中からそれぞれ抜き出しなさい。

□□□□□ ～ □□□□□

問2 ――線部「覚えのある衝動」の説明として適切なものを、次の中から一つ選び、記号で答えなさい。

ア　単調な作業を繰《く》り返すことに疑問を抱《いだ》かない人間から距離《きょり》を置きたいという衝動。

イ　退屈しのぎに、危険のともなう未知の世界に飛び出していきたいという衝動。

ウ　中身のないきれいごとをまじめに聞くことにうんざりして、身体を動かしたいという衝動。

エ　現実から逃げるのではなく、周りの人間ともっと向き合うべきではないかという衝動。

［　　］

らくらく
マルつけ
la-30

OUTPUT! 31

人物像をつかむ①

ちょこっとインプット
li-31

答えと解き方⬇別冊14ページ

❶ 次の文章を読んで、あとの問いに答えなさい。

少女は決して饒舌《じょうぜつ》ではなかったが、老駅長の語る思い出話を、いちいち感動をこめて聞くのだった。自分でもどうかしていると思いながら、乙松《おとまつ》は半世紀分の愚痴《ぐち》や自慢《じまん》を、思いつくはしから口にした。（中略）

一番つらかったことは何かと訊《き》かれて、①乙松は娘《むすめ》の死を語らなかった。それは私事だからだった。佐藤《さとう》乙松として一番つらかったことはもちろん娘の死で、二番目は女房《にょうぼう》の死にちがいない。だが*ポッポヤの乙松が一番悲しい思いをしたのは、毎年の集団就職の子らを、ホームから送り出すことだった。

「――あんたより二つ三つもちっちぇ子供らが、泣きながら村を出てくのさ。そったらとき、まさか俺《おれ》が泣くわけいいかんべや。気張ってけや、って子供らの肩《かた》たたいて笑わんならんのが辛《つら》くってなあ。ほいでホームの端《はし》っこに立って、汽車が見えなくなってもずっと汽笛の消えるまで敬礼しとったっけ」

（中略）

ポッポヤはどんなときだって涙《なみだ》のかわりに笛を吹《ふ》き、げんこのかわりに旗を振《ふ》り、大声でわめくかわりに、喚呼《かんこ》の裏声を絞《しぼ》らなければならないのだった。②ポッポヤの苦労とはそういうものだった。

（浅田次郎《あさだじろう》『鉄道員《ぽっぽや》』より）

*ポッポヤ　鉄道に関係する仕事をする人。

問1 ――線部①「乙松は娘の死を語らなかった」とあるが、その理由として適切なものを、次の中から一つ選び、記号で答えなさい。

ア　駅長である前に一人の人間である自分を重視していたから。
イ　駅長らしくあろうとする自分に疑問を感じていたから。
ウ　駅長としての自分と私人としての自分を別に考えていたから。
エ　駅長として少女に接し、私的な悲しみを忘れたかったから。

［　　］

問2 ――線部②「ポッポヤの苦労」とはどのようなものか。その内容を、文中のことばを用いて四十五字以内でわかりやすく説明しなさい。

ヒント 「ポッポヤ」というキーワードから「乙松」の人物像を考えよう。

❷ 次の文章を読んで、あとの問いに答えなさい。

〔作曲家の新井裕介《あらいゆうすけ》が、自身の引退前最後の曲を、メグ・アッコ・サリーの三人組グループ『虹《にじ》』のために作ることになった。〕

作曲家生活をしめくくる曲に新井裕介が選んだのは、バート・バカラック調のポップスだった。スキャットを活かしたアレンジは控《ひか》え目すぎるほど端正《たんせい》で、『虹』のハーモニーを前面に押《お》し出していた。メロディーラインはさすがに美しい。ゆったりとした4ビートのリズムも、歌をじっくりと味わわせてくれる。

だが、それだけ――だった。いい歌だな、と微笑《ほほえ》んでうなずくことはできても、そこから先の、耳の奥《おく》に隠《かく》れていたなにかを煽《あお》りたてるような強さがない。貪《むさぼ》るように繰《く》り返し聴《き》きたくなる磁力が、メロディーにもリズムにもアレンジにもない。

かつての新井裕介の曲には、それが確かにあったのだ。よく聴き込《こ》んでみるとたいした起伏《きふく》のない、だからこそ歌唱力のないアイドルでも歌いこなせるメロディーを、「満艦飾《まんかんしょく》」と揶揄《やゆ》された派手なアレンジが包み込《こ》む。くどく味付けされた前がかりのリズムを耳があたふたと追いかけているうちに、曲が終わる。華麗《かれい》ではあっても上品ではない。複雑なコード進行を使っているのに、聴いたあとには俗《ぞく》っぽさしか残らない。だから――売れた。（中略）

そして、この曲は、たぶん新井裕介が初めて書いた、ヒットを狙《ねら》わなくてもいい曲なのだ。

だが、新井裕介はまだ席を立たない。サングラスの奥の目が、ガラス越《ご》しに、さっきまで三人がいた場所をじっと見据《みす》える。

しばらく沈黙《ちんもく》がつづいた。

新井裕介はようやくサングラスをはずし、ふう、と息をついて言った。

「……ボツだ」

スタジオ中の視線が新井裕介に注がれた。服を着替《きが》えた三人も――いる。

「曲も捨てる。この詞で、そのままつくり直すから。歌手のオーディション、大至急。あと、ぎりぎりのスケジュール、組み直してくれ」（中略）

新井裕介は『虹』の三人を、スタジオの中で見送った。プロデューサーはとりなすように「ここでいいんですか？」と小声で言ったが、「時間がないんだこっちは」と、にべもなく返す。

『虹』の三人も納得顔《なっとくがお》で、感傷的な別れの場面も見せずにスタジオをあとにした。（中略）

メグが「新井先生、引退しませんよね」と言った。「もう大ヒットは無理かもしれんけどね」とアッコがつづけ、「でも、プロなんだから」とサリーが笑顔《えがお》でしめくくった。

（重松清《しげまつきよし》「虹の見つけ方」より）

問 ――線部「新井先生、引退しませんよね」とあるが、メグが、新井はまだ引退しないだろうと考えた理由を、新井の行動をふまえ、文中のことばを用いて五十字以内で説明しなさい。ただし、「納得のいく」ということばを必ず用いること。

らくらく
マルつけ

la-31

OUTPUT!

32 人物像をつかむ❷

ちょこっとインプット

li-32

答えと解き方⬇別冊15ページ

❶ 次の文章を読んで、あとの問いに答えなさい。

会う約束をした覚えはなかった。だから、それはうれしい出来事で、佳苗《かなえ》は絵理《えり》を見て一瞬《いっしゅん》とてもほっとした気分になったのだ。佳苗の顔に自然な笑顔《えがお》が浮《う》かぶ。

だけど、その笑顔を打ち砕《くだ》くように、絵理のとがった声が飛んだ。

「*紗枝子《さえこ》さんに十万貸すなって言ったって、ほんと？」

だけどつかれはてている佳苗に、絵理の怒《いか》りはすんなり届かなかった。ぼうっとしていて、絵理のきつい目つきさえ、きちんと受け止められない。

「ほんとだよ」

佳苗の言葉には、どんな感情もこもってなかった。反射的に言葉をかえしただけだったのだ。

「信じらんない」

一方、絵理の声は憎々《にくにく》しげな匂《にお》いをさせて吐《は》き出されていた。

「なんで、じゃますんの？」

佳苗はもろにぶつけてくる絵理の怒りに、どう対処するべきか判断できず、再び、反射的に言い返してしまった。

「なんでって、おかしいじゃん。中学生がひとにお金借りてまで、お金みつぐなんてさ。だいたいそのシンさんって、あやしいよ。絵理が十万差し出したら、素直《すなお》にもらうつもりなんでしょ」

佳苗は思っていたことをストレートに言った。佳苗に内緒《ないしょ》でお金を用意しようとしていた絵理に対する不満が飛び出してしまった。絵理は唖然《あぜん》として佳苗を見つめていた。

「絵理、やめときなよ。バンドのファンになるのはかまわないけど、知り合って一週間もしないひとに、なんでみつぐの？　いくら好きでも、そんなの変だよ」

佳苗はとてもつかれていた。それで、身体《からだ》が勝手に病院にむかってしまったみたいに、言葉が勝手に飛び出してしまう。頭より、心よりさきに、口が動いてしまっていた。

「友達だと思ってたのに」

絵理の声のテンションがいきなりさがる。なのに、佳苗はちっともあわてることなく続ける。

「友達だから心配してんじゃん」

（草野《くさの》たき『猫《ねこ》の名前』より）

*紗枝子さん　佳苗の家庭教師をしている女性。

問　佳苗の人物像を表すことばとして不適切なものを、次の中から一つ選び、記号で答えなさい。

ア　率直《そっちょく》　イ　臆病《おくびょう》　ウ　沈着《ちんちゃく》　エ　賢明《けんめい》　［　　］

ヒント　佳苗と絵里のやり取りから、佳苗の性格を読み取ろう。

❷ 次の文章を読んで、あとの問いに答えなさい。

①〝書き物〟に対する態度が、他の大人《おとな》と唯一《ゆいいつ》違《ちが》っていたのが＊キリコさんだった。干渉《かんしょう》しない点については同じだが、彼女《かのじょ》は明らかにこの作業を、勉学とは違う種類のものとして認めていた。敬意さえ払《はら》っていたと言ってもいい。

子供部屋やダイニングテーブルで作業に熱中している私を見つけると、一瞬《いっしゅん》キリコさんは立ち止まり、姿勢をただし、邪魔《じゃま》しないように注意を払いながら通り過ぎた。あるいはおやつを運んでくる時は、不用意にノートの中身に目をやって盗《ぬす》み見《み》していると誤解されないよう、気を使っているのが分かった。自分の手元に視線を落とし、一切声は掛《か》けず、ノートからできるだけ遠いところにジュースを置いた。コップに付いた水滴《すいてき》で、ページが濡《ぬ》れてはいけないと思ったからだろう。（中略）

初めてインクが切れた時は、うろたえた。

「どうしよう、万年筆が壊《こわ》れちゃった」

私は叫《さけ》び声を上げた。

「もう壊しちゃったの？　せっかくのパパのお土産《みやげ》なのに。新しいのは買いませんからね。壊したあなたが悪いんです」

新しいのは買いませんからね——これが母の口癖《くちぐせ》であり、得意の台詞《せりふ》だった。私は自分の不注意を呪《のろ》い、絶望して泣いた。

「大丈夫《だいじょうぶ》。インクが切れただけなんだから、補充《ほじゅう》すれば元通りよ」

救ってくれたのは、やはりキリコさんだった。

「スイスのインクなのよ。パパがまたスイスへ行くまで待たなきゃならないの？」

「いいえ。街の文房具屋《ぶんぼうぐや》さんへ行けば、必ず売っています」

必ずという言葉を強調するように、②キリコさんは大きくうなずいた。

キリコさんは正しかった。私は万年筆を壊してなどいなかった。約束どおり彼女は新しいインクを買ってきて、補充してくれた。

（小川洋子《おがわようこ》「キリコさんの失敗」より）

＊キリコさん　「私」の家でお手伝いとして働く女性。

問1 ——線部①「〝書き物〟に対する態度が、他の大人と唯一違っていた」とあるが、どのような点が違っていたのか。その説明として適切なものを、次の中から一つ選び、記号で答えなさい。

ア　書き物に熱中している「私」には干渉しない点。
イ　書き物に勉学とは異なる種類のものとして敬意を払っていた点。
ウ　書き物をする「私」のためなら母との対立もいとわない点。
エ　書き物をする「私」に新しい着想をあたえようとした点。

［　　　］

問2 ——線部②「キリコさんは大きくうなずいた」とあるが、キリコさんがこのような動作をした理由を、文中のことばを用いて四十字以内で説明しなさい。

らくらく
マルつけ

la-32

1 次の文章を読んで、あとの問いに答えなさい。

七月末の風の少しもない暑い午後だった。私の乗って居る電車は広い往来の①水銀を流したような線路の上をただ真直《まっすぐ》に単調な響《ひびき》を立てて走って居た。人通りは殆《ほとん》どなかった。（中略）

乗客は八九人あった。私の前に電気局の章《しるし》のついた＊大黒帽子《だいこくぼうし》をかぶった法被《はっぴ》着の若者がかけて居た。若者は不機嫌《ふきげん》な顔をしてうつらうつらとしている。（中略）その次に洋服を着た五十以上の小役人らしい大きな男がかけていた。よごれた＊まがいパナマを後《うしろ》へずらして、股《また》の間に立てたステッキに顎《あご》をのせてポカンと何を考えるともない思い切って気のない顔をして居た。目は開いて居るが視線に焦点《しょうてん》がない。それでも私に見られて居ると云《い》う意識はあったらしい。今度は背後《うしろ》へ倚《よ》りかかって薄目《うすめ》を開いて又《また》ぼんやりとして了《しま》った。すると又急に掌《てのひら》に丸め込《こ》んで居た毛ば立った木綿《もめん》のハンケチでそのぬけ上《あが》った広い額を拭《ぬぐ》ったりした。――私も強い日光にもう目をはっきりとは開いて居られなかった。まぶたを細くして物を見て居る、それすらつらい。その内にこのジリジリとしたおさえつけるような不愉快《ふゆかい》な暑さが不当な体刑《たいけい》ででもあるように私には不平な心持《こころもち》で感じられた。（中略）

――窓から不意に白い蝶《ちょう》が飛び込んで来たのを見た。蝶は②小さいゴムマリをはずますように独り気軽に、嬉《うれ》しそうに、又無闇《むやみ》とせっかちに飛び廻《まわ》った。

電車は依然物倦《いぜんものう》い響を立てて走って居る。悩《なや》み切った乗客は自分が何の目的で何処《どこ》まで行くかも忘れたように唯《ただ》ぐったりとして居た。蝶は既《すで》に何町か運ばれたが、それも知らず、③唯はしゃぎ独りふざけて居る。この眼《め》まぐるしいひょうきん者の動作は④厚い布でも巻き付《つ》けられたような私の重苦しい頭をいくらか軽くして呉《く》れた。

（志賀直哉《しがなおや》「出来事」より）

＊大黒帽子　上が平らな丸形のふちなし帽子。
＊まがいパナマ　パナマ草で作られた帽子（パナマ帽子）の模造品。

問1　――線部①「水銀を流したような」がたとえているものの説明として適切なものを、次の中から一つ選び、記号で答えなさい。

ア　熱で溶《と》けた金属の様子　　イ　なめらかな線状の金属の様子
ウ　壊《こわ》れそうな金属の様子　　エ　くすんだ銀色の金属の様子

［　　］

問2　――線部①～④の比喩《ひゆ》から、直喩をすべて選び、番号で答えなさい。

［　　］［　　］

ヒント
「ような」「ように」などのことばに注目しよう。

答えと解き方➡別冊15ページ
ちょこっとインプット II-33

❷ 次の文章を読んで、あとの問いに答えなさい。

車内の通路を隔《へだ》てた斜《なな》め前の席には、老夫婦らしい洋服の二人連れが腰掛《こしか》けていた。窓際《まどぎわ》の方が女だった。

この人達は、十分ばかり前、私といっしょの駅から乗った客である。はじめプラットホームで見送りの人達と別れを惜《お》しんでいたが、発車を知らせるアナウンスで車内に入ってからも、座席の前に立ったまま、外でお辞儀《じぎ》をしたり手を振ったりしている老人達に幾度《いくど》も頭を下げていた。

「ありがとう」

「ありがとう」

①つぶやくように繰《く》り返していた。

プラットホームが去り、列車は駅の構内を離《はな》れた。

町並が続く中で、ようやく席にくつろいだ二人が大きな溜息《ためいき》をつくのを見た。突然《とつぜん》、窓際の老女が、なめらかな英語で連れに話しかけた。たちまち速度のある英会話が始まった。

私はわが耳を疑った。

いっとき前まで私が眺《なが》めていたのは、日本の老人達のよくある別れの光景だった。いや、光景のつもりだった。

転居というほどではないかもしれないけれど、墓参りとか、息子《むすこ》や娘《むすめ》をたずねての小旅行に親しい人の見送りがあってもおかしくはない。それとも同窓会に出席しての帰りか。漠然《ばくぜん》とそんなことを考えていた私は、急に目の前にひらけた多重構造の人生にとまどった。（中略）

戦争を中にして、この人達が経験したであろう歳月《さいげつ》の明暗は、私の想像を超《こ》える。しかし、②旅が、二つの人生の真新しい切口《きりくち》を私につきつけた。私のとまどいは、はからずも吹《ふ》き返った過去へのとまどいでもあった。

（竹西寛子《たけにしひろこ》「旅」より）

問1 ――線部①「つぶやくように」がたとえている様子として適切なものを、次の中から一つ選び、記号で答えなさい。

ア　ごく小さな声で言葉を発する様子。
イ　ゆっくりとした節をつけて言葉を発する様子。
ウ　気持ちのこもっていない口調で話す様子。
エ　思いついたことを気軽に話す様子。

［　　］

問2 ――線部②「旅が、二つの人生の真新しい切口を私につきつけた」とあるが、

(1) この比喩の種類として適切なものを、次の中から一つ選び、記号で答えなさい。

ア　直喩　　イ　隠喩《いんゆ》

［　　］

(2) この比喩がたとえていることを、文中のことばを用いて五十字以内で説明しなさい。

らくらくマルつけ
la-33

❶ **次の文章を読んで、あとの問いに答えなさい。**

狭《せま》い我家《わがや》は、一人になれる場所なんか、トイレしかない。私は、広《こう》一《いち》くんからの手紙をトイレで読む気にはなれなかったから、秋に彼《かれ》と自転車の練習をした東公園に出かけた。

十二月の公園は、土が白っぽくひびわれ、葉の落ちたケヤキやイチョウの枝が、青い空につんつん突《つ》き刺《さ》さっている。セーター一枚で出てきたから、氷の風がはだにしみる。寒い。

土曜の午後だった。高校生くらいのカップルが、ひどく深刻な顔つきでベンチに座《すわ》っていた。犬を連れた七、八歳《さい》の男の子が二人、広場を走りまわっている。他に人影《ひとかげ》は見えず公園はがらんとして静かだった。

私はカップルからできるだけ離《はな》れたベンチに座り、白い事務用封筒《ふうとう》を開けた。

やはり、白い便箋《びんせん》が一枚。北風がばたばたと便箋をはためかせて、中の文字まで吹《ふ》き飛ばしそうな勢い。

短い手紙だった。

『お元気ですか？　急に引っ越《こ》すことになりばたばたしていて連絡《れんらく》が遅《おく》れました。喧嘩《けんか》したままでイヤだったけど、どうも、電話ができませんでした。また会えるといいね。

それじゃ、お元気で』

なんて、そっけない。目を合わさずに、いやいやしゃべっている言葉みたいだ。

私は胸がぎゅうぎゅうした。（中略）

私は、手紙を封筒に戻《もど》して、あたりを見まわした。美男でも美女でもないカップルは、手をつないで、池のほうへ歩いていた。赤とグレーのスタジャン、赤と緑のチェックのハーフ・コート。色のない十二月の景色の中で彼らは、とても暖かく見えた。

男の子たちとコリーは、キャッチボールをしている。

私は、早く大人になりたいと思った。

大人になれば、つまらない喧嘩をしたり、つまらない手紙をもらったりしないだろう。こんな冬の日にぴったりの、好きな色のコートを買って、一番好きな人と手をつないで、風の中を一日中だって歩ける。

（佐藤多佳子《さとうたかこ》「ホワイト・ピアノ」より）

問　――線部「色のない十二月の景色の中で彼らは、とても暖かく見えた」という情景描写《びょうしゃ》に反映されている「私」の心情として適切なものを、次の中から一つ選び、記号で答えなさい。

ア　悲しみといきどおり
イ　退屈《たいくつ》と安らぎ
ウ　孤独《こどく》とうらやましさ
エ　あせりとあきらめ

［　　］

ちょこっとインプット
li-34
答えと解き方⬇別冊16ページ

ヒント 「私」が「カップル」と自分を比べていることを読み取ろう。

❷ 次の文章を読んで、あとの問いに答えなさい。

そうか、①十二月二十日というのは、十日余りで正月を迎《むか》えるという日である前に、あと五日でクリスマスになるという日であったのか……。

妻は桜の咲《さ》く前にホスピスに移り、桜が散ってしばらくして死んだ。死ぬ前にすべてをきちんと片付けてあったので、遺言《ゆいごん》めいたことはひとことも残さなかった。ただひとつ、十二月二十日頃《ごろ》あの子に下着を送ってくれということだけを言い残した。

石川《いしかわ》は十二月二十日頃というのに特別深い意味はないと思っていた。しいて言えば、新年を迎える前に、というくらいのことだと考えていた。新年を新しい下着で迎えさせてやってほしいと。

しかし、もしかしたらそれは、新年のためではなく、クリスマスに合わせてという意味があったのかもしれない。十二月二十日頃に発送すれば、どんなに遅《おそ》くともクリスマスの前に到着《とうちゃく》する。妻が毎年送っていた下着は、息子《むすこ》に対する一種のクリスマス・プレゼントだったのだ。

そのことに気がつくと、②クシャクシャの新聞紙が詰《つ》められた箱が急にみすぼらしく見えてきた。石川は丸めた新聞紙を取り除き、ぼんやりと下着に目を落とした。

――これはクリスマス・プレゼントだったのか……。

石川は視線を壁《かべ》にかかっているカレンダーに向けた。

そういえば、息子は幼いとき、二十四日のところを休日の印のように赤く塗《ぬ》っていたものだった。その日はサンタクロースが来るはずの日だったからだ。

（沢木耕太郎《さわきこうたろう》「クリスマス・プレゼント」より）

問1 ――線部①「十二月二十日」とあるが、この日付は「石川」にとってどのような意味をもっているか。その説明として不適切なものを、次の中から一つ選び、記号で答えなさい。

ア　亡《な》き妻の遺言を果たす時期
イ　息子に新しい下着を送る時期
ウ　十日余りで正月を迎える時期
エ　妻がホスピスに移った時期

［　　］

問2 ――線部②「クシャクシャの新聞紙が詰められた箱が急にみすぼらしく見えてきた」とあるが、その理由を、文中のことばを用いて五十五字以内で説明しなさい。

らくらく
マルつけ
la-34

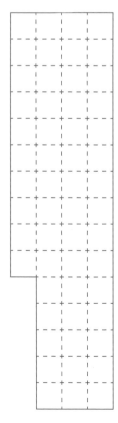

テーマをとらえる

❶ 次の文章を読んで、あとの問いに答えなさい。

〔十一、二歳《さい》ごろ、海の近くに住んでいた「私」は、近所に越《こ》してきた美少女・きぬ子《こ》が気になっていた。〕

海浜《かいひん》が寂《さ》びれ、私たちが自分の海浜を取り戻《もど》した時、私は初めて、その少女を一人の美しい少女として見出《みいだ》したのであった。

私ばかりではなかった。村の子供たち全部が、私と同じようであった。と言うわけは、彼女《かのじょ》が海浜へ姿を現《あら》わすと、私たちは、不思議な力に作用されてうわあっと言って囃《はや》し立てた。三、四人の時は黙《だま》っていたが、十人以上になるといつもいっせいに囃し立てた。

七つ八つの一年坊主《ぼうず》までが、上級生に倣《なら》って、喚声《かんせい》を上げた。

「おい、辰二郎《たつじろう》、おまえ、きぬ子の奴《やつ》を一廻《ひとまわ》りして来い」

餓鬼大将《がきだいしょう》の私が言うと、三年生の辰二郎は波打際《なみうちぎわ》を歩いているきぬ子の方へ真裸《まっぱだか》で駈《か》けて行き彼女《かのじょ》をくるりと一廻りして駆け戻《もど》って来る。

「次は太郎《たろう》だ！」

すると魚屋の末っ子の四年生の太郎は、これも真裸で駈け出す。そしてこの方は一つだけ年長の貫禄《かんろく》を示して、彼女の前で、一つでんぐり返ってみせて、そして撥《は》ね起きると、奇声《きせい》を上げて駈け戻って来る。

次に一年坊主が三人よちよち駈けて行き、一人は石につまずいて泣き出し、一人は彼女につかまって、頭をさすられて、これも泣き出し、一人だけが、何か知らぬが息を弾《はず》ませ興奮して駈け戻って来る。

「姉ちゃんが睨《にら》んだ！」

彼《かれ》は、私に報告する。

「どんな顔をした」

「怖《こわ》い目をした」

きぬ子が怖い顔をしたという報告は、私には何か知らぬが充分《じゅうぶん》満足だった。あんな美しい顔がどんな怖い顔をしたろうと思い、私はうわっとありったけの声を張り上げて叫《さけ》ぶとそのまま波打際に突進《とっしん》し、波に体をぶっつけて、潮の中に頭を先《さ》きにしてもぐって行く。

（井上靖《いのうえやすし》「晩夏」より）

問 ――線部「不思議な力」の説明として適切なものを、次の中から一つ選び、記号で答えなさい。

ア　きぬ子の美しさがねたましく、嫌《いや》がらせをしたい気持ち。
イ　きぬ子という新参者《しんざんもの》に、地元のしきたりを教えたい気持ち。
ウ　きぬ子という得体のしれない人物に対し警戒《けいかい》する気持ち。
エ　きぬ子の気を引きたくていてもたってもいられない気持ち。

〔　　　〕

ヒント
「私」や「村の子供たち」の行動や発言に着目しよう。

答えと解き方⬇別冊16ページ

ちょこっと
インプット
Ii-35

❷ 次の文章を読んで、あとの問いに答えなさい。

馬の絵をかくことが好きな少年・ひさしの家では、出征《しゅっせい》するための船を待つ軍人のための「兵隊宿」を引き受けている。ひさしは家に泊《と》まっていた三人の将校たちが出発する前に、共に神社に参拝に行くことになった。

①四人は、馬のいない川のほとりでしばらく休んだ。

ひさしは、この近くの練兵場へは、友達とよく模型飛行機を飛ばしに来るのだと言い、練習を終《お》わった騎兵隊《きへいたい》の馬は、いつもどのあたりから、どのようにしてこの川のほとりに出てくるのかを細かに説明した。

「ひさし君は、よほど馬が好きなんだなあ。馬は賢《かしこ》いからね。」

と背の高い将校が言った。

「どれくらい賢い？」

とひさしが聞いた。

「時によっては人間よりも。」

と肥《ふと》った将校が答えた。

痩《や》せた将校は、ただ静かに笑っていた。それからしばらくたって、

「ものが言えなくても、からだでものを言うし、人の心ははっきり読む。」

とひとりごとのように言った。

神社の境内《けいだい》は、葉桜のさかりであった。

ひさしは、ここではよく、外出を許可された陸軍病院の傷病兵が、白衣に軍靴《ぐんか》のいでたちで、面会に来た家族らしい人たちとベンチに腰《こし》かけているのを見かけるが、午前中とあって、ここでもまだそれらしい人の姿は見られなかった。ひさしは、そのことにむしろほっとした。ここに来るまでは予想もしなかった安堵《あんど》だった。

三人の将校は、軍帽《ぐんぼう》をとると、長い間本殿《ほんでん》に向《む》かって頭を垂れていた。

ひさしはその後ろから、見習って同じように頭を垂れていた。神社の裏手には、戦死者の墓地がある。②ひさしは、将校達がその墓地に気づかないうちに早くこの境内から連れ出さなければとあせっていた。

（竹西寛子《たけにしひろこ》「兵隊宿」より）

問1 ——線部①「四人は、馬のいない川のほとりでしばらく休んだ」とあるが、このときの四人の会話の内容として適切なものを、次の中から一つ選び、記号で答えなさい。

ア　馬を好むひさしに、将校たちが優《やさ》しく共感している。
イ　騎兵隊を好むひさしに、将校たちが戦争の怖《こわ》さを教えている。
ウ　馬を好む「ひさし」に、将校たちが反論を試みている。
エ　騎兵隊を好む「ひさし」に、将校たちが経験を自慢《じまん》している。

［　　］

問2 ——線部②「ひさしは、将校達がその墓地に気づかないうちに早くこの境内から連れ出さなければとあせっていた」とあるが、その理由を、文中のことばを用いて三十五字以内で説明しなさい。

らくらく
マルつけ
la-35

表現の特色

❶ 次の文章を読んで、あとの問いに答えなさい。

山の手線の電車に跳《は》ね飛ばされて怪我《けが》をした、その後養生に、一人で但馬《たじま》の城崎《きのさき》温泉に出掛《でか》けた。（中略）

ある朝のこと、自分は一疋《いっぴき》の蜂《はち》が玄関《げんかん》の屋根で死んでいるのを見つけた。足を腹の下にぴったりとつけ、触角《しょっかく》はだらしなく顔へたれ下がっていた。他の蜂は一向に冷淡《れいたん》だった。巣の出入りに忙《いそが》しくその傍《そば》を這《は》いまわるが全く拘泥《こうでい》する様子はなかった。忙しく立ち働いている蜂はいかにも生きている物という感じを与《あた》えた。その傍に一疋、朝も昼も夕も、見るたびに一つ所に全く動かずに俯《うつ》向きに転がっているのを見ると、それがまたいかにも死んだものという感じを与えるのだ。それは三日ほどそのままになっていた。それは見ていて、いかにも静かな感じを与えた。淋《さみ》しかった。他の蜂が皆《みんな》巣へ入ってしまった日暮れ、冷たい瓦《かわら》の上に一つ残った死骸《しがい》を見ることは淋しかった。しかし、それはいかにも静かだった。

夜の間にひどい雨が降った。朝は晴れ、木の葉も地面も屋根も綺麗《きれい》に洗われていた。蜂の死骸はもうそこになかった。今の巣の蜂どもは元気に働いているが、死んだ蜂は雨樋《あまどい》を伝って地面へ流し出された事であろう。足は縮めたまま、触角は顔へこびりついたまま、たぶん泥《どろ》にまみれてどこかで*凝然《ぎょうぜん》としていることだろう。外界にそれを動かす次の変化が起《おこ》るまでは死骸は凝然とそこにしているだろう。それとも蟻《あり》に曳《ひ》かれて行くか。それにしろ、それはいかにも［　　］であった。忙しく忙しく働いてばかりいた蜂が全く動くことがなくなったのだから静かである。

（志賀《しが》直哉《なおや》「城の崎《さき》にて」より）

＊凝然　動かずにじっとしている様子。

問1 この文章の表現の特色として不適切なものを、次の中から一つ選び、記号で答えなさい。

ア 同じことばを繰《く》り返し使い、印象を強めている。

イ 細かい観察描写《びょうしゃ》で蜂に感情移入する「自分」を示している。

ウ 擬態語《ぎたいご》を繰り返し用いて情景に親しみをもたせている。

エ 過去形の文末を繰り返すことで、リズム感を出している。

［　　］

問2 ［　　］に入ることばとして適切なものを、次の中から一つ選び、記号で答えなさい。

ア 愚《おろ》か　イ 静か　ウ 厳《おごそ》か　エ のどか

［　　］

ヒント 繰り返されている表現を探し、表現の特色を考えてみよう。

答えと解き方⬇別冊17ページ

ちょこっとインプット
li-36

❷ 次の文章を読んで、あとの問いに答えなさい。

〔吹奏楽部《すいそうがくぶ》で*パーカッションのパートの克久《かつひさ》は、地区大会の舞台《ぶたい》に立っている。〕

低音グループが奏《かな》でた主題に木管が加わり、音の厚みが増す。やがて*ティンパニが*クレシェンドで響《ひび》いた。①それを木管楽器たちが優《やさ》しく清らかな歌で迎《むか》えた時には、克久の胸の中にあの大きな夕陽《ゆうひ》があかあかと燃えた。いつも、そこで大きな夕陽が現れる。もちろん、克久はただ音楽に酔《よ》っていたわけではない。指揮棒はたえず、音が加わるべき位置の指示を出していたし、拍《はく》は正確に数えられていた。部員だけに解《わか》る伝令が走り回っていた。それでも、あかあかとした夕陽は決して克久の目の中から消えなかった。夕陽の周囲に見慣れた団地の眺《なが》めがあり、それが斜《なな》めに射《さ》す陽の光を受けて、尊いものとして輝《かがや》きを帯びた。克久は音の中にそういうものを見ていた。

曲は長い尾《お》を引いた孔雀《くじゃく》の優美な歩みや、青く光る首の動きを表しながら進んでいく。克久は*ホルンがタタタッタン、タタタッタンと、草原に吹《ふ》く風の音を奏でる間に、トライアングルをかまえた。*ベンちゃんの眉毛《まゆげ》が今だと告げる。克久が打ち鳴らすトライアングルの涼《すず》やかな音を聞き逃《のが》してしまう聴衆《ちょうしゅう》もいることだろう。しかし、②それは決して欠くことができない重要な*ディテールだ。

（中沢《なかざわ》けい「ブラス！　ブラス!!　ブラス!!!」より）

*パーカッション　打楽器全般《ぜんぱん》のこと。
*ティンパニ　大型の太鼓《たいこ》の一種。
*クレシェンド　音楽で、次第《しだい》に強く演奏するところを表す標語。
*ホルン　金管楽器の一種。
*ベンちゃん　吹奏楽部の顧問《こもん》で指揮をしている森勉《もりべん》先生。
*ディテール　細かい部分。

問1 ――線部①「それを木管楽器たちが優しく清らかな歌で迎えた時」で用いられている表現の種類を、次の中から一つ選び、記号で答えなさい。

ア　倒置法《とうちほう》　イ　体言止め　ウ　擬態語《ぎたいご》
エ　隠喩《いんゆ》　オ　直喩《ちょくゆ》

［　　］

問2 擬音語が用いられている一文の最初の五字を、文中から抜《ぬ》き出しなさい。

問3 ――線部②「それ」が指し示すものを、文中から二十字以上二十五字以内で抜《ぬ》き出しなさい。

らくらくマルつけ
la-36

答えと解き方⬇別冊17ページ

／100点

❶ 次の文章を読んで、あとの問いに答えなさい。 [100点]

金属会社の社長の門倉《かどくら》と製薬会社の部長の水田仙吉《みずたせんきち》は、長年にわたり友人である。門倉は妻子の禮子《れいこ》と守《まもる》を連れて、水田仙吉・たみ夫妻の家を訪ねた。

土曜の昼下り、門倉は大きな西瓜《すいか》をぶら下げて仙吉のうちを訪ねた。守の手を引いた禮子も一緒《いっしょ》である。

門倉は二十年のつきあいにしては他人行儀《ぎょうぎ》なところがあって、いつもは玄関《げんかん》の格子戸《こうしど》から声をかけるのだが、この日は守が半開きになっていた庭木戸を押《お》してしまい、大人たちもあとを追って庭先から入る格好《かっこう》になった。

縁側《えんがわ》に近づいた門倉は、時候の挨拶《あいさつ》をしようとして棒立ちになった。たみが白麻《しろあさ》の背広の上衣を着て、大まじめな顔で姿見の前に立っていたからである。男物だから身丈《みたけ》も袖丈《そでたけ》もダブダブで、おまけに下はズボンなしの肌襦袢《はだじゅばん》だから、旗でも持ったらチンドン屋だった。たみは見られているとは気づかず、茶色に変色した古いカンカン帽《ぼう》を頭にのっけて様子をつくったりしている。

ひと足遅《おく》れて入ってきた禮子が、けたたましい声で笑い出した。たみはアッと叫《さけ》んでこれも棒立ちになったが、

「やだ。どうしよう」

そのまま①畳《たたみ》にガバと打ち伏《ふ》した。カンカン帽が笑うような音を立てて縁側まで転がってきた。たみは諦《あきら》めたらしく、身を起《おこ》した。

「あーあ。えらいとこ見られちゃった。みんな出掛《でか》けてるから大丈《だいじょう》夫《ぶ》だと思ったのに」

禮子は、笑い転げてことばにならない。

「それ、水田さんの夏服でしょ」

「一昨年《おととし》の。白麻ってふた夏も着ると衿《えり》がベンジンで灼《や》けて駄目になるでしょ。無理して作ったのに勿体《もったい》ないなあと思って。廃物《はいぶつ》利用なんて言われるご時世だし、*さと子のシャツにでもならないかと思って着てみてたのよ」

「それにしても着てみなくたって」

柱にしがみついて笑っている禮子を見て、たみも一緒になって笑ったが、涙《なみだ》を拭《ふ》きながらふとそばの門倉に気づいた。

門倉は西瓜を手に、②雷《かみなり》にでも打たれたように立っていた。

「どうしたの、ねえ」

禮子がゆさぶると、のどの奥《おく》をぐうっと鳴らして、縁側に西瓜をおっぽり、そのまま飛び出していってしまった。

二人の女は顔を見合せた。

「どうしたのかしら、門倉さん」

「我慢《がまん》出来なくなったのよ。あの人、男のくせして笑い上戸《じょうご》なんですよ。でもここで笑ったら奥さんに悪いと思って。今頃《いまごろ》その辺の電信柱

につかまって涙こぼして笑ってるわよ」

その通りだった。

門倉は通りの電信柱におでこをくっつけて寄りかかっていた。（中略）電柱におでこを揉《も》み込《こ》むようにして、

「いいなあ。いい」

何べんも繰《くり》返した。

これなんだよ、これなんだよ、と呟《つぶや》いた。長い間、憧《あこが》れていたものはこれだったのだ。あのまじめさ。おかしさ。可愛《かわい》らしさ。


（向田邦子《むこうだくにこ》『あ・うん』より）

＊さと子　仙吉とたみの娘《むすめ》。

問1 ――線部①「畳にガバと打ち伏した」とあるが、このときのたみの心情として適切なものを次の中から一つ選び、記号で答えなさい。（15点）

ア　無理して作った白麻をうまく着こなせない様子を見られて、悔《くや》しくてたまらない気持ち。

イ　珍妙《ちんみょう》な装《よそお》いを見られて、恥《は》ずかしさのあまり来客に顔を合わせたくない気持ち。

ウ　突然《とつぜん》現れた無礼な来客に腹を立てながらも、怒りを表に出すのははばかられる気持ち。

エ　夫の服を勝手に着ている様子を見られ、秘密《ひみつ》がばれていたたまれない気持ち。

［　　］

問2 この文章には、禮子が笑う様子が描写《びょうしゃ》されている文が三つある。それぞれの文の最初の五字を抜《ぬ》き出しなさい。（15点×3）

問3 ――線部②「雷にでも打たれたように立っていた」とあるが、このときの門倉の心情を、文中のことばを用いて六十字以内で説明しなさい。（40点）

らくらく
マルつけ
la-37

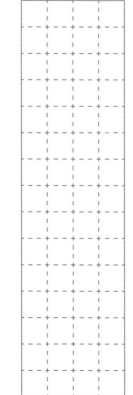

友情・仲間がテーマの文章

1 次の文章を読んで、あとの問いに答えなさい。

かつて陸上部を辞めた大学生・蔵原走《くらはらかける》は、万引きをして、逃《に》げるために夜道を走っていた。そこに通りかかった清瀬灰二《きよせはいじ》は、走の走りを気に入り、自分の住む学生寮《がくせいりょう》・竹青荘《ちくせいそう》に住まわせ、寮の仲間で箱根駅伝への出場を目指そうと誘《さそ》った。

素人《しろうと》ばかりの集団が、箱根駅伝を目指す。しかも、十月の予選会まで半年しかない。真剣《しんけん》に陸上をやっている人間が聞いたら、「寝言《ねごと》か？」と笑うぐらいの無謀《むぼう》さだ。いったい清瀬は、走ることをなんだと思っているのだろう。

俺《おれ》を竹青荘に誘ってくれたのも、こういう下心があってのことだったのか。高校時代に、俺のスピードだけをもてはやしたやつらと、ハイジさんも結局は同じじゃないか。

しかし、憤然《ふんぜん》と部屋から出ていくことはできなかった。こんなくだらない話につきあっていないで、さっさと自室に帰ればいい。そう考えても、なぜか体が動かなかった。心のどこかで、おもしろそうじゃないか、と囁《ささや》く声がする。このまま、陸上界から離《はな》れた場所で、いつまでも一人で走るつもりなのか。それぐらいなら、竹青荘の住人たちと一緒《いっしょ》に、箱根駅伝に殴《なぐ》りこみをかけたほうがましだ。試《ため》してみるのも悪くない。

囁きは走を焚《た》きつける火種になる。

清瀬は言ってくれた。走の走りは自由で、楽しそうだった。だから声をかけたのだ、と。そんなことを言うひとは、これまで走のまわりにはいなかった。

（三浦《みうら》しをん『風が強く吹《ふ》いている』より）

問 ――線部「試してみるのも悪くない」とあるが、走がこのような気持ちになったのはなぜか。文中のことばを用いて七十字以内で説明しなさい。ただし、「清瀬」ということばを必ず用いること。

ヒント 清瀬のどんな発言が、走の気持ちに変化をあたえたのか読み取ろう。

ちょこっとインプット
li-38

答えと解き方⬇別冊18ページ

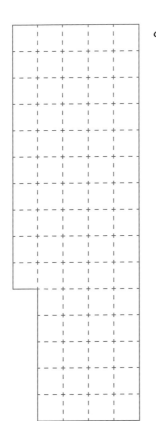

❷ 次の文章を読んで、あとの問いに答えなさい。

〔ウエイトリフティング部の高校生・若葉《わかば》は、部活仲間の弥生《やよい》から鼠径部痛《そけいぶつう》症候群《しょうこうぐん》という股関節《こかんせつ》が痛む病気を発症したと告白された。〕

「こんなに早く発症するのは、生まれつき、股関節の形が、おかしいとまでは言わないけど――つまり日常生活をふつーに送るだけなら、年取ってよほど変な転び方でもしないかぎり平気らしいんだけど――ウエイトリフティング向きじゃない。スポーツ向きじゃないんだって。痛みがひどくなって、きっと練習どころじゃなくなる、って」

そういえば、弥生に「足の付け根に電流が走らないか」と聞かれたことがあるのを思い出した。

「もちろん、ほどほどにやれば続けられないことはないかもしれないけど、それでも高校三年間で終わらせろ、って」

「大学では、ダメってこと……？」

弥生はうなずいた。

「あたしのオリンピックが消えた」

若葉の耳に、自分が唾《つば》を飲み込《こ》む音が聞こえた。何を言おう、何を言えばいいのか……。オリンピック出場が大言壮語《たいげんそうご》に聞こえた、あの頃《ころ》とは違《ちが》う。弥生は部活を始めて一年以内で関東大会に出場した実績を持っている真のホープなのだ。

（中略）

「だけどさ、そのときに思ったのは、若葉はすごいよなってこと」

思わず若葉は立ち上がった。スカートの裾《すそ》に砂がついているけれど、払《はら》うのを忘れた。

「あたしがすごい、って……？」

「若葉は、オリンピック目指してるわけでもないし、正直、もともと向いてるかどうかもわかんない。二年生になって関東大会出られる保証もない」

「すごい才能のある一年が入ってきたら、抜《ぬ》かされるかもしれない」

「そうそう。なのに、ウエイトリフティングが好きだ、って気づいて、お笑いをやめて、三年間この部活に専念するって決めた。あたしは、その決断のすごさに気づいてなかった」

「別にすごくないよ」

「そんなことない。報《むく》われなくても好きでいる、ってほんとに難しい」

（吉野万理子《よしのまりこ》『空色バウムクーヘン』より）

問 ――線部「その決断のすごさに気づいてなかった」とあるが、なぜ弥生は今「その決断のすごさ」に気づいたのか。その理由を、文中のことばを用いて六十五字以内で説明しなさい。

らくらくマルつけ

la-38

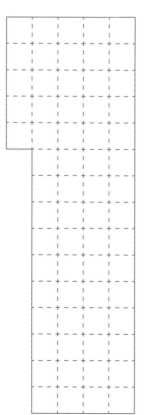

家族がテーマの文章

答えと解き方⬇別冊18ページ

ちょこっとインプット
li-39

❶ 次の文章を読んで、あとの問いに答えなさい。

〔左織《さおり》は息子の柊平《しゅうへい》が進学とともに家を出ることに驚《おどろ》いた。〕

てっきり都内の大学に進学し、今までどおり家から通学するものだとばかり信じていたのに、柊平は、京都の大学に進学した。ニューヨーク旅行のあと、温彦《あつひこ》に付き添《そ》われてあわただしく京都に赴《おもむ》いて下宿をさがし、三月の末に引っ越《こ》していった。

都内の私立を何校か受けていた柊平が、京都まで入試を受けにいっていたことも知らなかった左織は、裏切られたような気がした。それについて柊平は、「きっと落ちると思ってたし、受けること自体、反対されると思ったから」と言った。左織は納得《なっとく》できず、怒《いか》りをおさめることができなかったが、①温彦は怒《おこ》るどころか喜んでいた。だって嘘《うそ》をつかれたのよと左織が言うと、まったく理解できないという顔つきで左織を見た。

「あんなに自分の意見を言わない柊平が、はじめて自分で選んだことだぞ」と言う。そう言われると、今までこちらの言うとおり、公立中学に進み、父親の母校に進学した柊平が、急に自分の意思を見せたことに怒っているような、②ばつの悪さを左織は感じたが、

「でも嘘はよくない。こんなだいじなことで親を欺《あざむ》くのはよくない」

左織は頑固《がんこ》に言い続けた。

（角田光代《かくたみつよ》『笹《ささ》の舟《ふね》で海をわたる』より）

問1 ――線部①「温彦は怒るどころか喜んでいた」とあるが、なぜか。その理由として適切なものを、次の中から一つ選び、記号で答えなさい。

ア 普段《ふだん》会話をしない息子が自分の母校を進学先に選ぶほど自分を慕《した》っていることを知ったから。

イ 普段ありきたりの行動しかしない息子が意外な進学先を選ぶことで個性を発揮したから。

ウ 普段自己主張しない息子が自分で進学先を決めたことに息子の成長を感じたから。

エ 普段親の言うことを無視する息子が、進学先では親の希望を取り入れたから。

〔　　〕

問2 ――線部②「ばつの悪さを左織は感じた」とあるが、その理由を、文中のことばを用いて四十五字以内で説明しなさい。

ヒント
柊平の進学に対する、温彦と左織の考えの違《ちが》いを比べてみよう。

❷ 次の文章を読んで、あとの問いに答えなさい。

〔養護《ようご》施設《しせつ》で暮らす「ぼく」の元へ、弟から葉書が届いた。〕

弟の、その葉書の文面はいつもと大差はなく、「元気ですから安心してください」とまず輪郭《りんかく》のはっきりした字で始まり、「さっき、ラーメン屋のおじさんが酒を飲んでいるうちに、ぼくのことでおばさんと喧嘩《けんか》になり、おばさんを三つか四つぶちました。おじさんはぼくのこともぶってやりたい、といっていました」と続いていた。弟はそのとき、岩手県南部の小都市のラーメン屋康楽《こうらく》に、ひと月千円の食費をつけて預けられていた。母はその千円の工面がつかず、滞納《たいのう》を続けているらしかった。弟はそのせいで厄介者扱《やっかいものあつか》いされかかっているのだろう。「母ちゃんからは手紙も葉書もずうっときていません」このあたりから鉛筆《えんぴつ》の字がすこしずつ小さくなっていった。葉書の余白の残り少ないのに気づいて慌《あわ》てている弟の様子が目に見えるような気がした。

母から音信がないのはぼくも同じことで、そのころ母は、弟と住み込《こ》んでいたラーメン屋康楽をひとり出て、製鉄業と漁業とで大した景気らしいという噂《うわさ》に縋《すが》って岩手県東海岸の港町へ流れ込《こ》み、屋台の飲み屋を始めたばかりのところだった。

筆まめな母が弟やぼくに便りをくれなかったのは、生《う》まれてはじめての酔《よ》っぱらい相手の商売をなんとかやりこなそうと、そのことで頭もいっぱい手もいっぱいだったからだろう。弟にそのへんのことをもう一度くわしく書いてやらなくてはと思いながら、ぼくはその先を読んだ。末尾《まつび》の文章はさらに細かい字で、「かならず手紙をください。かならず」と彫《ほ》りつけるように力をこめて書いてあった。

汚点《しみ》さえなければ、それはいつもの通りの葉書だった。零《こぼ》れ落ちたラーメンの汁《しる》か、垂れ落ちたレバー煠《いた》めの汁か、それはむろん分《わか》らなかったが、淡《あわ》い黄褐色《おうかっしょく》の汚点を数個ばら蒔《ま》かれた葉書は、はじめは南太平洋地図のように見えた。（中略）しばらく見つめていると、出し抜《ぬ》けに南太平洋地図は大小の黄信号の群れに変《かわ》り、「おまえの弟になにか起《おこ》ろうとしているぞ、辛《つら》いことが起ろうとしているぞ」と、ぼくに警告を発しはじめた。

弟は食費千円の少年下宿人から少年店員あるいは少年出前持ちに格下げされ、料理の汁の乱れ飛ぶカウンターあたりで、葉書を書かなくてはならない身の上になってしまったのではないだろうか。

（井上《いのうえ》ひさし「汚点《しみ》」より）

問 この文章について説明した次の文章の［　］に入ることばを、文中から抜《ぬ》き出しなさい。ただし、①②は十字以上十五字以内、③は三字以内で抜き出すこと。

「ぼく」は弟の葉書の字が「［①］」ことや、末尾の文章が「［②］」書かれていることに気づいている。また、葉書に付いた［③］からも弟の状況《じょうきょう》を想像して心配している。

①

②

③

らくらくマルつけ

la-39

成長がテーマの文章

ちょこっとインプット
li-40

答えと解き方⬇別冊18ページ

❶ 次の文章を読んで、あとの問いに答えなさい。

ぼくは中学生の時代から約六年間、ただの一度も、同じ年頃《としごろ》の女の子と口をきいたことはなかった。それなのに、ぼくはその時なんのためらいもなく、本棚《ほんだな》からあとずさりして彼女《かのじょ》の傍《そば》に行き、

「その本、もう読み終《おわ》りますか？」

と訊《き》いたのだった。声をかけてから、ぼくはまったくこれ以上うまいきっかけの作り方はなかったと自分自身驚《おどろ》いたくらいだった。彼女は顔をあげ、半分くらい読み終えたぶ厚い本を閉じて、

「これ、捜《さが》してるんですか？」

と言った。ぼくは、彼女の読んでいた本が、トルストイの「復活」であることを知って、その時初めて体中が紅潮してくるのを感じた。言ったことはでたらめではなく、確かにぼくはロシアの長い小説を読むつもりになっていたのだから。

「まだもう二、三日はかかると思いますけど」

「それならその間、ほかの本を読んでますから、気にせずにゆっくり読んで下さい」

ぼくは「ツルゲーネフ全集」を書架《しょか》の上段から取り出して、彼女の斜《なな》め向かいの席に坐《すわ》り読みだした。（中略）三十分ぐらいたったとき、ぼくの目の前に「復活」が置かれた。はっとして顔をもたげると、傍に彼女が立っていた。

「半分読むのに一週間もかかったの。誰《だれ》か待っている人がいると思ったら、気が散って読めなくなったから、どうぞ先に読んでしまって下さい。私、そのあとからでいいです」

「いいんです。ぼく、ほかにいっぱい読みたい本があるから、いつでもいいんです」

ぼくは頑固《がんこ》に本を押《お》し戻《もど》した。そうしなければ、二、三日後に、もう一度彼女と言葉を交わす機会を失《な》くしてしまうからだった。

（宮本輝《みやもとてる》「星々の悲しみ」より）

問 ——線部「自分自身驚いた」とあるが、なぜ驚いたのか。文中のことばを用いて、五十字以内で説明しなさい。

ヒント
「自分自身」のどのような一面に驚いたのか考えてみよう。

❷ 次の文章を読んで、あとの問いに答えなさい。

その日、九月のある晴れた日、私はいつものように飯を食い、工場へ行った。

四時半まで働いて、四時半になったとき、いつものように工場のおやじが作業場に入ってきて、みんなに言った。

「きょうの残業は九時までにする。みんな、稼《かせ》いでくね」

「おれはいりません。五時でやめるから」

「やめる？」

「ああ。工場をやめるから」

私は言った。

一瞬《いっしゅん》工場中の者の視線が私に集まったけれど、それだけだった。

ただのきのうのつづきのふつうの日のように、私は＊八尺旋盤《はっしゃくせんばん》の鉄の切り粉を片づけ、加工し終えた＊スピンドルフロントの切断面にきれいに油をぬり、おがくずで手の油を落とし、わざとみんなの一番後から手を洗い、手間賃の計算をしている工場のおやじのところへ行った。

手間賃二万と退職金がわりの新しい長靴《ながぐつ》一足もらって、それをオートバイの荷台につけて、私は国道へ走り出した。自分が今人生の大きな賭《か》けのスタートをきろうとしているのかもしれないという感慨《かんがい》はあったが、解放感はなかった。

寺島《てらしま》のふろ屋でオートバイを停《と》め、いつものように入って、また走り出した。久しぶりにまだ明るいうちに見る街のたたずまいの、何となしにはしゃいだような新鮮《しんせん》さ。①私の出発をいろどる舞台装置《ぶたいそうち》は、ただそれだけだった。

工員ぐらしをやめて、これから書きはじめようとしている何か。ばくぜんとそんな目標みたいなものだけは抱《いだ》いていたが、成算はまるでなかった。ただ私には、今いる自分がこの先どう変わろうとも、これ以上失うものは一つもありやしないのさという、②ぎりぎりの誇《ほこ》りだけがあった。

（畑山博《はたやまひろし》『つかのまの二十歳《はたち》』より）

＊八尺旋盤　金属を加工するための工作機械。

＊スピンドルフロント　機械用の部品。

問1 ――線部①「私の出発をいろどる舞台装置は、ただそれだけだった」とあるが、この一文が暗示する私の状態として適切なものを、次の中から一つ選び、記号で答えなさい。

ア　退職を祝ったりねぎらったりする人もなく、孤独《こどく》な状態の私。

イ　ものを書くという目標以外に頼《たよ》りになるものをもたない私。

ウ　これまで働いていた工場以外の世間をまるで知らない私。

エ　大げさなことを嫌《いや》がり飾《かざ》り気のないこと好んでいる私。

［　　］

問2 ――線部②「ぎりぎりの誇り」とあるが、どのような誇りか。文中のことばを用いて、三十五字以内で説明しなさい。

らくらくマルつけ

la-40

悩《なや》み・葛藤《かっとう》がテーマの文章

ちょこっとインプット
li-41

答えと解き方⬇別冊19ページ

❶ 次の文章を読んで、あとの問いに答えなさい。

ボクシング雑誌の編集者・空也《くうや》は、ボクサー・立花《たちばな》が悲惨《ひさん》な生い立ちだと偽《いつわ》って宣伝したトレーナーについて、飲み会の場で同僚《どうりょう》の萬羽《ばんば》に不満をもらした。すると、思わぬ答えが返ってきた。

「昔、っていうかたった二十年三十年くらい前はさ、もっと世のなかがふざけてたじゃない。ふざけて許されてたじゃない。みーんな了解《りょうかい》の上で笑ってたでしょ。それが今は、ちょっと言い間違《まちが》えただけで本気で糾弾《きゅうだん》されるもんね」

空也は立花を見る。コップについた水滴《すいてき》を指でぬぐっている。

「立花くんの馬鹿馬鹿しい嘘《うそ》なんか、みんなで笑ってやればいいのに、怒《おこ》るからなあ。なんでこんな正義感の強い世のなかになったんだか。正義感強いのに、不思議とみんないじめっ子みたいに見えるだろ。いじめる快感を世のなかが覚えたような気がするときあるんだよね」

正義。空也は酔《よ》った頭でくり返す。立花の試合を見たとき、何か考えた。そうだ。青につけば青が正義に思えるし、赤につけば赤が正義に思えるのだ。それだけではなくて、青には赤が、赤には青が、不正に思える。そんなもろい何か。

「もっとこう、そういう*山っ気も含《ふく》めてさ、わーわー熱くなるような場所だったんだけどなあ」

萬羽はグラスを片手に宙を見て、ぼそりと言う。

「熱くしましょうよ」空也は居住まいを正して萬羽に言った。「ええ、ええ、熱くしましょう、今度の試合で。みんなにわーわー言わせましょう、みんな興奮して立ち上がって床《ゆか》ぐらぐら揺《ゆ》れるくらいにしてやりましょうよ」

思わず萬羽の手を握《にぎ》りかけたが、萬羽はすばやくそれを避《さ》け、

「なんか暑苦しいよ、空也くん」と言う。立花が笑う。

（角田光代《かくたみつよ》『空の拳《こぶし》』より）

*山っ気　幸運を期待し、思い切って物事をしようとする冒険心《ぼうけんしん》。

問 ――線部「空也は居住まいを正して萬羽に言った」とあるが、「居住まいを正し」た理由として適切なものを、次の中から一つ選び、記号で答えなさい。

ア　ボクシングの試合の見方に詳《くわ》しい萬羽を見直したから。
イ　ボクシングをこれまで盛り上げてきた萬羽に憧《あこが》れたから。
ウ　ボクシングの危険性を警告してくれた萬羽に感謝したから。
エ　ボクシングに対する真剣《しんけん》な思いを萬羽に伝えたかったから。

［　　］

ヒント　萬羽の答えを聞いた空也がどう感じたのか考えよう。

❷ 次の文章を読んで、あとの問いに答えなさい。

（小学生の秀美《ひでみ》は、担任の奥村《おくむら》先生について、祖父と話している。）

「ま、①奥村先生を気に入らないのは仕方ないな。しかし、秀美が、嫌《きら》いだってのを態度に出しても仕様のないことだぞ。教師だって、人間だ。聞けば、その奥村さんとやらは、まだ三十五歳《さい》だって言うじゃないか。彼《かれ》には、彼なりの理想があるだろう。それと秀美が合ってないだけで、ひどい奴《やつ》ときめつけるのも早計だぞ。黒か白かときめつけるのは、＊仁子《じんこ》もそうだが悪い癖《くせ》だ」

「でも、あの先生の言うことを、はいはいって、ぼく聞けないよ。頷《うなず》いてばかりいれば、良い子だって思われるのは解《わか》ってるけどさ、明らかに正しくないことに従えないよ。ぼく、先生が間違《まちが》ってるってことを言おうとすると、すぐ怒《おこ》られる」

「言い方にも、問題あるんじゃないのか？　秀美がむきになると、迫《はく》力《りょく》あるからなあ。まだ、がきのくせして」

「うん。時々、ぼくもそれは少し良くないかなって思う。ぼく、人を馬鹿にしたりする時、根性《こんじょう》悪そうな目付きになってるの自分でも解るもん。でも、おじいちゃん、誤解しないで欲しいけど、なにかハンデを持ってる人のことは馬鹿にしたりしないよ。偉《えら》くもないのに、偉そうにしてる奴を馬鹿にするんだよ」

「そりゃ感心感心。けどね、秀美、②馬鹿にしてることを相手に知らせようとはしないで、同情してあげたらどうだね。その方が、波風立たないし、相手にも効くぞ」

「そうなの？」

秀美は、ぼんやりと宙を見た。あの奥村に同情するなんて、そんなこと出来るだろうかと、彼は疑問に思った。

「同情ってことを覚えると、優《やさ》しい顔付きになるぞ。ただし、それは、ほんとに優しいってことと違うよ。一種のお芝居《しばい》だ。同情仮面は便利だぞ」

（山田詠美《やまだえいみ》「眠《ねむ》れる分度器」より）

＊仁子　秀美の母。

問1　――線部①「奥村先生を気に入らない」とあるが、秀美が「奥村先生を気に入らない」理由として適切なものを、次の中から一つ選び、記号で答えなさい。

ア　正しさを振《ふ》りかざすため反論できないから。
イ　間違いを指摘《してき》されても素直《すなお》に認めずに怒るから。
ウ　ハンデをもちながら偉そうにしているから。
エ　同情しているふりをして馬鹿にしてくるから。

［　　］

問2　――線部②「馬鹿にしてることを相手に知らせようとはしないで、同情してあげたらどうだね」とあるが、おじいちゃんがこのような提案をした理由を、文中のことばを用いて六十字以内で説明しなさい。

らくらく
マルつけ
la-41

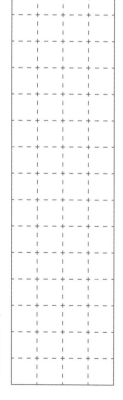

古い時代がテーマの文章

答えと解き方⬇別冊19ページ

ちょこっとインプット
II-42

❶ 次の文章を読んで、あとの問いに答えなさい。

〔第二次世界大戦中の沖縄で、野戦病院の看護婦のカナたちは、砲撃《ほうげき》の中、患者《かんじゃ》をつれて避難《ひなん》することになった。〕

「看護婦さんですか?」そういって、兵隊は弱々しくせきこんだ。外傷だけでなく内臓まで冒《おか》されているのは、にわか看護婦のカナにも見当がついた。

「ええ、そうです。どちらからおいでになったんですか?」

「与那原陣地《よなばるじんち》から来ました。与那原が、もうじきだめになります。首里《しゅり》は」といってもういちどせきこんだ。

カナはそばへよって肩《かた》を貸そうとして、またしてもためらった。

「看護婦さんは、この土地のかたですか? 学生さんらしいですね?」

弱々しくいった。カナはうなずいて、

「女子*師範生《しはんせい》です」

「おや、そうでしたか。ぼくも師範出ですよ。——お国がこんなになって、さぞつらいでしょうね?」

その短いことばに、カナははっとした。

(もし、ここが東京だったら、どんなだったろう?)

(本土がこんな目にあったら、たまらんよ!)

そういうことばをカナは何度もきいた。ひがみかもしれないが、沖縄だからいいのだというふうに聞こえたのだ。彼女《かのじょ》はそれらのことばとくらべて、うれしかった。この人はいい人にちがいないと、安心して肩を貸した。

(石野径一郎《いしのけいいちろう》『ひめゆりの塔《とう》』より)

*師範生　教員養成のための師範学校に通う学生。

問 ——線部「この人はいい人にちがいない」とあるが、カナがそう考えた理由として適切なものを、次の中から一つ選び、記号で答えなさい。

ア　カナの故郷である沖縄が戦略上重要な地だと明言したから。
イ　カナが歴史を大切に思う気持ちをくみ取ってくれたから。
ウ　カナの故郷が破壊《はかい》されるつらさを思いやってくれたから。
エ　戦争の拡大を恐《おそ》れるカナの気持ちに共感してくれたから。

〔　　〕

ヒント　カナの心情の変化をもたらした兵隊の発言に着目しよう。

❷ 次の文章を読んで、あとの問いに答えなさい。

戦後、ビルマから日本に帰還《きかん》しようとする日本兵たちは、見送る人々の中に脱走兵《だっそうへい》の水島《みずしま》に似たビルマ僧《そう》を見つけた。彼《かれ》らは、水島が好きだった「はにゅうの宿」という歌の合唱をはじめた。

この曲をながいあいだうたいませんでした。うたいはじめると、あの楽しかった湖のほとりの合唱、またあの危険だった爆薬箱《ばくやくばこ》の上での竪琴《たてごと》――、そんなものが誰《だれ》もかれもの思い出の中にかえってきました。ほんとうに、われわれの友情、この熱帯の異国で楽しかったこと苦しかったこと、冒険《ぼうけん》や希望や幻滅《げんめつ》、すべての人々の身の上の激変――、これらのものがこの曲にかたく結びついているのです。

ビルマ僧はほとんど無感覚のような、また威厳《いげん》にみちた様子で、しずかに立ちつづけていました。われわれはいく節もうたって、この国でこの曲をうたうのもこれが最後と、声をたかめました。

このときに、ビルマ僧はにわかにがっくりと首をたれました。そうして、衣の裾《すそ》をつかんで足を早めて、立っている人垣《ひとがき》のうしろに行き、木の陰《かげ》に休んでいた少年の竪琴をとりあげました。そうして、元のところにもどってきて、竪琴を肩《かた》にたかくもちあげました。

それから、彼は水島の作曲した、あの「はにゅうの宿」の伴奏《ばんそう》をはげしくかき鳴らしました。

このビルマ僧はやっぱり水島上等兵だったのです!

われわれは歓声《かんせい》をあげました。(中略)。

歌がすむと、戦友たちは内の柵《さく》のところへ走っていって、そこから身をのりだして、叫《さけ》びました。

「水島、われわれはあした日本にかえるのだぞ!」

「よかったなあ! とうとうもどってきて」

「さあ、はやくこちらに入ってこいよ!」

「一体どうしたというのだ。わけをいえよ!」と中には腹立たしげに、ほとんど泣き声をまぜて呼ぶ者もありました。

しかし、水島は外の柵のむこうに立ったまま、動きませんでした。それから、しばらくだまってうつむいていました。それから、また竪琴を肩にして、弾《ひ》きだしました。

それは、ゆるやかなさみしい曲でした。

どこかで聞いたような、という気がしましたが、その筈《はず》です。それは、われわれが小学校の卒業式でうたった「あおげばとうとし……」という、あの別れの歌でした。

(竹山道雄《たけやまみちお》『ビルマの竪琴』より)

問 ――線部「ビルマ僧はにわかにがっくりと首をたれました」とあるが、このときのビルマ僧の心情として適切なものを、次の中から一つ選び、記号で答えなさい。

ア　兵士として未熟だった自分を恥《は》じる気持ち。
イ　帰還しようとする日本兵を軽蔑《けいべつ》する気持ち。
ウ　日本への強い憎《にく》しみがつのる気持ち。
エ　戦友をとてもなつかしく思う気持ち。

[　　]

らくらく
マルつけ
Ia-42

まとめのテスト⑥

／100点

答えと解き方⬇別冊20ページ

❶ 次の文章を読んで、あとの問いに答えなさい。［100点］

〔軍隊への入営を控《ひか》えている「僕《ぼく》」は心境の変化を感じていた。〕

入営の前日まで僕は家庭というものを考えてみたことがなかった。僕にとって家庭はただ何かしら重苦しい、他人にみせては恥《は》ずかしいような、汚《よご》れたモモヒキやサルマタのように、しかたなく自分にくっついている何かのような気がしていた。それで入営までの数日間、残された時間を自由にすごすために、僕は五、六人の友人を家によび、母と顔を合わせるのを避《さ》けて、昼夜友人とばかり談笑した。その方がサッパリした愉快《ゆかい》な気持《きもち》でいられたからである。［①］入営の前夜、寝床《ねどこ》につく間際《まぎわ》になって、どうしたものか僕は急に友人たちがうとましくなりはじめた。②それは母の顔がうとましいとはまた違《ちが》った種類のイヤな感じだった。いつものように友人五人と八畳《はちじょう》の部屋にふとんを並べて寝《ね》ようとしていたのだが突然《とつぜん》、いいようのない憂鬱《ゆううつ》な気持になりはじめた。そうは思いたくはなかったが、それが友人をそばに見ているせいであることは明らかだった。彼等《かれら》と僕とは別段、それほど異《こと》った運命にあるわけではなく、どうせ彼等も早晩僕と同じく入営しなければならないのだ。しかし何という理由もなしに彼等と僕の間にハッキリした相違《そうい》が感じられ、そういう彼等が自分のすぐそばにいて離《はな》れないことが、たまらなくイヤになってしまった。外には雪が降っており、彼等は泥酔《でいすい》していたが、即刻《そっこく》出て行ってもらいたいぐらいだった。……ところで一方、そういう自分の感情を見すかされることは、またたまらないものだった。実際、僕の憂鬱のより直接的な原因は、この苦しんでいる自分を他人にみすかされていることにちがいなかった。それで僕はふだんより一層ハシャギ、顔に白粉《おしろい》を塗《ぬ》って「タヴウ」というレコードをかけてデタラメな踊《おど》りを踊ったりしたのだが、ともかく僕は友人たちのイビキや寝言をききながら、それまでは思ってもみなかった家庭への執着《しゅうちゃく》を感じ出した。自分の寝ているフトンや畳《たたみ》や机や椅子《いす》や、そんなものが汚れて毀《こわ》れていればいるほど、安心や気やすい感じがし、これまで見当ちがいの愛情で僕を悩《なや》ませてばかりいた母のことがにわかに自分の分身として考えられ、そういったものから引きはなされると、もう自分が自分でなくなるような気がした。……③この心細さは営門をくぐったその翌日まで続いた。兵舎の藁《わら》ブトンで一夜を送った次の日からは、心細さを感じている余裕《よゆう》もないほど忙《いそが》しかったからだろうか。［④］僕という人間がはやくも作り変えられてしまいはじめたからだろうか。しかし、その心細さは形を変えて僕の心に棲《す》みついたようでもある。

実際、僕は非常な短時間のうちに人間が変《かわ》ってしまったようだ。その最初の徴候《ちょうこう》は食物の嗜好《しこう》の変化であった。入営の日、僕らより二日前に入った連中が、演習場の雨に濡《ぬ》れたままの服装で、雨水も汗《あせ》も鼻汁《はなじる》もいっしょくたに食器の中へ流しこむような恰好《かっこう》で一心に食事しているのにおどろかされた。その飯を僕は革具《かわぐ》と石炭の臭《にお》いが鼻についての四分の一も食うことができなかった。ところが二、三日たって気がつくと、僕はニオイがついているおかげでオカズもいらないと思いながら一粒《つぶ》のこさず平らげていたのだ……。

（安岡章太郎《やすおかしょうたろう》「家庭」より）

問1 [①]・[④]に入ることばとして適切なものを、次の中からそれぞれ一つ選び、記号で答えなさい。（10点×2）

ア　それとも　　イ　かえって
ウ　ところが　　エ　たとえば

① [　　　]
④ [　　　]

問2 ――線部②「それ」の指し示す内容として適切なものを、次の中から一つ選び、記号で答えなさい。（10点）

ア　母の見当違いの愛情に対する不快さ。
イ　慣れ親しんだ環境《かんきょう》から引き離される心細さ。
ウ　自分と友人の状況《じょうきょう》の違いを実感させられる嫌悪感《けんおかん》。
エ　自分の苦しみを理解しない友人への不満。

[　　　]

問3 ――線部③「この心細さ」は何によって起きたと考えられるか。文中のことばを用いて二十字以内で説明しなさい。（25点）

問4 この文章における「僕」の心情の変化を説明した次の文章の[X]～[Z]に入ることばを、それぞれ文中から抜《ぬ》き出しなさい。ただし、Xは二十字以内、Yは五字以内、Zは十字以内で抜き出すこと。（15点×3）

> 軍隊への入営が近づき、家庭に対して「[X]」と感じていた「僕」も家庭への執着を覚えるようになる。その変化はわずらわしく思っていた母を「[Y]」のように感じるようになったことにも現れている。そして、この家庭への思いは入営後も「僕」の中にあり続けたことが、[Z]という表現で示されている。

X
Y
Z

らくらく
マルつけ
Ia-43

エピソード＋主張

解答・解説⬇別冊20ページ

ちょこっとインプット
li-44

❶ 次の文章を読んで、あとの問いに答えなさい。

　秋の気配というものは、すでに夏のときからひっそりと忍《しの》び寄っているものではないだろうか。夏の暑さが続く中でも、知らぬうちに薄《すすき》が穂《ほ》を出し、夜の静寂《せいじゃく》に耳を澄《す》ませば、虫たちの声がかすかに潜《ひそ》んでいるように……。

〈秋来ぬと目にはさやかに見えねども　風の音にぞおどろかれぬる〉

　古今集に収められている平安時代の歌人、藤原敏行《ふじわらのとしゆき》の歌だが、これは本来、立秋の頃《ころ》にうたったものだという。現在の暦《こよみ》では八月七日頃で、まだ夏の盛《さか》りという気がするが、今年の仙台七夕《せんだいたなばた》の最終日に、そんな風を私は感じた。現代は、暦の季節感とずれてきたということがよく言われるが、秋の気配だけは、平安時代も現代も同じようだ。

　太宰治《だざいおさむ》に、「ア、秋」という短篇《たんぺん》というよりも掌篇《しょうへん》というのがふさわしい小説がある。そこで、太宰は、「秋ハ夏ト同時ニヤッテ来ル」といい、「夏の中に、秋がこっそり隠《かく》れて、もはや来ているのであるが、人は、炎熱《えんねつ》にだまされて、それを見破ることが出来ぬ。耳を澄まして注意をしていると、夏になると同時に、虫が鳴いているのだし、庭に気をくばって見ていると、桔梗《ききょう》の花も、夏になるとすぐ咲《さ》いているのを発見するし、蜻蛉《かげろう》だって、もともと夏の虫なんだし、柿《かき》も夏のうちにちゃんと実を結んでいるのだ」と続ける。

　注意深く観察してみれば、確かにそうだと頷《うなず》かされる度《たび》に、私は、優《やさ》しくて、あやうい、さわやかなこの短編に、太宰治という作家の感性が凝縮《ぎょうしゅく》されているような思いを強くする。

（佐伯一麦《さえきかずみ》『からっぽを充《み》たす』より）

問　――線部「秋の気配というものは、すでに夏のときからひっそりと忍び寄っているものではないだろうか」とあるが、筆者がこの主張を述べるために挙げている二つの具体例を、文中からそれぞれ八字以内と三十字以内で抜《ぬ》き出しなさい。

ヒント
エピソードは筆者の主張の根拠《こんきょ》となる具体例になっている。

❷ 次の文章を読んで、あとの問いに答えなさい。

久しぶりに国立劇場で歌舞伎《かぶき》を見たが、出し物の『奥州安達原《おうしゅうあだちがはら》』のなかの名高い「袖萩祭文《そではぎさいもん》」の場で、勘三郎《かんざぶろう》の袖萩が雪の上に筵《むしろ》を敷《し》いてすわり、こごえる手をこすりこすり、破れ三味線《しゃみせん》を弾《ひ》きながら、〽いまの憂《う》き身の恥《は》ずかしさ……と語り出すと、私の心のなかに、圧《あっ》倒的《とうてき》な悲哀感《ひあいかん》が高まって、ほとんど涙《なみだ》を押《おさ》えるのに苦労するほどであったのには、われながら驚《おどろ》いた。盲目《もうもく》の袖萩が途中《とちゅう》で撥《ばち》を取り落とし、娘《むすめ》のお君に拾ってもらうところでは、私の目尻《めじり》から、ついに一《ひと》粒《つぶ》、不覚の涙《なみだ》がこぼれ落ちそうになるのを禁じ得なかった。（中略）

ふと前の席を見ると、おそらく団体旅行の観光客であろうか、四、五人のアメリカ人らしい中年女性が、英文で書かれたプログラムを膝《ひざ》の上にひろげ、肩《かた》をゆすって、必死になって笑いをこらえている。竹本連中が真っ赤な顔をして声をふりしぼったりすると、我慢《がまん》できなくなって、思わず小さな笑い声を立てる者もある。

私は①むらむらと腹が立ってきて、よっぽどLook and be silent！と言ってやろうかと思った。（中略）

やがて早替《はやがわ》りした勘三郎の桂中納言教氏《かつらちゅうなごんのりうじ》（じつは安倍貞任《あべのさだとう》）が、その正体を八幡太郎義家《はちまんたろうよしいえ》に見破られ、陰謀《いんぼう》の挫折《ざせつ》したことを知って口《くち》惜《お》しがり、御殿《ごてん》の下で大見得《おおみえ》を切りながら、台詞《せりふ》の合間に、何度か唇《くちびる》をブルルル……と震《ふる》わせると、ついにアメリカ女性は今までの遠慮《えんりょ》も会釈《えしゃく》もすっかり忘れ、おかしさをこらえきれず、一同揃《そろ》って、どっと噴《ふ》き出した。貞任の唇のブルルルが、彼女《かのじょ》たちにはよっぽどおかしかったらしいのである。

ところで、私はそのとき、②もう腹を立てる気持《きもち》を失っていた。彼女たちが笑うのも無理はない、と思うようになっていた。登場人物の複雑な関係とその心理、それに三味線の音色があらわす情緒《じょうちょ》などは、いくら彼女たちが英文の解説を熱心に読んだところで、そう簡単に分《わか》る道理がないのである。彼女たちは旅行の途中、あわただしく、日本の伝統演劇の芝居《しばい》小屋《ごや》をのぞいてみたにすぎないのである。少なくとも退屈《たいくつ》して居眠《いねむ》りをするよりは、笑うほうがまだましではないだろうか。

（澁澤龍彦《しぶさわたつひこ》『日本芸術論集成』より）

問1 ——線部①「むらむらと腹が立ってきて」とあるが、その理由として適切なものを、次の中から一つ選び、記号で答えなさい。

ア　日本の伝統文化を誤解されたように感じたから。
イ　自分の舞台《ぶたい》解釈の誤りに気づかされたから。
ウ　日頃《ひごろ》アメリカ人に対して抱《いだ》いている不満を思い出したから。
エ　感動的な舞台を馬鹿にされた気持ちになったから。

［　　］

問2 ——線部②「もう腹を立てる気持を失っていた」とあるが、その理由として適切なものを、次の中から一つ選び、記号で答えなさい。

ア　歌舞伎は外国人にとって退屈なものだとわかったから。
イ　外国人が歌舞伎を楽しむことは不可能だと気づいたから。
ウ　短時間で外国人が歌舞伎を理解できないのは当然だから。
エ　ほとんどの外国人は歌舞伎の日本的な情緒を嫌悪《けんお》しているから。

［　　］

らくらくマルつけ
Ia-44

❶ 次の文章を読んで、あとの問いに答えなさい。

私のささやかな回想のなかをさぐってみると、はっきりとじぶんの波長とあう本にぶつかると意識したのは、二十のころである。そのころ、私は、英語を勉強していて私のいっていた専門学校で、生徒の共同研究として、世界の女流文化展をした。私は数人の人と、ドイツやアメリカの女流作家の仕事をしらべたのだけれど、そのとき、ふと、アメリカの作家、ウイラ・キャザーという人の〝A Lost Lady〟という、長篇《ちょうへん》とは言えない、ほんの短い小説にぶつかった。（中略）

この小説は、大げさにいえば、私の魂《たましい》にしみついた。たいした起伏《きふく》もなく、あるひとりの女の生きかたと、それをながめながら、成長期をすごした少年の愛情を、静かに書いたものだけれど、私は、その本を読んで、人間というものの「よさ」にうたれ、希望と幸福を感じた。

私は、その本を友だちに貸したけれど、ほとんど山もなく、静かなことばがならんでいるだけだから、おもしろがらないひとのほうが多かった。

それから、ふしぎなことに、私が本屋の棚《たな》の前に立つと、〝Willa Cather〟という文字が、目にとびこんでくるようになった。私は、お金がたりれば、その本を買うし、買えないとき、立ち読みをした。それを読んでいる間、私は、快い、ほとんど忘我《ぼうが》というような状態におちこむことができた。

若い時代に、そのような作家にめぐりあえたのを、私は、ほんとにしあわせなことだと思っている。

（石井桃子《いしいももこ》「波長」より）

問 ――線部「アメリカの作家、ウイラ・キャザーという人」の説明として、不適切なものを、次の中から一つ選び、記号で答えなさい。

ア ほとんど山もなく、静かなことばがならんでいるだけの小説を書いた。

イ 「私」の波長に合う作家であり、若いころに大きな希望と幸福をあたえてもらった。

ウ 人間というものの「よさ」を描《えが》き、作品にめぐりあったすべての若者たちに希望をあたえた。

エ 「私」の友だちの多くにとっては、その作品のおもしろさはわからなかったようだった。

［　　］

ヒント エピソード（事実）と心情を区別して読み取ろう。

❷ 次の文章を読んで、あとの問いに答えなさい。

終戦後間もなく、私は一人の同年輩《どうねんぱい》の青年と友だちになりました。

彼《かれ》はどんな時にもほとんど表情を変えず、冷然とした様子をしている男です。彼は、戦争というものが自分の心を鋼鉄のように堅《かた》くきたえ上げた、といい、口ぐせのように、「嫉妬心《しっとしん》なんて全く僕《ぼく》にはありませんね。そういう無駄《むだ》な感情は持ち合わせていない。たとえば、僕の恋人《こいびと》が他の男と接吻《せっぷん》しているのを見たとしても、全く何の感情も起《おこ》りはしない」

ということを、［　①　］口調で言っていました。

その言葉によって、彼は自分がきわめて男性的な、嫉妬心などというわゆる女性的なものの持ち合わせのない、冷酷非情《れいこくひじょう》な人間ばなれした男である、と主張しているわけです。冷酷非情の人間、というものは、青春期の人間にとってしばしば魅力《みりょく》ある存在に見えるものらしく、そういう人物を気取る男は多いようです。私は、彼のその言葉を聞き、*昂然《こうぜん》とした表情を眺《なが》めながら、果《はた》して、彼がその言葉どおりの人物かどうかひそかに疑いを持ちました。

そのうち、彼が彼の言葉とは反対の、大そう嫉妬ぶかい、またセンチメンタルなところを持った性格だということが分《わか》る事柄《ことがら》がつぎつぎと起《おこ》りました。私はそういう彼を見ていて、ハカない気分になるより、②むしろほほえましい気分になりました。そのほほえましさは、彼もやはり私の理解しうる範囲《はんい》の人間くさい人間であった、という安心感から出てきた点もあったかもしれません。（中略）

男性の場合は、自尊心が傷つき劣等感《れっとうかん》が生《うま》れてくると、それを回復しようとして、闘争的《とうそうてき》な形をとることが多い。（中略）その根底には嫉妬というものが存在しているといえます。（中略）

嫉妬心というものが、自己主張や失地回復の気持《きもち》と結びついた現れ方をすることが分ります。向上欲の刺戟剤《しげきざい》となる場合もあります。自負と自信喪失《じしんそうしつ》の間をはげしく動揺《どうよう》しがちの青春期に、免《まぬ》かれることのできない嫉妬心は、この方向にうまく向けるようにすれば、これはマイナスの感情ではありません。

（吉行淳之介《よしゆきじゅんのすけ》「嫉妬について」より）

＊昂然　意気盛《さか》んな様子。

問1　［　①　］に入ることばとして適切なものを、次の中から一つ選び、記号で答えなさい。

ア　ひかえめな　　イ　気負った

ウ　温かみのある　　エ　気取らない

［　　］

問2　――線部②「むしろほほえましい気分になりました」とある理由を、文中のことばを用いて三十字以内で説明しなさい。

問3　嫉妬心に対する筆者の心情の説明として適切なものを、次の中から一つ選び、記号で答えなさい。

ア　人間の虚栄心《きょえいしん》を引き出すものとして警戒《けいかい》している。

イ　人間の優《やさ》しさを引き出すものとして期待している。

ウ　人間の向上欲をあおる危険なものとして嫌《きら》っている。

エ　人間らしさの現れであり好ましく有益だと思っている。

［　　］

らくらく
マルつけ
la-45

日常の出来事がテーマの文章

❶ 次の文章を読んで、あとの問いに答えなさい。

きょろきょろして落ち着きのないわたしは、小さな頃《ころ》から、袖《そで》にひっかけたり、取り落としたりして、とにかくガラスの食器を割りまくってきた。四つ下で、*ダウン症《しょう》の弟の方が、わたしよりよっぽど慎重《しんちょう》だ。彼《かれ》はまるでヒヨコでもすくうかのように、ずんぐりむっくりした手で大切に食器をあつかう。（中略）

弟が中学生のときだった。いつも学校が終わると、道草をぞんぶんに食いながらのらりくらりと機嫌《きげん》よさそうに帰ってくるはずの弟が、ちっとも帰ってこない。住んでいるマンションの玄関《げんかん》を出て、エレベーターに乗り、一階のエントランスへ様子を見に行くと、なんとそこに弟がいた。顔を真っ赤にして、両目に涙《なみだ》をため、口をきゅっと真横に結んでいる。弟に対峙《たいじ》しているのは、小学生くらいの男の子が二人、さらにマンションの管理人だ。そしてなにより驚《おどろ》いたのは、エントランスのガラス扉《とびら》が、派手に割れていたことだ。（中略）

状況《じょうきょう》を説明してくれたのは管理人だった。

「ガシャーンって大きな音がしたんで見にきたら、この子たちがいてね。事情を聞いたら、『岸田さんとこのお兄さんが突然《とつぜん》、暴れて割った』って言うもんだから」

暴れて、割った。

一旦《いったん》、落ちついて想像してみたが、想像ができなかった。弟は、いつもと違《ちが》うことが起きたり、泣きわめいたりしている人を見ると、たしかに状況が飲み込《こ》めず、パニックになることはある。だけど、人やものを傷つけるようなやつではない。彼にとっては、命があるものも、ないものも、すべてヒヨコなのだ。（中略）

「本当にうちの弟が割ったの？」

男の子たちは顔を見合わせて、気まずそうにした。結局、わたしがエントランスにある監視《かんし》カメラを見ましょうと言うと、彼らはあわてはじめたので、管理人が察したのか「今回はいいですよ」と言い、その場は解散になった。

弟の背中に手をあてると、ぶるぶると彼がふるえているのがわかった。怒《いか》りだろうか、悔《くや》しさだろうか。どちらもだ。

（岸田奈美《きしだなみ》「ガラスのこころ」より）

*ダウン症　染色体《せんしょくたい》の異常による疾患《しっかん》。精神発達の遅《おく》れなどの症状がある。

問　——線部「彼にとっては、命があるものも、ないものも、すべてヒヨコなのだ」とあるが、どういうことか。文中のことばを用いて三十字以内で説明しなさい。

ちょこっとインプット
Ii-46

解答・解説⬇別冊21ページ

ヒント
「ヒヨコ」というキーワードに着目し、筆者が弟のどのような側面を伝えようとしているのか考えてみよう。

② 次の文章を読んで、あとの問いに答えなさい。

猫《ねこ》が、いた。小さい猫だった。人々は猫を構い、そして左手の食堂街の方へ歩いていった。猫はみなやせて小さく、なかには涙《なみだ》を流していかにも病気、という感じの猫もいた。

人々はそんな猫には構わない。健康で可愛《かわい》い感じの猫を構う。構われた猫は、構われるのが嬉《うれ》しいのか、背中を地面にこすりつけてくにゃくにゃする。

人々はそんなくにゃくにゃの猫を目を細めて撫《な》でさすり、二分三十八秒くらいすると、「さ」と言って立ち上がり、食堂街の方へ歩いていく。

まだ撫でてもらえると思っていた猫は、自分を撫でていた人が突《とつ》然《ぜん》、立ち上がりどこかへ行ってしまったのに驚《おどろ》き、[①]して固まってしまう。暫《しばら》くして、どこかへ行ってしまったのは自分の甘《あま》えが足りないからかも知れない、と考え、またぞろくにゃくにゃしてみせる。しかし、その頃《ころ》、人間は既《すで》に食堂街のあたりにいて、「うほほい。この磯《いそ》定食というのはうまそうだ」とか、「栄螺《さざえ》の壺焼《つぼやき》、頼《たの》もうかな。やめとこうかな」なんてことを考えていて猫のことなど完全に忘れている。

つまりは人間のエゴということだ。そのものと本気で付き合うつもりもないくせに気まぐれにそのものを可愛がって飽《あ》いたら*弊履《へいり》のごとくにこれを棄《す》て栄螺の壺焼を食っている。フルーツポンチを食っている。薄目《うすめ》を開けてカルピスウォーターを飲んでいる。飲みながら、昔あったカルピコというのをま一度飲んでみたいものだなあ、などと考えている。

②弊履のごとく棄てられた者の気持ちなんてまったく*斟酌《しんしゃく》しておらないのだ。

（町田康《まちだこう》『どつぼ超然《ちょうぜん》』より）

*弊履　やぶれたくつ。
*斟酌　あれこれくみ取って考えること。

問1 [①]に入ることばとして適切なものを、次の中から一つ選び、記号で答えなさい。

ア　整然　イ　粛然《しゅくぜん》　ウ　呆然《ぼうぜん》　エ　泰然《たいぜん》

［　　］

問2 ――線部②「弊履のごとく棄てられた者」は、どんなことを思っていると筆者は想像しているか。文中のことばを用いて三十五字以内で説明しなさい。

らくらくマルつけ
la-46

OUTPUT! 47

昔の出来事がテーマの文章

解答・解説➡別冊21ページ

ちょこっとインプット
Ii-47

❶ 次の文章を読んで、あとの問いに答えなさい。

心にしみて忘れられない幼時の光景がある。

今はセメント囲いをして、半ば封《ふう》じこめられている井戸がわたしの家の近くにあるが、つい三十年くらい前まで、この井戸はじつにゆたかな水量で、村の暮《くら》しにうるおいを与《あた》えていた。水道が引かれるまで、飲み水はもちろん、近隣中《きんりんじゅう》の風呂《ふろ》の水、水仕事につかう分の一切、近くの田や日でりの時の畠《はたけ》の水として、ここら一帯にとっては文字通りの命の水で、土地の名を冠《かん》して「猿郷《さるごう》の井川《いがわ》」とよばれていた。（中略）

まだ少女であったわたしはある日、軍服をつけた青年が、三人ばかりの男と一緒《いっしょ》に村の道をやって来るのを見た。道の脇《わき》にあった麦の畑はくろぐろとして、陽《ひ》がさしていた。わたしは藷《いも》を洗いに井川に行こうとしていたが、水を飲みに来た兵隊さんだと思った。

（中略）

兵隊さんは石段の上にしばらく立って井川を眺《なが》めていたが、はっ、という感じで井川に向かって挙手の礼をした。（中略）その人たちはかわるがわる井川をのぞき、石の縁《ふち》にそえてある竹柄杓《たけひしゃく》をとって水を飲んだ。（中略）兵隊さん一行は水を飲み終《おわ》ると、井川に向《むか》って深々と頭を下げて帰ってゆくのであった。

「今日の兵隊さんな、新町の方の人じゃげな。命のあって戻《もど》って来らっせば、よかがなあ」

後ろ姿を見ながら、そう言って合掌《がっしょう》する村人を見て、井川に向《むか》って敬礼した兵隊さんの姿と思い併《あ》わせ、子供心にもわたしは、この世には言葉に出せないような、ただ深々と頭を下げるしかないことがあるのを知ったのだった。

（石牟礼道子《いしむれみちこ》「命のほとりで」より）

問 ――線部「言葉に出せないような、ただ深々と頭を下げるしかないこと」の指し示す内容として適切なものを、次の中から一つ選び、記号で答えなさい。

ア 村の暮しを支えてきた井戸が時が経《た》って使われなくなり、セメントで封じられてしまったことがやるせないこと。

イ 命の水という迷信《めいしん》にすがって井川の水を飲みに来る人があとをたたず、人間の愚《おろ》かさに終わりがみえないこと。

ウ 戦争のために兵隊の命を危険にさらすことが避《さ》けられず、その命の無事を祈《いの》ることしかできないこと。

エ 戦争から帰った兵隊が井川の価値を理解してくれたことに、頭を下げることでしか謝意を示せないこと。

［　　］

ヒント 「頭を下げる」動作をした人々の気持ちを考えてみよう。

❷ 次の文章を読んで、あとの問いに答えなさい。

昭和四十年代のはじめごろだったと思う。そのころ、私はある広告会社に勤めてコマーシャルのコピーを書いたりなどしていたのだが、ある朝、会社の近くのコーヒー店で、顔見知りの若いコピーライターが大判の雑誌のページを繰《く》りながら、とろけんばかりの笑《え》みをうかべているのを見かけた。あんまりしあわせそうなので、何ごとだろうとのぞきこむと、彼《かれ》はある記事を指さし、すこしたかなった声でこう言った。

「『暮《く》らしの手帖《てちょう》』がうちのカミソリをほめている！」

見ると、それは電池式カミソリの商品テストの結果を報じた記事で、セイコーの製品を第一位にあげ、切れ味、耐久性《たいきゅうせい》、使い勝手、ともに内外の同種製品をしのいでいたむねが記されていた。彼はほかならぬそのセイコー製品の広告制作グループの一人だったのである。

コピーライター、それも広告会社のコピーライターといえば、頼《たの》まれさえすればどんな商品についてでも、好悪《こうお》の感情抜《ぬ》きに適当に売り文句をひねりだす人種と見られがちだが、実情はかならずしもそういうものではない。自分が受け持った商品に対して、その開発や製造にかかわった一員でもあるかのように親身になって肩入《かたい》れするのがむしろふつうで、商品の質がすぐれていれば誇《ほこ》らしげに胸も張り、欠陥《けっかん》があれば何とか改善の手だてはないものかと思い悩《なや》む。その若いコピーライターが「うちのカミソリ」と口走ったのも、けっして伊達《だて》や酔《すい》狂《きょう》ではなかったろう。彼だけではなくて、担当する商品を「おれんちのカメラ」、「おれたちのクルマ」といとおしげに呼ぶコピーライターに何人も会ったことがある。

当然、彼らコピーライターは商品に対する世間の評判にはきわめて敏感《びんかん》で、片言隻語《へんげんせきご》にも一喜一憂《いっきいちゆう》する。商品の欠陥を指摘《してき》されると、自分のコピーをけなされたときと同じくらい、ガックリと落ちこむ。そうした商品批判のなかで、少《すく》なくとも昭和三十年代から四十年代にかけての時期、彼らが最も気にかけていたのが「暮しの手帖」の商品テスト。使う側の立場から手間ひまかけてきちんと調べあげ、銘柄名《めいがらめい》を明記して良否を公表するそのテストは、彼らにとって恐怖《きょうふ》の的だった。しかし、それだけに、テストの結果が良かったときは手ばなしで喜んだ。まして第一位にランクされたりすれば、顔もとろけてこようというものである。

（向井敏《むかいさとし》「『暮しの手帖』のための小さい注」より）

問 ――線部「顔見知りの若いコピーライター」のエピソードを通じて、筆者が示そうとしたのはどのようなことか。その説明として適切なものを、次の中から一つ選び、記号で答えなさい。

ア コピーライターは自分が宣伝を担当する商品に肩入れするものだということ。

イ 「暮しの手帖」が商品に対しての評判の権威《けんい》だった時期があるということ。

ウ コピーライターが一番に気にかけるのは自分のコピーの評判であるということ。

エ 「暮しの手帖」はコピーライターの表現力に大きな影響《えいきょう》をあたえたということ。

［　　］

らくらく
マルつけ
la-47

まとめのテスト⑦

/100点

解答・解説➡別冊22ページ

❶ 次の文章を読んで、あとの問いに答えなさい。［100点］

「愛」とか「愛する」という言葉は、今日ではごく普通《ふつう》の言葉になっているようである。朝夕の新聞の報道記事の中にも、月々発表される詩や小説、戯曲《ぎきょく》、評論、随筆《ずいひつ》の中にもよく見かける言葉であるし、外国文学の訳の場合は出会う回数がもっと多くなる。

日常、他人の文章の中にこうした一連の言葉を見、また私自身もこれまでに度々《たびたび》使ってはいるが、使う時は大抵《たいてい》の場合、かなり意識して使っている。［　①　］「読む」とか「書く」という動詞をほとんど違和感《いわかん》なく用いるようには「愛する」という動詞はすんなりとは使えない。ごく稀《まれ》に、ここでは正面きって使おう、と思うが、ほとんどの場合、より適当な他の言葉が見出《みいだ》せなくて、時間切れでやむを得ず使っている。ごく稀にしか、よほどの時でなければ使いたくない言葉、というのがこの言葉と私との関係である。

なぜそうなのか、と問われても、はじめに述べたようなこと以外、答えらしい答えは出せそうもない。ただはっきりしているのは、使ってはいけない言葉だとは思っていないこと、しかし、人の、身心の状態の事実にできるだけ即《そく》してあらわそうとすると、決して用い易《やす》い言葉ではなくて、よりふさわしいそれはまだほかにあると思わせることの多い言葉だということである。

何もこの言葉に限ってそうこだわらなくても、という声が聞《きこ》えるような気がする。確かに、②言葉づかいに対する自分の姿勢にはむらがあって、ある部分で割合細かいことにこだわっているかと思うと、別の部分では大きく抜《ぬ》けていたりする。意識だけで言葉は運用できるものではない。無意識に助けてもらっているからこそ、いや、むしろ無意識の底力こそ文章のリズムには大切なのだという言い訳まで用意しているが、気にする言葉にもそれなりの傾向《けいこう》があるのは認めずにはいられない。

ある時期平気で用いていた言葉が何かのきっかけで急に使い難《がた》くなり、そのうちとうとう使わなくなり、それがまたある時期から自然に少しずつ緩和《かんわ》されて、という状態は、私の場合珍《めずら》しくないのだが、③違和感を無視できないでこだわった言葉を後から振《ふ》り返ってみると、やはり時期による傾向があって、そのこだわり方が逆にその時期の自分の関心事とか、ものの考え方、感じようを端的《たんてき》に思い出させるということにもなる。

［　④　］、そんなふうに言っていても、言葉のはたらきの「符《ふ》号《ごう》」としての要素は言葉の属性の一つである以上、あらわすべき事実へのふさわしさという点では、違和を免《まぬか》れ得ないのが言葉と人間の関係だとも言えよう。とりあえずの「命名」とは一生絶縁《ぜつえん》できないのかもしれない。

人の身心の状態をあらわす動詞は数多いのに、⑤「恋《こい》する」とか「愛する」という動詞に立ち止まりがちなのは、むろん私の性格や好みにもよっていよう。一つだけ意識的なことを言うと、こういう動詞は、人間の、人間らしさのよくあらわれる動詞で、使い方による意味の深《しん》浅《せん》は、人間観の深浅にも通じるだろうと思っている点である。「猫《ねこ》の恋」は俳句の季題にまでなっているし、親子の愛は人間だけのものではないけれど、永遠を恋し、うつしみを超《こ》えるものへの思慕《しぼ》を希求できるのは、虎《とら》でも獅子《しし》でも犬猫でもない人間である。

（竹西寛子《たけにしひろこ》『愛するという言葉』より）

問1 ［①］・［④］に入ることばとして適切なものを、次の中からそれぞれ一つ選び、記号で答えなさい。（10点×2）

ア ゆえに　イ それとも　ウ しかし　エ たとえば

①［　　］　④［　　］

問2 ――線部②「言葉づかいに対する自分の姿勢」の説明として適切なものを、次の中から一つ選び、記号で答えなさい。（10点）

ア 細かく気を使う場合とそうでない場合を意識的に使い分けしている姿勢。

イ 無意識の内に細かく気を使う場合とそうでない場合のばらつきがある姿勢。

ウ 無意識的な感覚に頼《たよ》らず、意識的に細かく全体に気を配ろうとしている姿勢。

エ 無意識的な感覚のみによって文章のリズムを整えようと心がけている姿勢。

［　　］

問3 ――線部③「違和感を無視できないでこだわった言葉」とあるが、これを言い換《か》えていることばを、文中から二十字以上二十五字以内で抜《ぬ》き出しなさい。（35点）

問4 ――線部⑤「『恋する』とか『愛する』という動詞に立ち止まりがち」とあるが、その主な理由を説明していることばを、「から。」につながる形で文中から三十字以上三十五字以内で抜き出しなさい。（35点）

から。

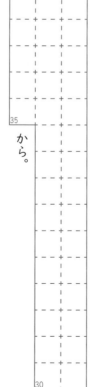

詩の種類・表現技法

ちょこっとインプット li-49
解答・解説 ⬇ 別冊22ページ

❶ 次の詩を読んで、あとの問いに答えなさい。

あわてなさんな

谷川俊《たにかわしゅん》太郎《たろう》

1 花をあげようと父親は云《い》う
2 種子が欲《ほ》しいんだと息子《むすこ》は呟《つぶや》く

3 翼《つばさ》をあげるわと母親は云う
4 空が要《い》るんだと息子は目を伏《ふ》せる

5 道を覚えろと父親が云う
6 地図は要らないと息子がいなす

7 夢を見ないでと母親が云う
8 目をさませよと息子がかみつく

9 不幸にしないでと母親は泣く
10 どうする気だと父親が叫《さけ》ぶ

11 あわてなさんなと息子は笑う
12 父親の若い頃《ころ》そっくりの笑顔《えがお》で

（谷川俊太郎『谷川俊太郎詩集』より）

問1 この詩の種類として適切なものを、次の中から一つ選び、記号で答えなさい。

ア　口語自由詩　　イ　口語定型詩
ウ　文語自由詩　　エ　文語定型詩

〔　　　　〕

問2 この詩の第六連で用いられている表現技法として適切なものを、次の中から一つ選び、記号で答えなさい。

ア　体言止め　　イ　擬人法《ぎじんほう》　　ウ　反復法　　エ　倒置法《とうちほう》

〔　　　　〕

問3 この詩を二つに分けるとき、二つ目の始まりは何行目か。算用数字で答えなさい。

〔　　　　〕行目

ヒント
ことばの繰《く》り返しの形が変わる行に着目しよう。

❷ 次の詩を読んで、あとの問いに答えなさい。

しあわせについて
——旧友Sに

金子《かねこ》光晴《みつはる》

花でむれ返った部屋にいると胸苦《むなぐる》しくなるように、
しあわせが禁物の人がいる。
人がもとめるしあわせなんて、ほんのわずかなもので、
荷物になるほどのしあわせは、もはや、しあわせとは言えないのに。

①しあわせのアレルギー患者《かんじゃ》たちは、おおむね、
うすぐらい小部屋の隅《すみ》で、*要慎《ようじん》ぶかく、じぶんのふしあわせをまもって、じっとしている。
②窓の外の張出《はりだ》しで、風雨にさらされた土鉢《どばち》と、きりぎりす籠《かご》。

ふしあわせが生んだしおたれた風景のなかで、
ある日、ふしあわせ同士がめぐりあい、そのふたりが夫婦《ふうふ》になったが、それはなんのふしぎでもない。

*荒茫《こうぼう》とひろがるふしあわせを埋《う》めつくすほどのしあわせが、
世にある筈《はず》はないとおもったからだが。
爪《つめ》の垢《あか》ほどの彼《かれ》らのしあわせが、あろうことか、月や星よりもきらきらとかがやきだそうとは。

(『少年少女日本文学館　第八巻　明治・大正・昭和詩歌選』より)

＊要慎　用心。　＊荒茫　荒《あ》れ果てたさま。

問1 この詩の種類として適切なものを、次の中から一つ選び、記号で答えなさい。

ア　口語自由詩　イ　口語定型詩
ウ　文語自由詩　エ　文語定型詩

[　　]

問2 ——線部①「しあわせのアレルギー患者たち」、——線部②「窓の外の張出しで、風雨にさらされた土鉢と、きりぎりす籠。」で用いられている表現技法として適切なものを、次の中からそれぞれ一つ選び、記号で答えなさい。

ア　体言止め　イ　擬人法　ウ　隠喩　エ　倒置法

①[　　]　②[　　]

問3 この詩の第四連を説明した次の文章の X ・ Y に入ることばを、詩の中から抜《ぬ》き出して答えなさい。

> 第四連の「 X 」は、ふしあわせな者同士が結ばれて得たささやかなしあわせのことを指している。また、彼らの間の愛情がもたらしたしあわせの美しさを、「 Y 」のかがやきと比べている。

X [　　]
Y [　　]

らくらく
マルつけ
la-49

OUTPUT! 50 詩のテーマ

ちょこっとインプット li-50

解答・解説➡別冊22ページ

❶ 次の詩を読んで、あとの問いに答えなさい。

もう　すんだとすれば

まど・みちお

もうすんだとすれば　これからなのだ
あんらくなことが　苦しいのだ
暗いからこそ　明るいのだ
なんにも無いから　すべてが有るのだ
見ているのは　見ていないのだ
分かっているのは　分かっていないのだ
押《お》されているので　押しているのだ
落ちていきながら　昇《のぼ》っていくのだ
遅《おく》れすぎて　進んでいるのだ
一緒《いっしょ》にいるときは　ひとりぼっちなのだ
やかましいから　静かなのだ
黙《だま》っている方が　しゃべっているのだ
笑っているだけ　泣いているのだ
ほめていたら　けなしているのだ
うそつきは　まあ正直者だ
おくびょう者ほど　勇ましいのだ
利口にかぎって　バカなのだ
生まれてくることは　死んでいくことだ
なんでもないことが　大変なことなのだ

（萩原昌好《はぎわらまさよし》『日本語を味わう名詩入門20　まど・みちお』より）

問 この詩の表現の特色として適切なものを、次の中から一つ選び、記号で答えなさい。

ア　擬音語《ぎおんご》を効果的に用いることで、読者の想像力をふくらませようとしている。

イ　つじつまの合わないことばを繰《く》り返し重ねることで、読者の思考をうながそうとしている。

ウ　体言止めを規則的に繰り返すことで、心地《ここち》よいことばのリズムを作り出そうとしている。

エ　心の動きを丁寧《ていねい》に説明することで、感情の変化を読者に伝えようとしている。

［　　］

ヒント 繰り返し登場するパターンを探して、その特色のねらいを考えてみよう。

❷ 次の詩を読んで、あとの問いに答えなさい。

さくら散る　草野《くさの》心平《しんぺい》

はながちる。
はながちる。
ちるちるおちるまいおちるおちるおちるまいおちる。

光と影《かげ》がいりまじり。
雪よりも。
死よりもしずかにまいおちる。
まいおちるおちるまいおちる。

光と夢といりまじり。
ガスライト色のちらちら影が。
生《うま》れては消え。
はながちる。
はながちる。
東洋の時間のなかで。
夢をおこし。
夢をちらし。

はながちる。
はながちる。
はながちるちる。
ちるちるおちるまいおちるおちるおちるまいおちる。

（草野心平『草野心平詩集』より）

問1 ——線部「雪よりも」のあとに省略されていることばを、詩の中から八字以上十字以内で抜《ぬ》き出しなさい。

問2 この詩の表現の特色として適切なものを、次の中から一つ選び、記号で答えなさい。

ア 擬態語《ぎたいご》を繰《く》り返し用いることで、さくらの花びらがちりゆく様子の美しさを読者に想像させようとしている。
イ 第一連から第四連にかけて対句《ついく》が多用されており、詩を全体としてリズミカルに表現しようとしている。
ウ さくらの描写《びょうしゃ》を通じて二種類の風景を示すことで、西洋と東洋の対照的な美を読者に示そうとしている。
エ 「ちる」ということばを繰り返すことで、さくらの花びらがちる様子を読者に強く印象づけようとしている。

［　　］

らくらくマルつけ
la-50

OUTPUT! 51 詩と解説文

解答・解説⬇別冊23ページ

ちょこっとインプット li-51

1 次の詩と解説文を読んで、あとの問いに答えなさい。

紙風船　　黒《くろ》田《だ》三郎《さぶろう》

落ちて来たら
今度は
もっと高く
もっともっと高く
何度でも
打ち上げよう

美しい
願いごとのように

（詩集『もっと高く』）

よく知られている詩ですが、私はなぜか、この詩の第一行〈落ちて来たら〉に惹《ひ》かれます。紙風船にもそれ自身の重さがあり、打ち上げられて、ある高さまで達すると落ちてくることを知らされるからです。同じように、私たちの打ち上げる願いごともまた、それ自身の重さのために落ちて来ます。私たちの日常をふりかえってみれば気付くように、人は希望を追い求めながらたえず障害に阻《はば》まれて挫折《ざせつ》し、ときには放棄《ほうき》しそうになります。それが落下に当たるでしょう。希望を打ち上げるということはその落下とのたたかいみたいなものです。

（中略）

この詩は、紙風船のイメージの中に交互《こうご》に働く、打ち上げの力（人間の意志）と、それにさからう落下の力（物理的な自然法則）とを同時に感じさせます。希望はたった一度打ち上げただけでこちらの望み通りになるものではなく、希望自身の重さで（大きさに比例して重く）落ちてくるということ、希望と落下が一つの取り合わせであって別々のものでないことを語っているのではないでしょうか。

（吉野弘《よしのひろし》『詩の楽しみ―作詩教室』より）

問 ――線部「この詩」にみられる比喩《ひゆ》の説明として適切なものを、次の中から一つ選び、記号で答えなさい。

ア　紙風船のもろさを希望の挫折や放棄にたとえている。
イ　人の記憶《きおく》を紙風船が落下する様子にたとえている。
ウ　紙風船を打ち上げることを希望の追求にたとえている。
エ　希望の自由自在さを紙風船の動きにたとえている。

［　　］

ヒント 詩の中で何を何にたとえているのか、解説文を参考にして読み取ろう。

❷ 次の詩と解説文を読んで、あとの問いに答えなさい。

この季節はあかるすぎて
文字が読めないから
水の底の小石の数をかぞえよう
えのころ草の穂《ほ》をしらべよう

これは岸田衿子《きしだえりこ》さんの詩だけれど、私は学校や会社に通っていた十年間に、毎年たっぷり実感していた。春になると、電車の読書がちっともはかどらないのだ。晴れた日は窓ごしに空気の粒《つぶ》がぴかぴか光り、時々はっとするほど鮮《あざ》やかな黄色でれんぎょうが視界にとびこんできて、れんぎょうの横にはたいてい雪柳《ゆきやなぎ》か小手鞠《こでまり》が、こぼれそうに白く咲《さ》いている。雨の日は雨の日で、交互《こうご》に植えられたさみどりの柳と淡《あわ》いピンクの桜とが、線路ぞいにふわふわにじんでとろろこぶのおつゆみたいになり、ついつい目をみはってしまう。水の底の小石も、えのころ草の穂もない、東京のはじっこにいてさえそうなのだから、まったく、春というのはとんでもない季節だと思う。

中学生の頃《ころ》など、春のせいでどのくらい学校を休んだかわからない。春の日、私たちには学校へたどりつくのが至難の業《わざ》だった。学校のそばにクローバーの咲く空き地があって、私と親友は毎日のようにそこで四つ葉を探し、ひどいときには半日そこにいた。するとあたたかな日ざしは時にショートケーキを連想させもして、あの春らしく甘《あま》いお菓子《かし》はどの店が一ばんか、私たちは都心の学校に通う子供らしいフットワークで現地実習を積んだ。（中略）

私に関して言えば、それが今でもずっと続いている。だいいち、あかるすぎて文字が読めないようなときに文字が書けるわけもなく、普《ふ》段《だん》から怠《なま》け者の私はなお一層怠惰《たいだ》になって、気がつくと仕事をためてしまう。春は、ほんとうに心底放浪《ほうろう》したくなる。からだの奥《おく》に不穏《ふおん》な芽がでて、それがあばれるので苦しくて、どうにもせつなくなってしまうのだ。

（江國香織《えくにかおり》「放浪の血」より）

問 ——線部「あかるすぎて文字が読めない」とはどういうことか。その説明として適切なものを、次の中から一つ選び、記号で答えなさい。

ア　春の日差しの中には人を不安にさせる雰囲気《ふんいき》がただよい、落ち着いて文字を読むことができないということ。

イ　春の日差しや花々などのあかるい景色に気をそらされて、落ち着いて文字を読むことができないということ。

ウ　春の花々のあかるい色合いは人の目を疲《つか》れさせてしまうため、思うように文字を読むことができないということ。

エ　春の日差しがあまりに強烈《きょうれつ》なため、まぶしさのあまり文字を読むことができないということ。

［　　　］

らくらく
マルつけ
la-51

まとめのテスト⑧

❶ 次の文章を読んで、あとの問いに答えなさい。［100点］

ところで、もし萩原朔太郎《はぎわらさくたろう》の詩の本質そのものを、比喩的《ひゆてき》な意味において、①田舎《いなか》から都会へ向《むか》う憧《あこが》れと、都会から田舎へ向う郷愁《きょうしゅう》との、方向の二重性の矛盾《むじゅん》において求めようとするなら、どのような詩作品も、そうした矛盾が火花を散らすそれぞれの位置の表情、——両極での高揚《こうよう》あるいは動揺《どうよう》から中間での一応の均衡《きんこう》にいたるさまざまな段階の表情を、率直《そっちょく》に示しているように見えるにちがいない。

このようなことを書くのは、問題とする方向の二重性の矛盾を、まったく安定した表情の、旅行を描《えが》いていない詩作品からさえも、象《しょう》徴的《ちょうてき》な意味においてなら、指摘《してき》することは不可能ではないだろうと言いたいからで、彼《かれ》の場合には、同時代の日本の他のどのような詩人の場合にも劣《おと》らないほど、そうした操作に耐《た》える詩作の持続性、あるいは、主題の有機的な展開があるように思われる。

（中略）

「旅上」にはいきなり最初から、［ ② ］が、ある生き生きとした近代的なものへの憧れに、たぶん重ね合わされて、ごく素直《すなお》に述べられている。

1 ふらんすへ行きたしと思へども
2 ふらんすはあまりに遠し
3 せめては新しき背広をきて
4 きままなる旅にいでてみん。
5 汽車が山道をゆくとき
6 みづいろの窓によりかかりて
7 われひとりうれしきことをおもはむ
8 五月の朝のしののめ
9 うら若草のもえいづる心まかせに。

ここでも汽車は地方をさ迷っているが、それは田舎というよりは、「山道」が暗示する自然により近い。しかし、この旅行は、田舎や自然に入りこんでしまおうとする方向をもっているものではなく、やがて、*前橋あるいは東京に戻《もど》ってくることが予定されている一種の気ばらしである。

気ばらしであり、余裕《よゆう》のある爽《さわ》やかな遊びであるこの旅行は、もちろん、そこを大きくつらぬくものとして、一応安定した情緒《じょうちょ》をつたえてくる。「新しき背広」がかたどる金持《かねもち》の甘《あま》やかされた息子《むすこ》の、具体的な用というほどのものもありそうにない、そして、その当時としては少しばかり高尚《こうしょう》のようにも見える、趣味《しゅみ》としての旅行。

しかし、そこにもやはり、五月のうららかな朝の平穏《へいおん》をいわば優《やさ》しく破るアクセントがあるわけで、（中略）この場合の単語は、言うまでもなく「［ ③ ］」である。それは方向の二重性の矛盾の一端《いったん》を、

解答・解説⬇別冊23ページ

／100点

実際には出かけることのない非常に遠くの外国への旅行の願望という、④ごく淡《あわ》い可能性に引っぱらせることにより、詩人を僅《わず》かながらも心理のうえにおいて、より多く都会のほうに傾《かたむ》かせている。

（清岡卓行《きよおかたかゆき》『萩原朔太郎「猫町《ねこまち》」私論』より）

＊前橋　萩原朔太郎の屋敷《やしき》があった場所。

問1 「旅上」という詩の種類として適切なものを、次の中から一つ選び、記号で答えなさい。（10点）

ア　文語自由詩　　イ　文語定型詩
ウ　口語自由詩　　エ　口語定型詩

［　　　］

問2 ――線部①「田舎から都会へ向う憧れと、都会から田舎へ向う郷愁」とあるが、「旅上」の1～9行のうち、「田舎から都会へ向う憧れ」を表現していると詩の解説文の筆者が考えているものをすべて選び、行番号の数字で答えなさい。（10点）

［　　　］

問3 ［②］に入ることばとして適切なものを、次の中から一つ選び、記号で答えなさい。（10点）

ア　西洋的なものから刺激《しげき》を受けて生まれた夢想
イ　西洋的なものにふれることで知った悲しみ
ウ　西洋をかたどる一つの外国への憧れ
エ　西洋で繁栄《はんえい》する一つの外国へのねたみ

［　　　］

問4 ［③］に入ることばを、文中から五字以内で抜《ぬ》き出しなさい。（30点）

［　　　　　］

問5 ――線部④「ごく淡い可能性に引っぱらせることにより、詩人を僅かながらも心理のうえにおいて、より多く都会のほうに傾かせている」とはどういうことか。それを説明した次の文の［X］・［Y］に入ることばを、文中からそれぞれ抜き出しなさい。ただし、Xは十字以上十五字以内、Yは五字以上十字以内で抜き出すこと。（20点×2）

> この詩では「山道」を行く「汽車」の「みづいろの窓」から見える自然の美しい情景を描《えが》いているものの、詩の冒頭《ぼうとう》で実現困難な願望を宣言することで、「［X］」への憧れをうかがわせたり、「せめては新しき背広をきて」という表現で、地方からの帰還が前提の［Y］であることを示したりすることによって、詩人はどちらかといえば田舎よりも都会を愛する気持ちを強く表現しているということ。

X［　　　　　　　　　　　　　　　］

Y［　　　　　　　　　　］

らくらく
マルつけ

la-52

歴史的仮名《かな》遣《づか》い①

❶ 次の古文を読んで、あとの問いに答えなさい。

草の花は　なでしこ。唐《から》のはさらなり、やまとのもいとめでたし。女郎花《をみなへし》。桔梗《ききやう》。朝顔。かるかや。菊《きく》。つぼすみれ。竜胆《りんだう》は、枝ざしなどもむつかしけれど、こと花どものみな霜枯《しもが》れたるに、いとはなやかなる①色合ひにてさし出《い》でたる、いと②をかし。また、わざと取り立てて、人めかすべくもあらぬさまなれど、かまつかの花、③らうたげなり。名もうたてあなる。雁《かり》の来る花とぞ、文字には書きたる。

かにひの花、色は濃《こ》からねど、藤《ふぢ》の花といとよく似て、春秋と咲《さ》くがをかしきなり。

萩《はぎ》、いと色深う、枝④たをやかに咲きたるが、朝露《あさつゆ》に濡《ぬ》れて、なよなよとひろごり伏《ふ》したる。さを鹿のわきて立ち馴《な》らすらむも、心ことなり。八重山吹《やへやまぶき》。

夕顔は、花のかたちも⑤あさがほに似て、⑥言ひつづけたるに、いとをかしかりぬべき花の姿に、実のありさまこそいとくちをしけれ。など、さはた生ひ出《い》でけむ。ぬかづきなどいふ物の⑦やうにだにあれかし。されど、なほ夕顔と言ふ名ばかりはをかし。しもつけの花。葦《あし》の花。

（清少納言《せいしょうなごん》『枕草子《まくらのさうし》』より）

問　――線部①「色合ひ」、②「をかし」、③「らうたげ」、④「たをやかに」、⑤「あさがほ」、⑥「言ひ」、⑦「やうに」を、現代仮名遣いに直してすべてひらがなで答えなさい。

答えと解き方⬇別冊23ページ

①〔　　　　〕
②〔　　　　〕
③〔　　　　〕
④〔　　　　〕
⑤〔　　　　〕
⑥〔　　　　〕
⑦〔　　　　〕

ちょこっとインプット
li-53

ヒント
歴史的仮名遣いは現代仮名遣いと違《ちが》う読み方をすることも多い。歴史的仮名遣いの読み方の原則をふまえて読んでみよう。

❷ 次の古文を読んで、あとの問いに答えなさい。

左衛門《さいもん》の内侍《ないし》といふ人侍《はべ》り。あやしうすずろによからず^A思いけるも、え知り侍らぬ心憂《う》きしりうごとの、①おほう聞こえ侍《はべり》し。内裏《うち》の上《うへ》の、源氏の物語、人に読ませ給《たまひ》つつ聞こしめしけるに、「この人は、日本紀をこそ読みたるべけれ。まことに才《ざえ》あるべし」と②のたまはせけるを、ふと推《お》しはかりに、「いみじうなん才がる」と、殿上人《てんじやうびと》などに③いひちらして、日本紀の御局《みつぼね》とぞつけたりける、いとをかしくぞ^Bはべる。この^Cふるさとの女の前にてだにつつみ侍《はべる》ものを、さる所にて、才さかし出《い》ではべらんよ。

この式部の丞《ぜう》といふ人の、童《わらは》にて書《ふみ》読み侍し時、^D聞きならいつつ、かの人はをそう読みとり、忘るる所をも、あやしきまでぞさとく侍しかば、書に心入《いれ》たる親は、「口惜《くちを》しう。男子《をのこご》にて持たぬこそ幸《さいわゐ》なかりけれ」とぞ、つねに嘆《なげ》かれ侍し。

それを、「男だに、才がりぬる人はいかにぞや。^Eはなやかならずのみ侍《はべる》めるよ」と、④やうやう人のいふも聞きとめてのち、一といふ文字をだに書きわたし侍らず、いとてづつにあさましく侍り。読みし書など⑤いひけん物、目にもとどめずなりて侍しに、いよいよかかること聞き侍しかば、いかに人も^Fつたえ聞きてにくむらんと、恥《は》づかしさに、御屏風《みびやうぶ》の上《かみ》に書きたることをだに読まぬ顔《かほ》をし侍しを、宮の、御前《おまへ》にて、文集《もんじふ》の所《ところ》どころ読ませ給《たまひ》などして、さるさまのこと知ろしめさまほしげにおぼいたりしかば、いとしのびて、人の⑥さぶらはぬもののひまひまに、⑦をとどしの夏ごろより、楽府《がふ》といふ書二《に》巻《くわん》をぞ、しどけなながら教へたてきこえさせてはべる。

（紫式部《むらさきしきぶ》『紫式部日記』より）

問1 ――線部①「おほう」、②「のたまはせける」、③「いひちらし」、④「やうやう」、⑤「いひけん」、⑥「さぶらはぬ」、⑦「をとどし」を、現代仮名遣いに直してすべてひらがなで答えなさい。

① 【　　】
② 【　　】
③ 【　　】
④ 【　　】
⑤ 【　　】
⑥ 【　　】
⑦ 【　　】

問2 ＝線部A「思いける」、B「はべる」、C「ふるさと」、D「聞きならいつつ」、E「はなやかならず」、F「つたえ聞きて」を、歴史的仮名遣いに直してすべてひらがなで答えなさい。ただし、現代仮名遣いと歴史的仮名遣いが同じ場合は「×」と答えること。

A 【　　】
B 【　　】
C 【　　】
D 【　　】
E 【　　】
F 【　　】

らくらく
マルつけ
la-53

歴史的仮名遣《かなづか》い②

❶ 次の古文を読んで、あとの問いに答えなさい。

また、治承《ぢしやう》四年水無月《みなづき》のころ、①にはかに都遷《うつ》り侍《はべ》りき。いと思ひの外《ほか》なりし事なり。おほかたこの京のはじめを聞ける事は、嵯峨《さが》の天皇の御時《おほんとき》、都と定まりにけるより後《のち》、すでに四百余歳《よさい》を経たり。ことなるゆゑなくて、たやすく改まるべくもあらねば、これを世の人安からず②憂《うれ》へあへる、実《げ》にことわりにも過ぎたり。されど、とかく③いふかひなくて、帝《みかど》よりはじめ奉《たてまつ》りて、大臣公卿《くぎやう》みな悉《ことごと》く移ろひ給《たま》ひぬ。世に④仕ふるほどの人、たれか一人ふるさとに残りをらむ。官位《つかさくらゐ》に思ひをかけ、主君のかげを頼《たの》むほどの人は、一日《ひとひ》なりとも疾《と》く⑤移ろはむとはげみ、時を失ひ世にあまされて、期《ご》する所なきものは、憂へながら⑥とまりをり。軒《のき》を争ひし人の住《すま》ひ、日を経つつ荒《あ》れゆく。家はこぼたれて淀河《よどがは》に浮《うか》び、地は目のまへに畠《はたけ》となる。人の心みな改まりて、ただ、馬鞍《くら》をのみ重くす。牛車《うしくるま》をようする人なし。西南海の領所を願ひて、東北の庄園《しやうゑん》を好まず。

その時おのづから事のたよりありて、津《つ》の国の今の京に至れり。所のありさまを見るに、南は海近くて下れり。波の音つねにかまびすしく、汐風《しほかぜ》ことにはげし。内裏《だいり》は山の中なれば、かの木の丸殿《まろどの》もかくやと、なかなか様《やう》⑦かはりて、いうなるかたも侍り。（鴨長明《かものちょうめい》『方丈記《ほうじょうき》』より）

問 ——線部①「にはかに」、②「憂へあへる」、③「いふかひ」、④「仕ふる」、⑤「移ろはむ」、⑥「とまりをり」、⑦「かはりて」を、現代仮名遣いに直してすべてひらがなで答えなさい。

答えと解き方⬇別冊24ページ

ちょこっとインプット

li-54

①［　　　　　］

②［　　　　　］

③［　　　　　］

④［　　　　　］

⑤［　　　　　］

⑥［　　　　　］

⑦［　　　　　］

ヒント

歴史的仮名遣いを現代仮名遣いに直すときは、は行の音、「ゐ」・「ゑ」・「を」、「ぢ・づ」、「くわ」（「ぐわ」）、「—au」の音などに注意しよう。

❷ 次の古文を読んで、あとの問いに答えなさい。

故鎌倉《かまくら》の大臣殿《おとど》の、御京上《ごきやうじやう》あるべきに定まりける。世間の人、内々歎《なげ》き申しけれども、事に顕《あらは》れて申す事なかりけり。さすがに人の歎きにやと①思ひ給ひて、人々、京上あるべしや否《いな》やの評定《ひやうぢやう》ありけるに、上の御気色《みけしき》を恐《おそ》れて、子細申す人なかりけり。故筑後前司《ちくごのぜんじ》②入道《にふだう》知《とも》家《いえ》、遅参《ちさん》す。この事意見申すべきよし、御気色ありければ、申されけるは、「③天竺《てんぢく》に師子《しし》と申す獣《けだもの》は、一切の獣の王にて候《さぶら》ふなるが、余の獣を損ぜんと思ふ心は候はねども、その音《こゑ》を聞く獣は、みな肝《きも》失ひ、或《ある》は命絶え候ふとこそ承《うけたまは》れ。されば、君は人を悩《なや》まさんと思《おぼ》しめす御心《みこころ》はなけれども、人の歎き、争《いかで》か候はざらん」と申されければ、「御京上は留《とど》まりぬ」とA仰《おほ》せありける時、万人悦《よろこ》び申しけり。「聖人は心なし、万人の心をもて心とす」とB云《い》えり。人の心の願ふ所をまつりごととす、これ聖人の質《すがた》なり。賢王《けんわう》世に出《い》づれば、賢臣威《ゐ》をたすけ、四海静かに、一天穏《おだや》かなり。

昔、魏《ぎ》の文王、我《わ》れは賢王なりとC思いて、臣下の中に、「朕《ちん》、賢王なるや」と④問ひ給ふに、仁佐《じんざ》と云ふ大臣、「君は賢王にて⑤おはせず」と申す。「いかなれば」と宣《のたま》へば、「天の⑥与ふる位を受くるこそ賢とは申せ、威を以《も》て位に居給う、これ賢王の儀《ぎ》に非《あら》ず」と云へり。伯父《おぢ》の王位をうち落《おと》して、かの后《きさき》をとりて我が后とD し給える事を申しけるにこそ。さて瞋《いか》りて座席を追ひ立てらる。次に郭課《くわくか》と云ふ大臣に、「朕は賢王なりや」とE問い給えば、「賢王とこそ申さめ」と申す。「何の故《ゆゑ》」と⑦宣へば、「賢王には必ず賢臣生《うま》る」と申しければ、この詞《ことば》を感じて、仁佐召《め》し返し、政《まつりごと》正しくし、賢王の名を得たりと云へり。君も臣も賢なる世こそFあらまほしく侍《はんべ》れ。

（無住一円《むじゅういちえん》『沙石集《しゃせきしゅう》』より）

問1 ——線部①「思ひ給ひて」、②「入道」、③「天竺」、④「問ひ給ふ」、⑤「おはせず」、⑥「与ふる」、⑦「宣へば」を、現代仮名遣いに直してすべてひらがなで答えなさい。

① 〔　　〕
② 〔　　〕
③ 〔　　〕
④ 〔　　〕
⑤ 〔　　〕
⑥ 〔　　〕
⑦ 〔　　〕

問2 ═線部A「仰せありける」、B「云えり」、C「思いて」、D「し給える」、E「問い給え」、F「あらまほしく」を、歴史的仮名遣いに直してすべてひらがなで答えなさい。ただし、現代仮名遣いと歴史的仮名遣いが同じ場合は「×」と答えること。

A 〔　　〕
B 〔　　〕
C 〔　　〕
D 〔　　〕
E 〔　　〕
F 〔　　〕

らくらく
マルつけ

la-54

重要古語と古文の読解①

1 次の古文を読んで、あとの問いに答えなさい。

世界の男《をのこ》、①あてなるも、賤《いや》しきも、いかでこのかぐや姫《ひめ》を得てしかな、見てしかなと、音に聞きめでて惑《まど》ふ。そのあたりの垣《かき》にも家の門《と》にも、をる人だにたはやすく見るまじきものを、夜は安きいも寝《ね》ず、闇《やみ》の夜にいでても、穴をくじり、垣間見《かいまみ》、惑ひあへり。さる時よりなむ、「よばひ」とはいひける。

人の物ともせぬ所に惑ひ歩《あり》けども、何のしるしあるべくも見えず。家の人どもに物をだにいはむとて、いひかくれども、ことともせず。あたりを離《はな》れぬ君達《きんだち》、夜を明かし、日を暮らす、多かり。②おろかなる人は、「用なき歩《あり》きは、よしなかりけり」とて来ずなりにけり。

その中に、なほいひけるは、色好みといはるるかぎり五人、思ひやむ時なく、夜昼来たりけり。その名ども、石作《いしつくり》の皇子《みこ》、くらもちの皇子、右大臣阿倍御主人《あべのみうし》、大納言大伴御行《だいなごんおほとものみゆき》、中納言石上麿足《いそのかみのまろたり》、この人々なりけり。

世の中に多かる人をだに、すこしもかたちよしと聞きては、見まほしうする人どもなりければ、かぐや姫を見まほしうて、物も食はず思ひつつ、かの家に行きて、たたずみ歩きけれど、甲斐《かひ》あるべくもあらず。文《ふみ》を書きて、やれども、返りごともせず。

（『竹取物語《たけとりものがたり》』より）

問1 ――線部①「あてなるも、賤しきも」の意味として適切なものを、次の中から一つ選び、記号で答えなさい。

ア 善人も、悪人も　イ 賢《かしこ》い人も、愚《おろ》かな人も

ウ 美しい人も、優《やさ》しい人も　エ 身分の高い人も、低い人も

［　　］

問2 ――線部②「おろかなる人は、『用なき歩きは、よしなかりけり』とて来ずなりにけり。」の現代語訳として適切なものを、次の中から一つ選び、記号で答えなさい。

ア （かぐや姫への思いが）いい加減な人は、「意味もないのに出歩くことは、つまらぬことである」と言って来なくなった。

イ （暮らし方が）いい加減な人は、「（かぐや姫が）用もないのに出て来るのは、ありえないだろう」と言って来なくなった。

ウ 愚かな人は、「用もないのに出歩くことは、礼儀《れいぎ》を知らないことである」と言って来なくなった。

エ 愚かな人は、「役に立たないのに出歩くことは、つまらぬことを招くものである」と言って来なくなった。

［　　］

ちょこっとインプット
li-55

答えと解き方➡別冊24ページ

ヒント
「あてなり（貴なり）」と「いやし（賤し）」は対義語になっている。

❷ 次の古文を読んで、あとの問いに答えなさい。

ある時、都の鼠《ねずみ》、片田舎《かたゐなか》に下り侍《はんべ》りける。田舎の鼠ども、これを①いつきかしづく事、限りなし。これによつて田舎の鼠を召具《めしぐ》して上《しよう》洛《らく》す。しかもその住所は、都の有徳者《うとくもの》の蔵《くら》にてなんありける。故《かるがゆえ》に、食物足つて乏《とも》しき事なし。都の鼠申しけるは、「上方《かみがた》には、かくなん②いみじき事のみ③おはすれば、④いやしき田舎に住み給《たま》ひて、何にかは、し給ふべき」など、語りなぐさむ処《ところ》に、家主、蔵に用の事ありて、俄《にはか》に戸を開く。

京の鼠は、もとより案内者《あないしや》なれば、穴に逃《に》げ入りぬ。田舎の鼠は、無案内なれば、慌《あわ》て騒《さわ》げども隠《かく》れ所もなく、からうじて命ばかり、扶《たす》かりける。その後、田舎の鼠、参会して、この由《よし》を語るやう、「御辺《ごへん》は、『都にいみじき事のみある』と宣《のたま》へども、只今《ただいま》の気遣《きづか》ひ、一夜白髪《はくはつ》といひ伝ふる如《ごと》くなり。田舎にては、事足らはぬ事も侍れども、かかる気遣ひなし」となん、申しける。

その如く、賤《いや》しき者は、上《かみ》つ方の人に伴《ともな》ふ事なかれ。もし、強《し》ゐてこれを伴ふ時は、⑤いたづがはしき事のみにあらず、忽《たちま》ち禍《わざわ》ひ出《い》できたるべし。「⑥貧《ひん》を楽しむ者は、万事《ばんじ》かへつて満足す」と見えたり。かるがゆへに、諺《ことわざ》に云《いは》く、「貧楽」とこそ、いひ侍りき。

（『伊曾保物語《いそほものがたり》』より）

問1 ――線部①「いつきかしづく事、限りなし」の現代語訳として適切なものを、次の中から一つ選び、記号で答えなさい。

ア　急いで丁寧《ていねい》に対応しておじぎをした
イ　このうえなく大切に世話をしてもてなした
ウ　まったく適当に寛大《かんだい》に対応して怒《おこ》られた
エ　今回は大らかに対処できなかった

〔　　〕

問2 ――線部②～⑤について、本文中での意味を答えなさい。

②〔　　〕
③〔　　〕
④〔　　〕
⑤〔　　〕

問3 ――線部⑥「貧を楽しむ者は、万事かへつて満足す」の現代語訳を答えなさい。

〔　　〕

らくらくマルつけ
la-55

重要古語と古文の読解②

答えと解き方➡別冊25ページ

ちょこっとインプット
li-56

❶ 次の文章を読んで、あとの問いに答えなさい。

十八日。なほ、同じところにあり。海荒《あら》ければ、船出《い》ださず。この泊《とまり》、遠く見れども、近く見れども、いと①おもしろし。かかれども、苦しければ、何事も思ほえず。男どちは、心やりにやあらむ、漢詩《からうた》などいふべし。船も出ださで、②いたづらなれば、ある人のよめる、

　磯《いそ》ふりの寄する磯には年月をいつともわかぬ雪のみぞ降る

この歌は、常にせぬ人の言《こと》なり。また、人のよめる、

　風による波の磯には鶯《うぐひす》も春もえ知らぬ花のみぞ咲《さ》く

この歌どもを、すこし③よろし、と聞きて、船の長《をさ》しける翁《おきな》、月日ごろの苦しき心やりによめる、

　立つ波を雪か花かと吹《ふ》く風ぞ寄せつつ人を④はかるべらなる

この歌どもを、人の何かといふを、ある人聞きふけりてよめり。その歌、よめる文字、三十《みそ》文字あまり七文字。人みな、えあらで、笑ふやうなり。歌主、⑤いと気色悪《けしきあ》しくて、怨《ゑん》ず。まねべどもえまねばず。書けりとも、え読み据《す》ゑがたかるべし。今日《けふ》だにいひがたし、まして後《のち》にはいかならむ。

十九日。日悪しければ、船出ださず。

二十日。昨日《きのふ》のやうなれば、船出ださず。みな人々憂《うれ》へ嘆《なげ》く。苦しく心もとなければ、ただ、日の経《へ》ぬる数を、今日幾日《けふいくか》、二十日《はつか》、三十日《みそか》とかぞふれば、指《および》もそこなはれぬべし。いと⑥わびし。夜は寝《い》も寝《ね》ず。

（紀貫之《きのつらゆき》『土佐日記《とさにっき》』より）

問1 ——線部①～④・⑥について、本文中での意味を答えなさい。

① [　　　　]
② [　　　　]
③ [　　　　]
④ [　　　　]
⑥ [　　　　]

問2 ——線部⑤「いと気色悪しくて、怨ず」の現代語訳として適切なものを、次の中から一つ選び、記号で答えなさい。

ア 機嫌《きげん》をそこねて、人々を恨《うら》めしがる
イ 顔色を悪くして、あわてている
ウ 天候が悪いことを、非常に悲しんでいる
エ 気持ちをおさえられず、怒《いか》っている

[　　　　]

ヒント 複数の意味がある古語は文脈からふさわしい意味を考えよう。

❷ 次の文章を読んで、あとの問いに答えなさい。

阿嬬《あづま》の人は夷《えびす》なり。哥《うた》いかでよまんと云《い》ふよ。*相模《さがみ》の国小よろぎの浦人《うらびと》の、やさしくおひたちて、よろづに志ふかく思ひわたり、①いかで、都にのぼりて、歌の道まなびてん。高き御《おん》あたりによりて、習ひつたへたらんには、「花のかげの山がつよ」と、人の云ふばかりはとて、西をさす心頻《しき》り也。「鶯《うぐひす》は田舎《ゐなか》の谷の巣なりとも、だみたる声は鳴かぬと聞くを」とて、親にいとま乞《こ》ふ。「此《こ》の頃《ごろ》は文明、享禄《きやうろく》の乱につきて、ゆきかひぢをきられ、たより②あしと云ふ」など、一度は諫《いさ》めつれど、「しひて思ひ入りたる道ぞ」とて、したがはず。母の親も、乱れたる世の人にて、おにおにしくこそなけれ、「③とくゆきて、疾《と》くかへれ」とて、いさめもせず、別《わかれ》④かなしくもあらずて出でたたす。

関所あまたの*過書文《くわしよぶみ》とりて、所々の⑤とがめなく、近江《あふみ》の国に入りて、あすは都にと思ふ心すすみにや、宿とり⑥まどひて、老曾《おいそ》の杜《もり》の木隠《こがく》れ、こよひはここにと、松がね枕《まくら》もとめに、深く入りて見れば、風に折れたりともなくて、大樹の朽《く》ちたふれし有り。ふみこえて、さすが⑦安からぬ思ひして立ち煩《わづら》ふ。落葉、小枝道を埋《うづ》みて、浅沼《あさぬま》わたるに似て、衣のすそぬれぬれと悲し。神の祠《ほこら》立たせます。軒《のき》こぼれ、御はし崩《くず》れて、昇《のぼ》るべくもあらず。草たかく、苔《こけ》むしたり。誰《た》がよんべやどりし跡《あと》なる、すこしかき払《はら》ひたる処《ところ》あり。枕はここにと定む。

（上田秋成《うえだあきなり》『春雨物語《はるさめものがたり》』より）

*相模の国小よろぎ　相模国にある小余綾《こゆるぎ》。現在の神奈川県東部。
*過書文　関所を通行するための許可証。

問1 ――線部①「いかで、都にのぼりて、歌の道まなびてん」の現代語訳として適切なものを、次の中から一つ選び、記号で答えなさい。

ア　どうすれば、都の人に、歌の道を学べるだろうか
イ　どのくらいで、都に行って、歌の名所に行けるだろうか
ウ　どうにかして、都の人と、歌の名所に行きたいのか
エ　どうにかして、都に上って、歌の道を学びたい

〔　　〕

問2 ――線部②～⑥について、本文中での意味を答えなさい。

②〔　　〕
③〔　　〕
④〔　　〕
⑤〔　　〕
⑥〔　　〕

問3 ――線部⑦「安からぬ思ひして立ち煩ふ」の現代語訳として適切なものを、次の中から一つ選び、記号で答えなさい。

ア　安心した気持ちになってしばらく立ち止まった
イ　費用が高くつきそうな予感がしてしばらく思い悩《なや》んだ
ウ　不安な気持ちがしてしばらく立ち止まった
エ　難しい局面を解決しようとしばらく思い悩んだ

〔　　〕

らくらく マルつけ

Ia-56

OUTPUT! 57

まとめのテスト⑨

答えと解き方⬇別冊26ページ

／100点

❶ 次の古文と現代語訳を読んで、あとの問いに答えなさい。［100点］

この里ちかき白峰《しらみね》と①いう所にこそ、*新院の陵《みささぎ》ありと聞きて、拝みたてまつらばやと、十月《かみなづき》はじめつかた、かの山に登る。（中略）木立《こだち》わづかに間《すき》たる所に、土墩《たか》く積《つみ》たるが上に、石を三《みつ》がさねに畳《たた》みなしたるが、荊蕀薜蘿《うばらかづら》にうづもれて②うらがなしきを、これならん御墓《みはか》にやと心もかきくらまされて、さらに夢現《ゆめうつつ》をもわきがたし。

現《げ》にまのあたりに見奉《みたてまつ》りしは、*紫宸清涼《ししんせいりやう》の御座《みくら》に朝政《おほまつりごと》③きこしめさせ給《たま》ふを、百《もも》の官人《つかさびと》は、かく賢《さかし》き君ぞとて、詔恐《みことかしこ》みてつかへまつりし。（中略）万乗《ばんじよう》の君にてわたらせ給ふさへ、宿世《すくせ》の業《ごふ》といふもののおそろしくもそひたてまつりて、罪をのがれさせ給はざりしよと、世のはかなきに思ひつづけて涙《なみだ》わき出《い》づるがごとし。終夜《よもすがら》供養《くやう》したてまつらばやと、御墓の前の④たいらなる石の上に座をしめて、経文《きやうもん》徐《しづか》に誦《ず》しつつも、かつ哥《うた》よみてたてまつる。

松山の浪《なみ》のけしきは⑤かわらじをかたなく君はなりまさりけり

猶《なほ》、心怠《おこた》らず供養《きようやう》す。露《つゆ》いかばかり袂《そで》にふかかりけん。

日は没《いり》しほどに、山深き夜のさま常《ただ》ならね、石の床木葉《ゆかこのは》の衾《ふすま》いと寒く、神清骨冷《しんすみほねひえ》て、物とはなしに［⑥］ここちせらる。月は出《い》でしかど、茂《しげ》きが林《もと》は影《かげ》をもらさねば、あやなき闇《やみ》にうらぶれて、眠《ねふ》るともなきに、まさしく「*円位《ゑんゐ》、円位」とよぶ声す。眼《め》をひらきてすかし見れば、其《そ》の形異《さまこと》なる人の、背高く痩《やせ》おとろへたるが、顔のかたち、着たる衣の色紋《いろあや》も見えで、こなたにむかひて立てるを、西行もとより道心の法師なれば、恐《おそ》ろしともなくて、「ここに来たるは誰《た》ぞ」と答ふ。かの人いふ。「前《さき》によみつること葉《のは》のかへりこと聞《きこ》えんとて見えつるなり」とて、

松山の浪にながれてこし船のやがてむなしくなりにけるかな

「喜《うれ》しくもまうでつるよ」と聞《きこ》ゆるに、新院の霊《れい》なることをしりて、地にぬかづき涙を流していふ。「さりとていかに迷はせ給ふや。（中略）ひたぶるに隔生即忘《きやくしやうそくまう》して、仏果円満《ぶつくわゑんまん》の位に昇《のぼ》らせ給へ」と、情《こころ》をつくして諫《いさめ》奉る。

（上田秋成《うえだあきなり》『雨月物語』より）

＊新院　以前西行《さいぎょう》が仕えていた天皇（崇徳院《すとくいん》）。
＊紫宸清涼　宮中の建物の名（紫宸殿《ししんでん》・清涼殿）。
＊円位　西行法師の法名（僧侶《そうりょ》としてつけられた名前）。

【現代語訳】

（西行法師は）この里近くの白峰という所に新院（崇徳院《すとくいん》）のお墓があると聞いて、拝み奉りたいと、十月はじめ頃《ころ》、あの山に登る。（中略）木立がわずかに開いた所に土を高く積んだ上に石を三重に積んであるのが、いばらや蔓《つる》に埋《う》もれてうら悲しく、これがお墓なのかと心もくらまされて夢か現実かさえもわからない。

目《ま》の当たりにお姿を拝見したときは、紫宸殿・清涼殿の玉座で国政

をつかさどっておられたのを、多くの官人らは、これほどに賢《かしこ》い君であるよと言って、詔《みことのり》をつつしんで承りお仕え申し上げていた。（中略）天子の君であらせられてさえも、宿世の業というものが恐ろしくもつきまとい、罪をお逃《のが》れにはなれなかったのだと、世のはかなさを思い続けて涙が湧《わ》き出るようである。今日は一晩中供養《くよう》し奉ろうと、お墓の前の平らな石の上に座《すわ》り、経文を静かに唱えながらこのように和歌を詠《よ》み奉った。

　松山の波の様子は変わらないのに君は面影《おもかげ》もなくおなりになって
　しまった

なお、心をこめて供養する。露がどれほど袖《そで》を濡《ぬ》らしたことだろうか。日も落ちたころ、山深い夜の様子はただごとでなく、石の床には木の葉の布団《ふとん》（のようにしきつめられているの）が寒く、精神は澄《す》みわたって骨まで冷えて、なんとも言えず寒々とした心地《ここち》がする。月は出たが、茂った林が月影さえ漏《も》らさないので、むなしい闇にうらぶれて、眠るともなくいるとまさに「円位、円位」と呼ぶ声がする。眼を開いてすかして見ると、その姿が異様な人で、背が高く痩せ衰《おとろ》えているが、顔かたちや、着た衣服の色や柄《がら》も見えない人がこちらに向かって立っているのだが、西行はもとより仏門に入った法師であるので、恐ろしくもなく、「ここに来たのはどなたか」と（聞いた）。その人は「[⑦]」と言って

　松山に寄せては返す波にあおられて漂流《ひょうりゅう》した船のように、（我が
　身は）帰らぬ人となってしまったことよ

「うれしくも詣《もう》でてくれた」と聞こえたので、新院の霊であることを知り、地に額をついて涙を流して言う。「それにしてもどうしてお迷いになられたのですか。（中略）ひたすらに前世をことごとく忘れ、仏果円満の位にお昇り下さい」と、心を尽《つ》くしていさめ奉った。

問1 ――線部①「いう」、④「たいらなる」、⑤「かわらじ」を、歴史的仮名遣《かなづか》いに直し、すべてひらがなで答えなさい。（10点×3）

①［　　　　］　④［　　　　］
⑤［　　　　］

問2 ――線部②～③について、古文の中から主語となる部分を、②は四字、③は二字で抜《ぬ》き出しなさい。（15点×2）

②［　　　　］　③［　　］

問3 [⑥]に入ることばとして適切なものを、次の中から一つ選び、記号で答えなさい。（10点）

ア　をかしき　　イ　おもしろき
ウ　ものぐるほしき　　エ　すざましき
［　　］

問4 [⑦]に入る現代語訳として適切なものを、次の中から一つ選び、記号で答えなさい。（30点）

ア　前に祈《いの》ってくれたお礼に歌を詠もうと現れたのだ
イ　前に詠んでくれた歌の返歌をしようと現れたのだ
ウ　前に祈ってくれたことに感謝をしようと現れたのだ
エ　前に詠んでくれた歌の感想を伝えようと現れたのだ
［　　］

らくらくマルつけ
Ia-57

OUTPUT! 58 漢文の読み方

1 次の漢文と書き下し文を読んで、あとの問いに答えなさい。

孟《まう》子《し》曰《いはク》、人皆《みな》有《リ》二不《ざル》レ忍《しのビ》レ人《ニ》之《の》心一。

孟子曰く、[①]。

先王有《リ》二不《ル》レ忍《ビ》レ人《ニ》之心一、

先王人に忍びざるの心有り、

②斯《ここニ》有《リ》二不《ル》レ忍《ビ》レ人《ニ》之政《まつりごと》一矣。

斯に人に忍びざるの政有り。

（中略）

③無《キハ》二*惻《そく》隠《いん》之心一、非《あらザル》レ人《ニ》也《なり》。

惻隠の心無きは、人に非ざるなり。

無《キハ》二*羞《しう》悪《を》之心一、非《ザル》レ人《ニ》也。

羞悪の心無きは、人に非ざるなり。

無《キハ》二*辞《じ》譲《じやう》之心一、非《ザル》レ人《ニ》也。

辞譲の心無きは、人に非ざるなり。

無《キハ》二是非之心一、非《ザル》レ人《ニ》也。

是非の心無きは、人に非ざるなり。

（『孟子《もうし》』より）

*惻隠之心　あわれみの心。　*羞悪之心　悪を恥《は》じて憎《にく》む心。　*辞譲之心　譲《ゆず》り合う心。

問1 [①] に入る書き下し文を答えなさい。

[　　　　]

問2 ――線部②「斯《ニ》有《リ》二不《ル》レ忍《ビ》レ人《ニ》之政一矣」とあるが、この中にある訓読しない文字を一字で抜《ぬ》き出しなさい。

[　]

問3 ――線部③「無《キハ》二惻隠之心一、非《ザル》レ人《ニ》也」とあるが、その現代語訳として適切なものを、次の中から一つ選び、記号で答えなさい。

ア　あわれみの心があるだけの者は、人ではないのだ。
イ　あわれみの心があるだけの者も、また人である。
ウ　あわれみの心がない者も、また人である。
エ　あわれみの心がない者は、人ではないのだ。

[　　]

ヒント
返り点から文字を読む順番を考えよう。

答えと解き方➡別冊27ページ

ちょこっとインプット
II-58

❷ 次の漢文と書き下し文を読んで、あとの問いに答えなさい。

*羽《う》、至《ル》二*垓《がい》下《かニ》一。兵少《すくなク》食尽《ク》。*信《しん》等《ら》乗《ズ》レ之《これニ》。

羽、垓下に至る。兵少く食尽く。信等之に乗ず。

羽、敗《レテ》入《いル》レ*壁《へきニ》。囲《ムコト》レ之《ヲ》数重。

羽、［①］。［②］。

羽夜聞《キ》二漢《ノ》軍四面皆《みな》楚《そ》歌《かスルヲ》一、

羽、夜、［③］、

大《イニ》驚《イテ》曰《いはク》、漢皆已《すでニ》得《タル》レ楚《ヲ》乎《か》。

大いに驚いて曰く、漢皆已に楚を得たるか。

何《ゾ》楚人《ノ》多《キ》也《やト》。

何ぞ楚人の多きやと。

（中略）

悲歌慷《かう》慨《がい》、泣《なみだ》数行下《ル》。

悲歌慷慨、泣数行下る。

其《そノ》歌《ニ》曰《ク》、④力《ハ》抜《キ》山《ヲ》兮、気《ハ》蓋《おほフ》レ世《ヲ》。

其の歌に曰く、力は山を抜き、気は世を蓋ふ。

時不《ず》レ利《アラ》兮*騅《すゐ》不《レ》逝《ゆカ》。

時利あらず騅逝かず。

騅不《レ》逝《カ》兮可《ベキ》二*奈《い》何《かんス》一。

騅逝かず奈何すべき。

*虞《ぐヤ》兮虞《ヤ》兮奈《レ》若《なんぢヲ》何《セント》。

虞や虞や若を奈何せんと。

（曾先之《そうせんし》『十八史略』より）

＊羽　項羽《こうう》。楚の武将。　＊垓下　中国の地名。

＊信　韓信《かんしん》。漢の武将。　＊壁　城壁。

＊騅　白い毛の混じった馬。項羽の愛馬の名。

＊可奈何　どうすることができようか。

＊虞　虞美人。項羽が愛した女性。

問1 ［①］～［③］に入る書き下し文を答えなさい。

① 「　」

② 「　」

③ 「　」

問2 ――線部④「力《ハ》抜《キ》山《ヲ》」とあるが、書き下し文に合わせた返り点を書きなさい。

力《ハ》　抜《キ》　山《ヲ》

OUTPUT! 59

故事成語

❶ 次の漢文と書き下し文を読んで、あとの問いに答えなさい。

*楚《そ》人《ひとニ》有《リ》下 *鬻《ひさグ》二 楯《たてト》與《とヲ》レ 矛《ほこ》者《》上、譽《はメテ》レ 之《これヲ》曰《いはク》、

楚人に、楯と矛とを鬻ぐ者有り、之を譽めて曰く、

吾《わガ》楯之《の》堅《かたキコト》、①莫《なシト》*能《よク》陥《とほスモノ》也。

吾が楯の堅きこと、能く陥すもの莫しと。

又《また》譽《メテ》二 其《その》矛《ヲ》一 曰《ク》、

又其の矛を譽めて曰く、

吾《ガ》矛之*利《とキコト》、於《おいテ》レ 物《ニ》無《シ》レ 不《ざル》レ 陥《サ》也。

吾が矛の利きこと、物に於て陥さざる無しと。

或《あるヒト》曰《ク》、以《もつテ》二 *子《し》之矛《ヲ》一、陥《サバ》二 子之楯《ヲ》一 何《い》如《かんト》。

或ひと曰く、子の矛を以て、［②］と。

其《ノ》人弗《ざリキ》レ 能《あたハ》レ 應《こたフルコト》レ 也。

其の人應ふること能はざりき。

（『韓非子《かんぴし》』より）

*楚　古代中国にあった国。
*鬻ぐ　売る。
*能陥　突《つ》き通すことができる。
*利　鋭《するど》い。
*子　あなた。

問1　──線部①「莫《シ》能《ク》陥《スモノ》也」とあるが、書き下し文に合わせた返り点を書きなさい。

莫《シ》　能《ク》　陥《スモノ》　也

問2　［②］に入る書き下し文を答えなさい。

［　　　　　　　］

問3　この話をもとにした故事成語を、漢字二字で答えなさい。

［　｜　］

ヒント
「つじつまの合わないこと」という意味の故事成語を思い出そう。

答えと解き方 ⬇ 別冊28ページ

ちょこっとインプット
li-59

❷ 次の漢文と書き下し文を読んで、あとの問いに答えなさい。

楚《そ》ニ有リ二祠*《まつ》ル者一。賜《たま》フ二其《そ》ノ舎*人ニ巵*《し》酒《しゆ》ヲ一。
楚に祠る者有り。其の舎人に巵酒を賜ふ。

舎人相謂《い》ヒテ曰ク、
舎人相謂ひて曰く、

①数人飲メバ之《これ》ヲ不足ラ、一人飲メバレ之ヲ有リレ余リ。
数人之を飲めば足らず、一人之を飲めば余り有り。

請《こ》フ画《えが》キテレ地ニ為《な》シレ蛇《へび》ヲ、先《ま》ヅ成ラン者飲マントレ酒ヲ。
請ふ地に画きて蛇を為し、先づ成らん者酒を飲まんと。

一人蛇先《ま》ヅ成ル。引キテレ酒ヲ且《まさ》ニ《す》レ飲マント。
一人、蛇先づ成る。酒を引きて且に飲まんとす。

乃《すなは》チ左手ニ持チレ巵ヲ、右手ニ画キテレ蛇ヲ曰ク、
乃ち左手に巵を持ち、右手に蛇を画きて曰く、

吾《われ》能《よ》ク為サント二之ガ足ヲ一。未ダ《ざ》ルニレ成ラ、
吾能く之が足を為さんと。未だ成らざるに、

一人之《の》蛇成ル。奪《うば》ヒテ二其ノ巵ヲ一曰ク、
一人の蛇成る。其の巵を奪ひて曰く、

蛇固《もと》ヨリ無シレ足。子安《いづ》クンゾ能ク為サント二之ガ足ヲ一。
蛇固より足無し。子［ ② ］と。

遂《つひ》ニ飲ム二其ノ酒ヲ一。
遂に其の酒を飲む。

為《な》ス二蛇ノ足ヲ一者、終《つひ》ニ亡《うしな》ヘリ二其ノ酒ヲ一。
蛇の足を為す者、終に其の酒を亡へり。

（劉向《りゆうきよう》『戦国策』より）

＊祠者　祭礼をつかさどる人。
＊舎人　使用人。
＊巵酒　大杯《たいはい》。巵酒は大杯についだ酒。

問1　――線部①「数人飲メバ之ヲ不足ラ」とあるが、書き下し文に合わせた返り点を書きなさい。

数人飲メバ之ヲ不足ラ

問2　［ ② ］に入る書き下し文を答えなさい。

［　　　　　　　　　　　　］

問3　この話をもとにした故事成語を、漢字二字で答えなさい。

［　　｜　　］

らくらくマルつけ
la-59

まとめのテスト⑩

答えと解き方⬇別冊29ページ

／100点

❶ 次の漢文と書き下し文を読んで、あとの問いに答えなさい。 ［100点］

恵*《けい》文《ぶん》①嘗《かつテ》得《タリ》楚《ノ》和《くわ》氏《しノ》壁*《へきヲ》。
恵文嘗て楚の和氏の壁を得たり。

秦《しんノ》昭《せう》王《わう》、請《こフ》下以《テ》二十五城《ヲ》一易《かへント》上レ之《これニ》。
秦の昭王、［　②　］。

欲《スレバ》レ不《ざラント》レ与《あたへ》畏《おそレ》二秦《ノ》強《キヲ》一、
［　③　］秦の強きを畏れ、

欲《スレバ》レ与《ヘント》恐《おそル》レ見《れンコトヲ》レ欺《あざむカ》。
与へんと欲《ほっ》すれば［　④　］。

藺《りん》相《しやう》如《じよ》、願《フ》二奉《ほうジテ》レ壁《ヲ》往《ゆカント》一。
藺相如、壁を奉《ほう》じて往かんと願ふ。

城不《ずンバ》レ入《ラ》、則《すなはチ》臣請《フ》完《まつたウシテ》レ壁《ヲ》而*帰《ラント》。
⑤城入らずんば、則ち臣請ふ壁を完うして帰らんと。

既《すでニ》至《ル》。秦王無《シ》レ意レ償《つぐなフニ》レ城《ヲ》。
既に至る。秦王、城を償ふに意無し。

相如乃《すなはチ》給《あざむイテ》取《リ》レ壁《ヲ》、怒《ど》髪《はつ》指《シ》レ冠《かんむりヲ》、
相如乃ち給いて壁を取り、⑥怒髪冠を指し、

卻*《きやく》二‐立《りつシテ》柱下《ニ》一曰《いはク》、
柱下に卻立して曰く、

臣《ガ》頭《かうべハ》与《と》レ壁倶《ともニ》砕《くだケント》。
臣が頭は壁と倶に砕けんと。

遣《しメ》二従者《ヲシテ》懐《いだイテ》レ壁《ヲ》、間*《かん》行《かうシテ》先《まづ》帰《ラ》一、
従者をして壁を懐いて、間行して先づ帰らしめ、

身《ハ》待《ツ》二命《ヲ》於*秦《ニ》一。秦《ノ》昭王、賢《けんトシテ》而帰《ス》レ之《ヲ》。
身は命を秦に待つ。⑦秦の昭王、賢として之を帰す。

（曾先之《そうせんし》『十八史略』より）

*恵文　恵文王。趙国《ちょうこく》の第七代君主。　*壁　環状《かんじょう》の玉のこと。
*而　「～して」、「～だけれども」という意味の置き字。
*卻立　退いて立つ。　*間行　人目につかず、ひそかに行く。

＊於　「～に」という意味の場所を示す置き字。

問1　――線部①「嘗テ得タリ楚ノ和氏ノ璧ヲ」とあるが、書き下し文に合わせた返り点を書きなさい。（10点）

嘗テ得タリ楚ノ和氏ノ璧ヲ

問2　［②］～［④］に入る書き下し文を答えなさい。（10点×3）

②［　　　　］

③［　　　　］

④［　　　　］

問3　――線部⑤「城入らずんば、則ち臣請ふ璧を完うして帰らん」とあるが、

(1)　その現代語訳として適切なものを、次の中から一つ選び、記号で答えなさい。（10点）

ア　もし城が手に入らなかったならば、私は璧を完全な形で保つことはできないでしょう。

イ　もし城が手に入らなかったとしても、私は璧を完全な形に直して持ち帰りましょう。

ウ　もし城が手に入らなかったとしても、私が璧を完全な形に保つことは難しいでしょう。

エ　もし城が手に入らなかったならば、私は璧を完全な形で持ち帰りましょう。

［　　　　］

(2)　この発言をもとにした故事成語を、漢字二字で答えなさい。（10点）

［　　］

問4　――線部⑥「怒髪冠を指し」を説明した次の文章の［X］・［Y］に入ることばを、書き下し文中からそれぞれ抜《ぬ》き出しなさい。（10点×2）

> これは、［X］の［Y］が怒《いか》りの余り逆立った様子を表している。

X［　　　　］

Y［　　　　］

問5　――線部⑦「秦の昭王、賢として之を帰す」とあるが、どうしてこのような行動を取ったのか。書き下し文中のことばを用いて、五十字以内で説明しなさい。（20点）

らくらく
マルつけ
la-60

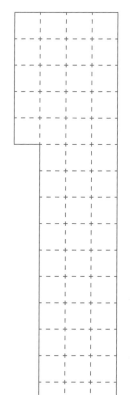

チャレンジテスト❶

答えと解き方⬇別冊29ページ

／100点

1 次の文章を読んで、あとの問いに答えなさい。［65点］

西欧《せいおう》の文化と接触《せっしょく》して以来ずっと日本の知識人には論理コムプレックスとも言うべきものがつきまとっている。日本人はともすれば論理を踏《ふ》み外しやすいらしいからたえず注意を怠《おこた》ってはならない。われわれはどれほど論理的であろうとしても決して論理的でありすぎることはない。論理的であることはつねによいことであり、明晰《めいせき》な頭脳の証拠《しょうこ》である、などなど——①そういう固定観念がいつの間にかできてしまっている。

さすがに日本人が本質的に論理的でないと自認《じにん》するのはおもしろくないのであろうか。悪いのは日本語のせいであると、責任を言語の性格へ転嫁《てんか》しようとする考え方が一般的《いっぱんてき》になっている。ほとんどなんの根拠《こんきょ》もなく日本語は非論理的であると思いこんでいる人がかなり多い。しかもおもしろいことに教育を受けた人ほどそういう考えがつよいように見受けられる。②どうしてそういうことになってしまったのか、これまでほとんど反省されることもなかった、というのもおかしなことである。（中略）

日常の言語活動における論理は、話の筋道といったごくインフォーマルなものである。どんな場合でも、言葉に筋道が通っていなければ、伝達は成立しようがない。「筋」とか「筋道」とかいう語が示しているように言語に内在する論理性は何か「線」のようなものと感じられているのが普通《ふつう》である。

表現の受け手はこの言葉の筋道をたどりながら理解を進めて行くわけだが、送り手との間の心理的関係の*親疎《しんそ》によって筋道の性格も変《かわ》ってくる。送り手と受け手が未知の人間であるような場合、筋道はしっかりした線状をなしていて、受け手がそれから脱落《だつらく》しないようになっていなくてはならない。論理は密でなくてはならないのである。その典型的な例は法律の表現で、これは受け手がときとしてはまったく対立する観点に立っていることがある。［③］、表現の道筋はあくまで太くしっかりしたものである必要がある。かりにもその筋を外した解釈《かいしゃく》が可能であっては不都合がおこるからである。多くの人々が法律の条文をうるさいものと感じるのは偶然《ぐうぜん》ではない。送り手が受け手を信頼《しんらい》していないのである。法律でなくても、受け手との連帯感が保証されていないとき、表現は念には念を入れて、誤解のおこらないように配慮《はいりょ》されたものになる。緊密《きんみつ》な論理はその結果にすぎない。

これと反対に、受け手がごく身近《みぢか》に感じられているときの表現はわかりきったことをくどくどと説明する必要がない。要点だけをかいつまんでのべるだけで誤解も生じない。言語の*冗語性《じょうごせい》も小さくてすむのである。一般にお互《たが》いが熟知しているような集団の内部においては形式的論理はむしろ敬遠される。その代表的な例は家族同士の会話である。第三者が聞けば何のことかまるでわからぬような省略の多い飛躍《ひやく》した言い方をしているが、それでけっこう話は通じ合っている。

形式論理から見れば没論理《ぼつろんり》と言えるかもしれないが、まったく論理を欠いているというわけでもない。むしろ別種の論理が作用していると見るべきである。

　相互《そうご》によく理解し合っている人間同士の伝達においては言葉の筋道はつねに完全な線状である必要はないことが多い。要点は注目されるが、それ以外の部分はどうでもよい。*等閑《とうかん》に付されたところはやがて風化がおこるであろう。こうして、方々が風化して線に欠落ができると、線的な筋が点の列のようなものになって行く。親しいと感じ合っている人たちの間の言語における論理は線ではなくて点の並んだようなものになっている。

　人間には、こういう点をつなげて線として感じとる能力がだれにもそなわっているのである。したがって、④点的論理が了解《りょうかい》されるところでは線的論理の窮屈《きゅうくつ》さは野暮《やぼ》なものとして嫌《きら》われるようになる。なるべく省略の多い、言いかえると、解釈の余地の大きい表現が含蓄《がんちく》のあるおもしろい言葉として喜ばれる。点を線にするのは一種の言語的創造をともなうからであろう。点の線化は昔の人が星の点を結び合わせて図形を読みとり、名を冠《かん》して星座をつくりあげたことなどにもあらわれている。

　日本語はヨーロッパの言語が陸続きの外国をもった国で発達したのとちがって、島国の言語である。同一言語を同じ民族が長い期間にわたって使っていれば、相互の了解度はきわめて高くなる。家族語におけるような論理が社会の広い範囲《はんい》に流通していると考えてよい。そういう日本語の論理は線的性格のものではなくて、点的性格の方がよく発達しているのは自然のことである。念には念を入れた、がっちりした構成の表現はむしろ重苦しいものと感じられる。上手な人のうつ囲碁《いご》の石のように一見は飛んでいるようであっても、その点と点を結び合わせる感覚が下敷《したじ》きになっているときは決して非論理でも没論理でもなく、りっぱに「　⑤　」をもっているのである。

　日本語が論理的でないように考えられるのは、ヨーロッパ語の線的論理の尺度によって日本語をおしはかるからである。成熟した言語社会の点的論理を認めるならば日本語はそれなりの論理をもっていることがわかる。よく引き合いに出される禅《ぜん》にしても、点的論理の概念《がいねん》をとり入れることによって、その独自の論理性は充分《じゅうぶん》合理的に説明できるはずである。また、俳句の表現もいわゆる論理、線状の論理からは理解しにくいものであるが、点的論理の視点からすればきわめて興味あるものになる。考えようによっては、点的論理がよく発達した言語社会だからこそ俳句のような短詩型文学が可能になったのだと言うこともできる。

　点的論理の背後には⑥陥没《かんぼつ》した線的論理がかくれて下敷きになっている。そして点を統合して線として感じるところに表現理解の［　⑦　］性がひそんでいる。どんなにしても踏み外すことのない太い線をたどることがおおよそ退屈《たいくつ》であるのとは対照的である。

（外山滋比古《とやましげひこ》『日本語の論理』より）

＊親疎　親しいことと親しくないこと。
＊冗語性　必要のないむだな語が使われている度合い。
＊等閑　軽く見ていいかげんに扱《あつか》うこと。

問1 ――線部①「そういう固定観念」の内容として適切なものを、次の中から一つ選び、記号で答えなさい。（5点）

ア 日本人は論理を踏み外しやすいので、論理的な議論には立ち入らないほうがよい。

イ 日本人は自分が論理を踏み外していないかどうか、つねに注意しておくべきである。

ウ 日本人は本質的に非論理的であるので、いくら努力しても論理的になることはできない。

エ 論理的であることは明晰な頭脳の証明にはなるが、必ずしもよいことばかりではない。

［　　］

問2 ――線部②「どうしてそういうことになってしまったのか」とあるが、これに対する筆者の答えがわかる一文を文中から抜《ぬ》き出し、最初の五字を答えなさい。（5点）

問3 ［ ③ ］に入ることばとして適切なものを、次の中から一つ選び、記号で答えなさい。（5点）

ア したがって　イ 逆に

ウ とりわけ　エ たとえば

［　　］

問4 ――線部④「点的論理」とはどのような論理か。文中のことばを用いて六十字以内で説明しなさい。ただし、「理解」「飛躍」ということばを用いること。（30点）

問5 ［ ⑤ ］に入ることばとして適切なものを、次の中から一つ選び、記号で答えなさい。（5点）

ア 石　イ 点　ウ 列　エ 筋

［　　］

問6 ――線部⑥「陥没《かんぼつ》」とほとんど同じ意味で用いられていることばを、文中から漢字二字で抜き出しなさい。（5点）

問7 ［ ⑦ ］に入る適切なことばを、文中から漢字二字で抜き出しなさい。（5点）

問8 本文の内容として不適切なものを、次の中から一つ選び、記号で答えなさい。（5点）

ア 法律の条文が緊密な論理で構成されているのは、受け手によって異なる解釈が成立すると不都合だからである。

イ 家族同士の会話は省略された言い回しが多いが、当人同士では話が通じ合っているので、論理性が皆無《かいむ》とはいえない。

ウ 昔の人が星の配置に図形を読みとり、星座を作りあげたことは、線的論理による言語の伝達に通じるものがある。

エ　日本で点的論理が発達したことは、俳句のような短詩型文学が可能になったことと関連していると考えられる。

［　　］

2　次の文章を読んで、あとの問いに答えなさい。［35点］

中学校の新聞部に所属する小野寺《おのでら》は、同じ部の桃沢《ももさわ》と共に車夫の仕事を取材しにきた。二人は吉瀬《きつせ》さんが引く人力車に乗りながら、吉瀬さんが高校をやめて車夫になった経緯《けいい》を聞いた。

「わたし、早く大人になりたいんです」

えっ？

オレは桃沢を見た。

「高校へは、行くのやめようと思っているんです。でも担任の先生は高校だけは出たほうがいい、いまの世のなか高校くらい出てないとなにもできないぞって。そんなことわたしだってわかってるつもりです。だけど、本当にそうなのかなって」

桃沢は朱色《しゅいろ》の膝掛《ひざか》けをぎゅっとにぎった。

「本当はわたし、吉瀬さんのこと最初から知ってました」

「マジ？」

「マジ」

ストーカーみてーじゃん、ということばはなんとか飲み込《こ》んだ。

「*『匠《たくみ》』で、車夫を取りあげたいとは前から思っていました。だからネットでもいろいろ検索《けんさく》していたんです。そうしたら、吉瀬さんのことをブログに書いている人がいて。一年くらい前にアップされていたものだったんですけど」（中略）

「ブログに書いてあったみたいに十七歳《さい》で働いているってことは、もしかしたら中卒なのかなって思って。それならその人に話を聞いてみたいと思ったんです。企画《きかく》とはズレてますけど」

①桃沢はことばをにごして、少し気まずそうに吉瀬さんを見た。（中略）

気まずい。気まずすぎる。

とりあえずなにかそれらしい質問をして、この場の空気を戻《もど》さないと。と、オレが大きく息を吸い込んだとき、吉瀬さんの声がした。

「桃沢さんはどうしたいんですか？」

えっと桃沢が顔を上げた。

「どうしたいって」

「一番大事なのはそこだと思うんです」

「でも」

「そっすよね。つーか、高校行かねーとかなんで考えてんの？」

（中略）

「わたしのお父さん、大工だったの。結構腕《うで》もよくて、いつも忙《いそが》しかったんだけど、三年前事故にあって」

「事故？」

「屋根の作業中に落ちて、半身不随《ふずい》になったの。それで働けなくなっちゃって、お母さんもパート掛《か》け持ちしてるけど、これ以上増やすわけにはいかないし。弟二人はまだ小二と小四だから。お金はこれからどんどんかかるのに、ムリでしょ」

手元のクリアファイルに目がいった。

「それでもやっぱり中卒だと就職だって難しいかもしれないし、ちゃんとやっていけるのか不安だった。だから」

　桃沢は吉瀬さんの背中に視線を動かした。

「大丈夫《だいじょうぶ》ですよね、高校へ行かなくたって、やっていけますよね。……あの、わたしの話聞いてます?」

　吉瀬さんは、えっ?　と振《ふ》り返って首をかしげた。

「オレですか?」

「はい」

「すみません、オレにはなにもいえないです」

　あっさりとそういって前を向く吉瀬さんの背中を、桃沢はじっと見つめて視線を落とした。

　そりゃそうだろ。この人と桃沢は赤の他人だ。こんなに重たい話をいきなりふる桃沢のほうがどうかしてる。あたり前だ。
　②あたり前。あたり前、なんだけど……。
　オレが身を乗り出すのと同時に、「ただ」と吉瀬さんの声がした。

「ただ、だれかのためにあきらめるっていうのはやめたほうがいいです」

「えっ?」

　桃沢が顔をあげた。

「さっきいってましたよね、お母さんのパートを増やさせたくないとか、弟さんたちにこれからお金がかかるとか」

「……」

「桃沢さんは、優《やさ》しい人なんだと思います。でも、自分のことも大切にしなきゃダメです」

　ぼー、ぼーっと、船の警笛が聞こえた。

「自分を」

「はい」

「だけど」

「高校へ行ったほうがいいとか働いたほうがいいとか、オレにはいえません。どっちが正しいかなんて、その人にしかわからないし、選んだほうが正しかったのかどうか、それだってもっとあとにならないとわからないと思うんです」

「吉瀬さんは、高校やめたこと、後悔《こうかい》していますか?」

「後悔はしていません」

「それなら」

「後悔はしていないですが、もしもとは考えることはあります」

　そういって吉瀬さんはふっと対岸のスカイツリーに目をやって、おかしそうに肩《かた》を揺《ゆ》らした。

「一番意味ないと思うんですけどね、もしもって」

　すーっとスピードがあがった。なまぬるい夏の夕方の風が頰《ほお》にあたる。

「でもオレ、車夫っていい仕事だなって思うんです」

「そう、なんですか?」

「オレたちの仕事は、人を笑顔《えがお》にできるんです。そういう仕事を自分はしているんだなって、最近思うようになりました」

　セミの鳴き声が一瞬《いっしゅん》やみ、また盛大に鳴きだした。

「大丈夫です」

「え?」

「どこへ行っても、③桃沢さんが桃沢さん自身をあきらめなければ、大丈夫です」

　はい、声にならない声で桃沢はうなずいた。

強いオレンジ色の夕日が空を染め、オレたちを包んだ。

（いとうみく『車夫』より）

＊『匠』　新聞部の発行する校内新聞で地元の職人を紹介《しょうかい》するコーナー。

問1　――線部①「桃沢はことばをにごして、少し気まずそうに吉瀬さんを見た」とあるが、このときの桃沢の心情の説明として適切なものを、次の中から一つ選び、記号で答えなさい。（5点）

ア　吉瀬さんという憧《あこが》れの人物を前にして緊張《きんちょう》してしまい、質問をうまくことばにできずもどかしいと思っている。

イ　吉瀬さんがいるときを見計らって取材に来ている自分をストーカーのようだと感じ、恥《は》ずかしいと思っている。

ウ　取材という名目で吉瀬さんに個人的な質問をしに来たことを、彼《かれ》をだましたようでうしろめたいと思っている。

エ　吉瀬さん本人の了承《りょうしょう》も得ずに彼の学歴や家庭などの個人的な事情を調べあげてしまったことを申し訳ないと思っている。

［　　］

問2　――線部②「あたり前。あたり前、なんだけど……」とあるが、このときの小野寺の心情の説明として適切なものを、次の中から一つ選び、記号で答えなさい。（5点）

ア　赤の他人とはいえ、桃沢の切実な質問をはぐらかしていい加減に扱《あつか》う吉瀬さんの態度に怒《いか》りを感じている。

イ　仕方のないこととはいえ、将来の不安について吉瀬さんから助言を得られず落胆《らくたん》する桃沢を気の毒だと思っている。

ウ　正論とはいえ、桃沢の質問に対して冷たく突《つ》き放すような忠告をする吉瀬さんの無遠慮《ぶえんりょ》さに不満を感じている。

エ　あまりに深刻な話題とはいえ、親友として桃沢をはげますことができない自分を情けなく思っている。

［　　］

問3　――線部③「桃沢さんが桃沢さん自身をあきらめなければ、大丈夫です」とあるが、吉瀬さんはどういうことを言っているのか。文中のことばを用いて四十五字以内で説明しなさい。（20点）

問4　本文の内容と表現の説明として適切なものを、次の中から一つ選び、記号で答えなさい。（5点）

ア　桃沢と吉瀬さんのやり取りを中心に物語が展開されており、小野寺は両者の会話を黙《だま》って聞く傍観者《ぼうかんしゃ》に徹《てっ》している。

イ　「船の警笛」や「セミの鳴き声」など、音に関する情景描写《じょうけいびょうしゃ》をはさむことによって場面を転換《てんかん》させている。

ウ　会話文の最後に「……」を多用することで、無口でひかえめな桃沢と吉瀬さんのやり取りに余韻《よいん》が生まれている。

エ　「顔を上げた」や「視線を落とした」など、桃沢の目線の動きを通して、彼女《かのじょ》の心の動きが表現されている。

［　　］

らくらく
マルつけ

Ia-61

チャレンジテスト❷

答えと解き方⬇別冊31ページ

／100点

1 次の文章を読んで、あとの問いに答えなさい。［70点］

[1] さて、いかなるコミュニケーションも、一方的なものであれ、双《そう》方向《ほうこう》のものであれ、同一言語内のやりとりであれ、異なる言語間のやりとりであれ、①コミュニケーションである以上、最低二種類の参加者がいなくては成立しない。

[2] これは、[　②　]文書を媒体《ばいたい》としたコミュニケーションにおいては、文書の書き手とその読み手、あるいは音声を媒体とした場合には、話し手とその聞き手という具合に、メッセージの送り手と受け手という二種類の主人公がこのコミュニケーションには必要不可欠なのだ。

[3] 日記のような、自分のためだけに書かれる文章でさえ、書く自分は読む自分を想定するものだし、独り言においてさえ、しゃべる自分を[　③　]がいるものだ。

[4] そして通常、同一言語内のコミュニケーションにおいてでさえ、メッセージや情報の送り手というものは受け手を想像以上に意識して、メッセージの内容を吟味《ぎんみ》し、言葉や表現を選ぶものである。また逆に受け取るほうも、想像以上に送り手いかんによってその言葉の意味するところを推《お》し量るものだ。（中略）

[5] コミュニケーションにおいて、メッセージの送り手と受け手という両主人公の用いる言語が異なるときに初めて三番手の参加者である通訳者、あるいは翻訳者《ほんやくしゃ》が登場する余地が生まれる。登場するといっても、通訳者や翻訳者（面倒《めんどう》なので、両方併《あわ》せて訳者ということにする）は、決して両主人公と同格ではない。決して主人公にはなれない立場にいる。送り手という名のご主人が発するメッセージを出来る限り忠実に、[　④　]正確かつ過不足なく受け手という名のご主人に届けることを使命とする、いわば二人のご主人に仕える*下僕《げぼく》、両旦那《りょうだんな》の胸三寸でその運命が翻弄《ほんろう》される実にはかない存在なのである。

[6] 訳者は、メッセージの中継者《ちゅうけいしゃ》として、送り手に対しては受け手を代行し、受け手に対しては送り手の役割を代行する。そして、通常のコミュニケーションにおいて、メッセージの送り手というものは受け手を十二分に想定して、言葉や表現を選び、また逆に受け手のほうも、送り手によってその言葉の意味するところを推し量るものだ、ということは先ほども述べたが、訳者は同時に受け手であり送り手でもあるため、その営みの内容とあり方は大いに本来の送り手と本来の受け手に左右されてしまうものなのだ。

[7] 「子は親の鏡」であって、「鳶《とび》が鷹《たか》を生む」ことも「鷹が鳶を生む」こともこと⑤訳に限っていえば許されない。許されないといったって、ある新聞社が主催《しゅさい》した、長寿学《ちょうじゅがく》に関するシンポジウムを聴《ちょう》講《こう》した際に目《ま》の当たりにしたような事態は、しばしば起こり得《う》る。

[8] 旧ソ連邦《れんぽう》のコーカサスあたりには長寿村といって、百歳《さい》以上の長

寿者がウヨウヨいる村落が点在する地域がある。長寿というのは、古今東西の人々が常に追い求めてきた夢であり、昔からこの地域を対象にフィールド・ワークが盛《さか》んで、それをベースに長寿学という名の学問が発達してきた。長寿者たちの生活は、一体どうなっているのか、そこに何か人間が生命を延ばせる秘訣《ひけつ》があるのではないかというので、シンポジウム会場の日本の老人学の専門家たちからも、一般聴講者《いっぱんちょうこうしゃ》の方々からも、壇上《だんじょう》にいるコーカサスからやってきた長寿学者に対して、いろいろ質問が出た。

質問一　長寿者の食生活はどうなっているのでしょうか。

回答　（ロシア語で）蛋白質《たんぱくしつ》、灰分、繊維《せんい》、ビタミン、ミネラル、炭水化物は豊富に摂取《せっしゅ》しますが、動物性脂肪《しぼう》はほとんどとりません。

通訳　長寿者のみなさんはたっぷりと栄養をとっております。

質問二　では長寿者のみなさんは普段《ふだん》どんな生活、どんな仕事をしておられるんでしょうか。

回答　（ロシア語で）長寿者は主に、ブドウやナシ、アンズなどの果樹栽培《かじゅさいばい》、羊や山羊《やぎ》などの牧畜《ぼくちく》に従事しております。

通訳　はい、長寿者のみなさんは、毎日元気に働いております。

9 この時の通訳者は、いかにも自信たっぷりに堂々と、うっとりするほどよく通る美しい声で訳すものだから、当日会場に居合わせたロシア語を解さぬ大多数の聴衆は、まさか通訳のところで⑥大切な情報が濾過《ろか》されているとは露《つゆ》ほども疑わなかったのではないだろうか。そして、コーカサスの長寿学ってのは、ずいぶんアバウトでのどかなものだなんて感想を持ったのではないかしら。

10 とにかく通訳の段階で切り捨てられてしまうと、結局言わなかったと同じことになるという、至極《しごく》当然でありながら、見過ごされることの多い真実が、ここに厳然とある。さらには、*門外漢にとって分からない情報というのがいかにゼロに等しいかということが、この例でもよく分かる。

（米原万里《よねはらまり》「同時に二人の旦那に仕える従僕」より）

*下僕　（男の）召《め》し使い。

*門外漢　専門家でない人。

問1 ——線部①「コミュニケーションである以上、最低二種類の参加者がいなくては成立しない」とあるが、このことを説明している段落の番号の組み合わせとして適切なものを、次の中から一つ選び、記号で答えなさい。（10点）

ア 2・3　イ 2・4

ウ 2・3・4　エ 2・3・5

［　　］

問2 ［②］・［④］に入ることばとして適切なものを、次の中からそれぞれ一つ選び、記号で答えなさい。（10点×2）

ア けれども　イ つまり　ウ ところで　エ 例えば

②［　　］　④［　　］

問3 〔③〕に入ることばを五字以内で答えなさい。（10点）

問4 ――線部⑤「訳に限っていえば許されない」とあるが、どういうことが「許されない」のか。文中のことばを用いて四十字以内で説明しなさい。ただし、「メッセージ」ということばを必ず用いること。（20点）

問5 ――線部⑥「大切な情報が濾過されている」とあるが、ここで「濾過され」た「大切な情報」として適切なものを、次の中から一つ選び、記号で答えなさい。（10点）

ア 長寿者は動物性脂肪をほとんどとっておらず、果樹栽培や牧畜の仕事をしていること。

イ 長寿者はたっぷりと栄養をとっており、毎日元気に働いていること。

ウ 長寿者は炭水化物をほとんどとっておらず、仕事をできない人もいること。

エ 長寿者は蛋白質や灰分などをとっており、ブドウやナシだけを栽培していること。

［　　］

---

2 次の詩を読んで、あとの問いに答えなさい。［30点］

夕焼け

吉野弘《よしのひろし》

いつものことだが
電車は満員だった。
そして
いつものことだが
若者と娘《むすめ》が腰《こし》をおろし
としよりが立っていた。
うつむいていた娘が立って
としよりに席をゆずった。
そそくさととしよりが坐《すわ》った。
礼も言わずにとしよりは次の駅で降りた。
娘は坐った。
別のとしよりが娘の前に
横あいから押《お》されてきた。
娘はうつむいた。
しかし
又《また》立って
席を
そのとしよりにゆずった。
としよりは次の駅で礼を言って降りた。
娘は坐った。
三度あることは　と言う通り

別のとしよりが娘の前に
押し出された。
可哀想《かわいそう》に
娘はうつむいて
そして今度は席を立たなかった。
次の駅も
次の駅も
下唇《したくちびる》をキュッと噛《か》んで
身体をこわばらせて——。
僕《ぼく》は電車を降りた。
固くなってうつむいて
娘はどこまで行ったろう。
やさしい心の持主《もちぬし》は
いつでもどこでも
われにもあらず受難者となる。
何故《なぜ》って
やさしい心の持主は
他人のつらさを自分のつらさのように
感じるから。
やさしい心に責められながら
娘はどこまでゆけるだろう。
下唇を噛んで
つらい気持で
美しい夕焼けも見ないで。

（吉野弘『吉野弘詩集』より）

問1 この詩を二つの部分に分けるとき、どこで分けるべきか。二つ目の部分の最初の五字を抜《ぬ》き出して答えなさい。（10点）

問2 この詩の表現の説明として適切なものを、次の中から一つ選び、記号で答えなさい。（10点）

ア　体言止めを規則的にくり返すことで、リズムをつくっている。
イ　倒置法《とうちほう》を用いることで、強い感情を表現している。
ウ　擬音語《ぎおんご》を用いた動作の描写《びょうしゃ》で娘の気持ちを表現している。
エ　直喩《ちょくゆ》を用いながら、登場人物の心情を細かく描《えが》いている。

〔　　〕

問3 この詩の主題として適切なものを、次の中から一つ選び、記号で答えなさい。（10点）

ア　やさしい心の持主でなければ、他人のつらさに目をそむけてしまうことがある。
イ　人は皆《みな》、他人のつらさを自分のつらさのように思う心を持つべきである。
ウ　やさしい心の持主は他人のつらさに共感する力が強く、心を痛めることが多い。
エ　人はときどき他人のやさしさをつらいこととして感じることがある。

〔　　〕

らくらく
マルつけ
la-62

チャレンジテスト❸

答えと解き方⬇別冊31ページ

／100点

1 次の古文を読んで、あとの問いに答えなさい。［50点］

花はさかりに、月はくまなきをのみ見るものかは。雨にむかひて月を恋《こ》ひ、たれこめて春の行方《ゆくへ》知らぬも、なほあはれに情《なさけ》ふかし。咲《さ》きぬべきほどの梢《こずゑ》、散りしをれたる庭などこそ見所多けれ。歌の*詞書《ことばがき》にも、「花見に*まかれりけるに、はやく散り過ぎにければ」とも、「障《さは》る事ありてまからで」なども書けるは、「花を見て」と①言へるにおとれる事かは。花の散り、月の傾《かたぶ》くを慕《した》ふ習ひは、さる事なれど、ことにかたくなる人ぞ、「この枝、かの枝散りにけり。今は見所なし」などは言ふめる。

②万《よろづ》の事も、始め終《をは》りこそをかしけれ。男女《をとこをんな》の情も、ひとへに逢《あ》ひ見るをばいふものかは。逢はでやみにし憂《う》さを思ひ、あだなる契《ちぎ》りをかこち、長き夜をひとり明かし、遠き雲井を思ひやり、浅茅《あさぢ》が宿に昔をしのぶこそ、色好むとは言はめ。

望月《もちづき》のくまなきを千里《ちさと》の外《ほか》までながめたるよりも、暁《あかつき》近くなりて待ち出《い》でたるが、いと心深う、青みたるやうにて、深き山の杉の梢に見えたる、木《こ》の間《ま》の影《かげ》、うちしぐれたる村雲がくれのほど、またなくあはれなり。椎柴《しひしば》・白樫《しらかし》などの濡《ぬ》れたるやうなる葉の上にきらめきたるこそ、身にしみて、心あらん友もがなと、都恋しう覚ゆれ。

（吉田兼好《よしだけんこう》『徒然草《つれづれぐさ》』より）

＊詞書　和歌の前に書かれている前書き。　＊まかれりけるに　参ったところに

問1　——線部①「言へる」を現代仮名遣《かなづか》いに直し、すべてひらがなで答えなさい。（10点）

［　　　　］

問2　——線部②「万の事も、始め終りこそをかしけれ」の現代語訳を答えなさい。（30点）

［　　　　］

問3　筆者の考えとして適切なものを、次の中から一つ選び、記号で答えなさい。（10点）

ア　満開でない花や沈《しず》みかけの月の美しさを知っていればこそ、盛《さか》りの花やくもりのない月の趣《おもむき》もわかるものだ。

イ　盛りの花やくもりのない月のような、趣深いものを見ると、心が無教養な人もしみじみと感動するものだ。

ウ　盛りの花やくもりのない月のような、すばらしいとされているもの以外にもしみじみとした趣があるものだ。

エ　ものの趣を解さない人は、盛りの花やくもりのない月のような、すばらしいものを見逃《みのが》してしまうものだ。

［　　　　］

2 次の漢文と書き下し文を読んで、あとの問いに答えなさい。 [50点]

孟《まう》子《し》対《こたヘテ》曰《いはク》、「①王好《ム》戦《たたかひヲ》。請《フ》以《もつテ》レ戦《ヲ》喩《たとヘン》。
孟子対へて曰く、「王戦を好む。［②］。

*塡《てん》然《ぜんトシテ》*鼓《こシ》レ之《これニ》、兵《へい》刃《じん》既《すでニ》接《ス》。
塡然として之に鼓し、兵刃既に接す。

棄《すテ》レ甲《かふヲ》曳《ひイテ》レ兵《ヲ》而*走《ル》。
［③］。

或《あるひハ》百歩《ニシテ》而後《のち》止《とどマリ》、或《ハ》五十歩《ニシテ》而後止《マル》。
或は百歩にして後止まり、或は五十歩にして後止まる。

④以《もつテ》二五十歩《ヲ》一笑《ハバ》二百歩《ヲ》一、則《すなはチ》何如《いかんト》。」
五十歩を以て百歩を笑はば、則ち何如」と。

曰《ク》、不可《ナリ》。直《ただニ》不《ざル》二百歩《ナラ》一耳《のみ》、是《これ》亦《また》走《ル》也《なりト》。
曰く、不可なり。直に百歩ならざるのみ、是れ亦走るなりと。

（『孟子《もうし》』より）

*塡然　太鼓《たいこ》の音が盛《さか》んに鳴らされる様子。
*鼓　太鼓を打ち鳴らすこと。
*走　逃《に》げること。

問1 ――線部①「王好《ム》戦《ヲ》」とあるが、書き下し文に合わせた返り点を書きなさい。（10点）

王　好《ム》　戦《ヲ》

問2 ［②］・［③］に入る書き下し文を答えなさい。（10点×2）

② ［　　　　］
③ ［　　　　］

問3 ――線部④「以《テ》二五十歩《ヲ》一笑《ハバ》二百歩《ヲ》一、則《チ》何如」とあるが、次の現代語訳の［　］に入ることばを答えなさい。（10点）

五十歩逃げた者が［　　］どうでしょうか

［　　　　］

問4 この話をもとにした故事成語を、漢字五字で答えなさい。（10点）

［　］［　］［　］［　］［　］

らくらく
マルつけ
la-63

□ 編集協力　㈱オルタナプロ　平松佳子　細谷昌子
□ 本文デザイン　土屋裕子(㈲ウエイド)
□ コンテンツデザイン　㈲Y-Yard

シグマベスト
アウトプット専用問題集
中1国語[読解]

編　者　文英堂編集部
発行者　益井英郎
印刷所　岩岡印刷株式会社
発行所　株式会社文英堂
〒601-8121　京都市南区上鳥羽大物町28
〒162-0832　東京都新宿区岩戸町17
(代表)03-3269-4231

●落丁・乱丁はおとりかえします。

ΣBEST シグマベスト

書いて定着

中1国語

読解

専用問題集

アウトプット

OUTPUT

答えと解き方

文英堂

① 指示語の問題❶

本冊 4ページ

❶ 問1 ウ

問2 例 外国人と日本人では、自然など身の回りのものに対していだくイメージや感じ方が異なること。[43字]

❷ 問1 イ

問2 例 生物の形態や行動、生理学的機能などが、その暮らしとうまくマッチするようにデザインされていること。[48字]

解き方

❶ 問1 指示語が指し示す内容は、基本的に**指示語の前の部分**にあります。——線部①「それ」の代わりに直前に書かれているウ「虫の鳴き声」をあてはめると、直後の「雑音として聞いてしまう」に自然につながります。

問2 ——線部②の前後の「外国の絵本や童話を開く時」、「頭に置いておく必要がある」ということばをヒントにして、——線部②が指し示す内容を考えます。「外国」と日本の違《ちが》いに関する筆者の考えが書かれているのは、「ヨーロッパでは、月は『死』のイメージにつながり、日本人のいだくイメージとはまったく違《ちが》うのです」などの部分です。「外国の絵本や童話を聞く時」は、この外国人と日本人のいだくイメージの違いを「頭に置いておく必要がある」のです。

❷ 問1 ——線部①「そのような防御《ぼうぎょ》」の前文に、「植物」の「葉を食べられないようにするための防御」について書かれています。「防御」という同じ語を修飾《しゅうしょく》していることから、この内容が「そのような」の代わりにあてはめられることが推測できます。

問2 ——線部②の前の「生物は、その形態……などが、その暮らしと非常にうまくマッチしています」「そういう暮らし方をするように、うまくデザインされています」という部分が指し示す内容なので、これを制限字数以内にまとめます。

② 指示語の問題❷

本冊 6ページ

❶ 問1 ア

問2 例 われわれがもののなかにあると信じている性質は、われわれ自身の精神に帰属させられるべきものであること。[50字]

❷ 問1 エ

問2 例 人間が不変に見えて安定しているモノに注目し、世界の変動するコト的な実相に目を向けなくなること。[47字]

解き方

❶ 問1 ——線部①の前の「われわれはそうした性質がものそのもののなかにあると考えがちだ」という部分が指示語の指し示す内容です。また、この「そうした性質」とは、さらに前に書かれている「赤い」「重い」「苦い」「甘《あま》い」などのような、ものの性質のことです。

問2 ——線部②の前の「われわれがもののなかにあると無批判に信じてしまっている性質は、実はわれわれ自身の精神に帰属させられるべきものであることが理解される」という部分が指示語の指し示す内容なので、これを制限字数以内にまとめます。

❷

問1 ――線部①の前の「縦横無尽《じゅうおうむじん》にはしるコトの網目《あみめ》のダイナミックな動きから、いつのまにかモノが紡《つむ》ぎ出されてくるのである」という部分が指示語の指し示す内容です。

問2 ――線部②は**直前の段落の内容全体**を指しており、それは――線部②のあとにある「物象化」の説明にもなっています。直前の段落にある「変動するコトの世界よりも、そこから紡ぎ出されて安定した存在となったモノのほうに目がゆく」「いったん、モノが人間の考え方の奥深《おくふか》くまで根をはってしまうと、ふたたび世界のコト的な実相に目を向けるのは容易でなくなる」といった内容を、制限字数以内にまとめます。

3 接続語の問題❶

本冊8ページ

❶
問1 イ
問2 ウ

❷
問1 ウ
問2 ② イ ③ ア

解き方

❶

問1 [①] の前では「イエ」や「イエ代理」に所属することを大切にする伝統的な考え方が述べられていて、[①] のあとではその逆の「個人」を大切にする最近の考えが述べられているので、**逆接**の接続語「**しかし**」が入ります。

問2 ――線部②の前の「自分は要するに他人と変わるところがない」と、――線部②のあとの「かけがえのない存在ではない」とは、**同じ内容を言い換《か》えたもの**になっています。

❷

問1 [①] のあとにある「芥川龍之介《あくたがわりゅうのすけ》の『羅《ら》生門《しょうもん》』で、『なぜ下人は老婆《ろうば》を襲《おそ》ったのだろうか』という問い」は、[①] の前の「文系の問い」の具体例になっているので、**例示**の接続語「**たとえば**」が入ります。

問2 ②「**しかし**」は**逆接**の接続語です。――線部②のあとの内容は、――線部②の前の内容からは順当に予想されない逆のものになっています。③「**だから**」は**順接**の接続語です。――線部③の直前の内容は、あとの内容の理由にあたります。

4 接続語の問題❷

本冊10ページ

❶
問1 エ
問2 ア

❷
問1 ウ
問2 イ

解き方

❶

問1 [　] のあとに「ヘロドトスはおもしろい」とあり、次の段落で、「しかし、司馬遷《しばせん》は、ヘロドトスよりある意味でもっとおもしろい」と述べられています。つまり、筆者は「ヘロドトス」も「おもしろい」ことをいったん認めたうえで、「司馬遷」は「もっとおもしろい」ということを主張しているので、[　] にはいったん事実を認めることを表す「**たしかに**」が入ります。

問2 筆者の主張は**最終段落**に書かれています。最後の段落で、「司馬遷」は「彼《かれ》が登場させる人物がどんな時代のどんな波にもてあそばれつつ志をとげて行ったか、どんな悲劇的な道を勇ましく、あるいはさみしくたどって行ったかなどを、時代像もろとも生き生きと描《えが》き出す」と述べられています。

❷

問1 □の前では、「二十世紀的な発想の枠《わく》内《ない》」での「私と身体をめぐる問題」に関する議論が紹介《しょうかい》されていますが、□のあとは「二十一世紀の現在、私と身体をめぐる問題は、これだけにとどまってはいない」と反対の内容が続くので、**逆接**の接続語「**しかし**」が入ります。

問2 筆者の主張は**第1段落**に書かれています。第一段落で、「デジタル世界」における「私」は「行為《こうい》することが観察された私、であって、そこでは私の意思よりは身体性のほうがフォーカスされている」と述べられています。

5 まとめのテスト❶

本冊12ページ

❶

問1 ① イ　③ エ

問2 エ

問3 例 科学の成果により人間の器官の能力が拡大したように見えること。［30字］

問4 いったん事故が起これば多大な犠牲者が出る

解き方

❶

問1 ①の前の内容と対立する内容があとに続くので、**逆接**の接続語「**しかし**」が入ります。

③の前の「さまざまな事件・事故」から、あとでは「公害」を取り立てて説明しているので、多くのものの中で特に、ということを表す「**なかでも**」が入ります。

問2 ――線部②は「科学に起因する事故」や、「科学」の「過剰《かじょう》な使用によって」増えた「個人の不幸や社会的損失」を指しているので、「過剰な使用」は不適切です。

問3 ――線部④は直前の「人間の器官の能力が拡大したよう」になることを指しています。この「拡大」は「科学の成果」によってもたらされたことです。

問4 「この言葉」とは、「**文明**が進めば進むほど……**災害**がその**激烈《げきれつ》の度を増す**」を指します。これは、科学が発達して効率的なものをつくるほど、「いったん**事故**が起これば**多大な犠牲《ぎせい》者が出る**」と言い換《か》えられます。

6 キーワードの発見

本冊14ページ

❶ 問 ウ

❷ 問 ア

解き方

❶

問 ――線部の次の段落で、「大人は、日頃《ひごろ》、……さまざまな役がらを演じてい」て、「自分を使い分けている」と述べられています。さらに、次の段落で、ラテン語の「ペルソナ（＝俳優の演じる役がらや登場人物）」が「仮面」と「人格」という意味をあわせもっており、「さまざまな仮面の総体が人格」なのだと述べられています。以上のことから筆者は、**日頃演じているさまざまな役がらが、わたしたちの人格をつくり上げている**ということを述べているのがわかります。

❷

問 ――線部の次の段落で、「これ（＝友人や先《せん》輩《ぱい》から得た情報）を鵜《う》呑《の》みにしてはいけません。その人の情報が間違《まちが》っているとは言いませんが、それは限られた体験や知識にもとづく情報である場合があります」と述べられています。

7 筆者の主張の発見

本冊16ページ

❶ 問 イ

❷ 問1 ウ

問2 山椒魚の如く岩屋に閉じこもったまま［17字］

解き方

❶

問　この文章のキーワードは「**短編小説**」なので、そのことばに注目すると筆者の主張をとらえやすくなります。1行目の「短編小説は礼儀《れいぎ》正しい。長くはおじゃまいたしません」や、9～11行目の「短編小説の特徴《とくちょう》は短いことです。……短いからこそ全体として多様であり、多彩《たさい》であり、いろいろなものを私たちの前にくり広げてくれます」などの部分で、**短編小説の短さからくる長所**を述べています。そして、18～20行目で、「大声で叫《さけ》びたいのは、短編小説は短いぶんだけ長編にできないこと、やりにくいことをみごとに果たすことができる、と、この長所です。この簡便性、全体として多様性……」と**主張**がまとめられています。

❷

問1　——線部①に対する筆者の考えは、そのあとで「私たち自身がつくりあげていく社会が、いつのまにか私たちの制御《せいぎょ》不能《ふのう》に陥《おちい》る様をテーマとしているのではないか」と述べられています。

問2　問1 で見た筆者が考える「この作品」の「テーマ」は、「山椒魚《さんしょううお》が出口から何とかして外に出ようと試みても、決して出ることはできないという図」のようなものであるとたとえられています。ここから転じて、「軍事指導者たち」が、「軍人勅諭《ぐんじんちょくゆ》」に基《もと》づく「兵士の命は国に捧《ささ》げよ」という〈死の強要〉のスローガンに歯止めをかけないままの様子を、27行目で「**山椒魚の如《ごと》く岩屋に閉じこもったまま**」と表現しています。

8 言い換えの発見

本冊18ページ

❶ 問　エ

❷ 問1　ア

問2　人間に対して邪悪な働きをするものの実体がわかれば、それと戦う(ことができるということ。)[30字]

解き方

❶

問　文章の最後で、「『美しい』と『美しく生きる』」は、「二つの異なった価値の比喩《ひゆ》、すなわち、万人《ばんにん》にとって自明な価値と、自明ではない価値の比喩だと」言い換《か》えられています。

❷

問2　「ペストとの戦い」は、次の段落の初めで、「人間に対して邪悪《じゃあく》な働きをするものの実体がわかれば、それと戦う」ことのできる例だと言い換えて説明されています。

9 問いかけと答え

本冊20ページ

❶ 問1　いま目の前で壊されようとしている地球の環境を守る仕事[26字]

問2　ウ

❷ 問1　社会や経済が国も地域も超えて地球規模でつながり、その結果個々の国や地域や民族や人びとの生活に大きな変化を引き起こすこと[59字]

問2　エ

解き方

❶

問1　**問いかけの直後に答えがあるパターン**です。ここでは——線部の直後の「それは、」以下の部分が答えになります。

問2　文章の最後にある問いかけは、筆者の主張になっていることが多いでしょう。文章の最後の「僕《ぼく》たちの生き方じたいも、いままでとは根本的に変わらなければいけないはずなのに、僕たちは、ほとんど同じような生活をしているのではないだろうか」という問いかけは、「僕たち」すなわち「人間」が「生活」のしかたを変えるべきであるという**主張**になっています。

❷

問1　——線部①の直後の「**おおざっぱに言うと**」以下の「」でくくられた部分が、問いかけに対する答えになっています。

問2　——線部②「（グローバリゼーションの）困った面」とは、直後に書かれている「不幸な人が存在すること」です。この内容は、**最終段落**の20～24行目で「グローバリゼーションにおいては……それまでじゅうぶん豊かに暮らしていた多様な文化圏《ぶんかけん》の人たちが『自分は不幸だ』と思いこむ困った現象が起きるのです」と詳《くわ》しく言い換《か》えられているので、この内容に合う**エ**が正解になります。

10 原因と結果

本冊22ページ

❶ 問　エ

❷ 問1　ア

問2　例　自然の産物はカミ（山の神）のものであると考えているから。［28字］

解き方

❶ 問　第1段落に、「グローバリゼーションの根本にあるもの」は「**科学技術と産業システム**」だと述べられています。「**科学技術**」は第2段落で「知識をつくり上げる」ものであり、その知識は「**応用してものをつくり出す**ことに役立」つものだと説明されています。また、「**産業システム**」は第4段落にあるように、「あらゆるものが製品としてつくられ、これが商品として**流通する**というシステム」であり、さらに、18～20行目で「このシステムはあまりに効率がよく、またあまりに物を生み出すため、システムが**世界中に広まり、それが受け入れられるようにな**った」と述べられています。

❷

問2　——線部②の前の段落に注目します。マタギやアイヌの人たちは、「自然の産物はカミ（自然神）のものである」と考えるので、自然の産物である獲物《えもの》をカミ（山の神）から授《さず》かった」と表現するのです。

11 具体例と主張

本冊24ページ

❶ 問　(1)　ウ　(2)　代わり

❷ 問1　ア

問2　例　白人以外に人権が認められるようになったという変化。［25字］

解き方

❶ 問　(2)　設問で示された説明文は、主に第3段落で述べられている「**逆説**」の**説明**になっています。筆者は「預《あず》り手形」の例を通して「ホンモノのおカネの単なる『代わり』が、本来のホンモノのおカネに『代わって』それ自身がホンモノのおカネになってしまう」ことがあると述べています。

❷

問1　「この決定的なちがい」は5行目の「**質的なちがい**」を指しているので、**ア**「コーヒーの価格」のちがいのような、「量的な変化」は不適切です。

問2　——線部②の「そこに起こった変化」とは「**南部**」で**起こった変化**のことを指します。——線部②の前に「今はもう『南部』でもそんなことはありません」とあるので、以前「南部」で行われていたことが現在は行われていないという「変化」であると読み取れます。そして、15行目に「（黒人は）人権を認められていませんでした」とあり、21～22行目には「黒人と白人の結婚《けっこん》が『違法《いほう》』だったばかりではなく、日本人と白人の結婚が『違法』だった」とあるので、**白人以外にも人権が認められるようになったことが**、——線部②の「変化」の内容であるとわかります。

12 対比の読み方❶

本冊26ページ

❶ 問1 ウ
問2 姿も体系もまったく異なっている［15字］

❷ 問 イ

解き方

❶ 問1 第１段落と第２段落では、「日本以外の世界に住んでいるあらかたの人びと」と「日本人」を比較《ひかく》しています。前者は「バイリンガル」である、すなわち「ひとつに限らずいろんな言語を話せることが多い」のに対して、日本人は「モノリンガル」だと述べられていることから、「モノリンガル」は**「バイリンガル」とは逆**に、**一つの言語しか話せない**という意味であることが推測できます。

❷ 問 本文では日本人にとっての平和と、ヨーロッパ人にとっての平和が**比較**されています。日本人にとっての平和は、「現状」として「ある」ものであり、「外部の変化と無関係に」「維持《いじ》できる」と考えられているものと説明されています。一方、ヨーロッパ人にとっての平和は、「外部の状況変化《じょうきょうへんか》に応じ、主体的に外に働きかけることではじめて守れる」ものであり、「たえざる建設を要する」ものであると述べられているので、正解はイです。

13 対比の読み方❷

本冊28ページ

❶ 問 例 未完成な状態で生まれ、長い保育期間を必要とする生き物。［27字］

❷ 問1 ウ
問2 例 文語は口語に比べてしたしみづらく、無愛想な印象を与えるため。［30字］

解き方

❶ 問 主に文章の前半で、人間と他の動物が対比されています。他の動物は「みじかい哺乳《ほにゅう》期間」で一人前になるのに対し、人間は「未完成な状態」で生まれ、「長い保育期間」を要します。そのため、人間は「愛されたい」と求め、「甘《あま》ったれであり、ひがみっ子」の性質をもつのです。

❷ 問1 ――線部①のあとで、「口語とはふだんの会話でつかっていることば。それに対して文語というのは、あらたまって『文章』にした『書かれたことば』のこと」であると述べられているため、ウが正解です。

問2 6～8行目に「口語はしたしみやすいが、文語はおおむね硬《かた》くなる。硬いだけでなくむずかしくて、めんどうになる。ばあいによってはヨソヨソしくなる」とあります。また、11～12行目で「文語」は「ていねいなようで、無愛想なのである」と述べられています。つまり、「文語」は「口語」に比べて「したしみ」づらく「硬い」「ヨソヨソし」いことばであり、「無愛想な」印象を与《あた》える、という内容を制限字数以内にまとめます。

14 段落と文章構成❶

本冊30ページ

❶ 問 ア

❷ 問1 [7]
問2 ウ

解き方

❶ 問 第[1]段落では、「勤勉―繁栄《はんえい》―進歩という価値観」の「動揺《どうよう》」という**文章のテーマ**が提示されています。そして、第[2]段落では「勤勉」が、第[3]段落では「勤勉」と「繁栄」が、第[4]段落では「進歩」が、それぞれ「価値の王座に、君臨する

ことができな」くなっていることを説明しています。最後に第5段落で、「勤勉―繁栄―進歩の価値観」の代わりに「立てられようとして」いる、「遊び―自然―自由」という「新しい価値観」は、「人類を長い間ささえる価値観とはならないであろう」という**筆者の主張**が述べられています。これに合うのはアです。

❷

問1 第1段落でチェーホフの「手帖《てちょう》Ⅰ」の一節を紹介《しょうかい》したあと、第2段落から第4段落でその内容に対する筆者の考えが示されています。そして、第7段落では、第6段落で引用したチェーホフの一節の別の翻訳《ほんやく》を通して、「『教養』こそ、大人への条件のはずだが、さて当の大人たちは？」という**筆者の主張**につなげています。

問2 ――線部の理由は直後に書かれています。ソースを誰《だれ》かがこぼしたときに「気づかぬふりをする」のは、その人の「『教養』に関わること」なので、佐藤清郎による翻訳が「決して間違《まちが》いと言えない」のです。

15 段落と文章構成❷

本冊32ページ

❶
問1 エ
問2 3

❷
問1 イ
問2 例 今後の国際感覚は、時代に合わせ、より広い視野をもつ「地球市民感覚」へと概念を広げていくと予想される。[50字]

解き方

❶

問2 **文章の結論は最初か最後にあることが多い**でしょう。ここでは第3段落の「いまどんなに苦しくっても、それが一生つづくものだと考えてはいけない」が結論になります。

❷

問1 第3段落の「グローバル・イシューが共有されていく過程で、地球市民の意識が、現実に必要なものとなってきた」と合うのはイになります。

問2 第4段落の「地球市民という言葉も、時代の変化にあわせて成熟していくことになるはずです。狭《せま》い国際感覚はやがて、より広い視野をもつ国際感覚としての『地球市民感覚』へと、その概念《がいねん》を広げていくことになるのかもしれません」が**結論**になります。これをふまえて制限字数以内にまとめます。

16 まとめのテスト❷

本冊34ページ

❶
問1 エ
問2 ② エ　③ イ
問3 ウ
問4 例 必要な以上の富を際限なく追求しつづけようとする強迫観念から人々が解放される時代。[40字]

解き方

❶

問1 ――線部①のあとに「それはこのような経験があったからである」とあるので、筆者の経験が――線部①の理由であることがわかります。そして、その経験は、「冬の郊外《こうがい》の駅前の夜の屋台で、仲のよかった人と一緒《いっしょ》に熱いラーメンをすすっ」たというものであり、「好きな人と一緒にいるということ」と「熱いラーメン」という最低限の物質的な条件の両方がそろえば、「それ以上のものは、自分には何もいらない」と感じたと述べられています。このため、筆者は自民党の総理の「(好きな人と結婚してつつましく暮らしているであろう若い二人の方が)幸福だと思う」という意見は正しいと考えたのです。

問2 ② のあとで、「貧しい国々」だけでなく、「豊かな先進産業諸社会の中にも今もなお飢えている人びともいる」ことが**付け加えられているので**、② には「**また**」が入ります。

③ の前では、「経済発展」が「ある水準までは必要」であったと述べられていますが、③ のあとでは『豊かな社会』の内部の飢えている人びと」は「これ以上の経済成長の問題ではな」いと述べられています。よって、③ には**逆接**の接続語「**けれども**」が入ります。

問4 ――線部⑤の前に、「必要な以上の富を追求し、所有し、誇示《こじ》する人間がふつうにけいべつされるだけ、というふうに時代の潮目が変われば」とあります。また、「必要な以上の富を追求し、所有し、誇示」することは、――線部⑤のあとで「ばかげた強迫観念」によるものだと述べています。つまり、筆者は「必要な以上の富を追求」しようとする「強迫観念」から人々が解放される必要があると考えているのです。

17 自然・科学がテーマの文章

本冊36ページ

❶ 問 エ

❷ 問 イ

解き方

❷ 問 8～9行目に、「知性をもつことによって、人間には、『不安』が忍《しの》び寄ってくるのです」という筆者の主張が述べられており、その「不安」は33行目で、「解決不能」とあります。この内容に合うのは**イ**です。

18 文化・言語がテーマの文章

本冊38ページ

❶ 問1 イ

問2 例 日本人の言語習慣には、相手の気持ちを考えながら互いの関係に気を配る日本人の国民性が反映されている。[49字]

❷ 問1 ア

問2 例 文学作品の独創性は、それを書いた作者独特の語り口や文章の呼吸にある。[34字]

解き方

❶ 問2 **筆者の主張**は**第2段落**に書かれています。第2段落では、「質問に答える場合」を具体例に、**英語と日本語の考え方の違《ちが》い**が説明されており、「英語では自分の答えが肯定《こうてい》の場合に『イエス』、否定の場合に『ノー』を使うのに対し、日本語では自分の答えが相手の問いの形に合えば『はい』、合わなければ『いいえ』を使うという原則に立っている」とあります。そして、こうした「言語習慣」は、「たえず相手の気持ちを考えながら、互《たが》いの関係に気を配って応対する日本人の国民性を反映した」ものだとあります。

❷ 問2 **第1段落**で、「文学作品は、誰《だれ》がどんなふうにそれ(よく似た考えや意見)を言葉にするかということです」と述べられています。また、「よく問題にされる芥川《あくたがわ》のシニカルな人間観や厭世的《えんせいてき》な気分といったものも、なにも芥川の独創でも専売特許でもない」とあることから、この文章では**文学作品の「独創」性が問題にされている**ことがわかります。そして筆者は、「文学作品」の「独創性」とは、「作者」の「語り口、その文章の呼吸」(文章の表現)にあると主張しているのです。

19 社会・生活がテーマの文章　本冊40ページ

❶ 問1 ウ
問2 遠くの他者［5字］

❷ 問1 ウ
問2 例 工場で働く人たちは、ものを作るプロセスで個性を発揮しているから。［32字］

解き方

❶ 問1 [①] の前の段落では「連帯の成立にとって感情は重要な要素である」と述べているのに対し、[①] のあとでは「感情は、連帯にとって諸刃《もろは》の剣《つるぎ》である(=連帯をさまたげる側面もある)」と述べているので、**逆接の接続語「だが」**が入ります。

❷ 問1 [①] の前では「個性」が「なくてはならない」ものの具体例が列挙されているのに対し、[①] のあとでは「工業製品は、個性を」「排除《はいじょ》しなければならない」と述べられているので、**逆接の接続語「しかし」**が入ります。

問2 第3段落で、工場でも「ものを作るプロセス」では「個性を発揮」できるので、工場で働く人も「職人だといえる」と述べられています。

20 グラフ・資料の読み取り　本冊42ページ

❶ 問 ① 石炭 ② 25・4 ③ 75・5

❷ 問 X 26 Y 9 Z 25

解き方

❶ 問 円グラフの変化を把握《はあく》するには、**同じ項目《こうもく》の割合を異なる年度で比較《ひかく》**します。この資料の場合、年度と各項目(石炭・石油)を確かめて数値を読み取りましょう。一九七三年度から二〇二一年度にかけて石油の項目の数値が大幅《おおはば》に減り、石炭の項目の数値が増えていることから、石油ショックの影響《えいきょう》で、石油の使用量が減り、石炭の利用が進んだことがわかります。

❷ 問 ――線部①は同じ項目の数値を異なる年で比べています。性別や年齢《ねんれい》の項目に関係ない内容なので「**全体**」の数値を読み取ります。――線部②は「**70代以上**」の項目について、「努力しても報《むく》われないと思う割合」の変化を男女別に比べているため、項目に注意し[Y]・[Z]にあてはまる数値を読み取ります。

21 会話の読み取り　本冊44ページ

❶ 問 エ

❷ 問1 ア
問2 土俗的なものが今でも残っている(ような土地。)［15字］

解き方

❶ 問 各選択肢《せんたくし》について、**対談の内容に合うかどうかを照合**して判断します。アは、岸田《きしだ》氏の「強い自我《じが》というのは強い神に支えられた自我である」という発言に合いません。イは、「都市部」での「癖《くせ》の強さ」がどう評価されているのかを述べているのは岸田氏であり、岸田氏は「都市においては癖が強いほうが成功できる」と述べているので合いません。ウは、対談にない内容のため不適切です。エは聞き手の「日本人の自我とヨーロッパ人の自我ということですが、一般《いっぱん》に分かりやすい言葉で言えば、むしろ個性」という発言に合うため、これが正解となります。

❷ 問1 各選択肢について、**対談の内容と照合**して判断します。アの「北米的なもの」は「ロジカルでないもの」を否定する文化です。よって、アは、

山田《やまだ》氏の「ハーンは……(ニューヨークではなくニューオリンズのような)非合理的な世界にこそ居心地《いごこち》の良さを見出《みいだ》していた」という発言に合いません。なお、この発言はウには合います。イは、工藤《くどう》氏が山田氏のハーンの好みに対する見解に「おっしゃる通りです」と同意していることに合います。エは、工藤氏の「ニューオリンズは……いわゆる土俗的《どぞくてき》なものが今でも残っているような土地柄《とちがら》です」という発言に合います。

22 まとめのテスト③

本冊46ページ

❶
問1 ウ
問2 ② ウ ③ エ
問3 例 科学的な知識と照し合せてみて、昔から習慣的に信じていたことから間違っているものをとりのぞくこと。[48字]
問4 イ

解き方

❶
問1 ――線部①の前から、**指示語の指す内容**を読み取ります。「科学が発達しておらなかった時代、あるいは……それが一般《いっぱん》の人たちには非常に縁遠《えんどお》く、一般人の生活の中に入って来なかったという時代」の「一般の人たち」が「昔からのしきたりだから」と行ってきたしきたりを指し示しているので、ウが正解です。

問2 ② は、直前に「われわれの生活を豊かにしているというようなもの」とあり、その**具体例**として、「さまざまの年中行事」の説明が ② のあとに続くので、例示を表す「**たとえば**」が入ります。
③ は、直前の「特に問題とすべきことはない」に反して「困ったことになる」内容があとに続くので、**逆接**の接続語「**しかし**」が入ります。

問4 38～40行目に、科学によって、「生活が楽になり、豊かになる」と**同時に**、「人間の社会生活というものが、無理が少なくなって、お互《たが》いに気持《きもち》よく暮《くら》して行けるようになる」という効果があって**初めて**、「科学というものの**真価が発揮された**のだと思う」と書かれています。また、最終段落では、「結局」のあとで、科学を狭《せま》く解釈《かいしゃく》して、「昔からあるものをただ捨てて行くのだ、新しいもので置き換《か》えて行くのが社会の進歩だ、というように一概《いちがい》に考えるのは、必ずしも当《あた》っておらない」と、筆者の主張が読み取れます。これらの内容に合う選択肢《せんたくし》はイです。

23 人物の心情①

本冊48ページ

❶
問 愛されて暮らしている

❷
問1 イ
問2 例 変わってしまったと思った景子の中に、十年前と同じ明るく優しい一面を見つけて喜びを感じる気持ち。[47字]

解き方

❶
問 ――線部のあとの部分から、「匂《にお》い」について書かれている部分に注目します。「こうばしい匂い」、「陽《ひ》にあたった幸せな犬の匂い」。それらは「世話されて、愛されて暮らしているものの匂い」だと「私」は感じ、言葉ではなく「自分は生きてる」と感じた様子を読み取りましょう。

❷
問1 ――線部①の前で、「惇一《じゅんいち》」は「**景子《けいこ》が子供たちと遊ぶわけはない**」と思っていたことが書かれています。そのイメージに反して、「景子」は「子供たち」と遊んでいたことがわかったので、「惇一の頭は混乱した」のだと読み取れます。

問2 ――線部②の前に「**惇一の胸に喜びがあふれた**」とあります。また、「景子が生き返った」

は、「あ！　十年前の景子とおなじだ！」という惇一の心の声に対応しています。「十年前の景子」は本文の前書きに、「明るくて優《やさ》しい人物であったとあります。これらの内容を制限字数以内にまとめます。

24 人物の心情❷

本冊50ページ

❶ 問 ウ

❷ 問1 窮屈で不便（なところ。）［5字］
問2 イ

解き方

❶ 問 **心情を表すことばの前後の文脈**から、どんな状況《じょうきょう》でその心情になったのかを読み取ります。――線部の直前に「ここは大海の一部であり、底知れぬ深さを持った海につながっているのだと思うと」とあります。また、同じ段落の2文目「深いところへ行くことはできなかった」や、――線部のあとの「飛込台《とびこみだい》のところまで行くことなど思いもよらなかった」という記述から、海の「深いところ」に行くことに対して「恐怖心」をいだいていることがわかります。

❷ 問2 直前で、「とうさん」は、「おじさん」が集落を出ていったのは、「(ここに流れている時間が)重かった」からだろうと話しています。ここから、「わたし」は時間を「古ぼけた厚い布団《ふとん》」のように、なじみ深くも重いものと感じたのです。

25 裏腹な心情

本冊52ページ

❶ 問 ア

❷ 問 エ

解き方

❶ 問 「ぼく」は「助けてあげなくちゃ」という思いと、「早く逃《に》げないとオレまでガムガム団にいじめられちゃうぞ」という**相反する気持ち**を同時に抱《いだ》いています。さらに、――線部の直前に「いまなら、そーっと逃げれば、だいじょうぶ……」とあることから、どちらかといえば逃げ出したい気持ちのほうが強くなっていることが読み取れるのでアが正解です。

❷ 問 「真紀《まき》さん」の**発言**から、「ダンナ」への**思い**を読み取ります。12～15行目の真紀さんの発言で、「嫌いな部分」もありながら、「結婚する前」よりも「好き」になっている（強くなった「嫌いな部分」以上に「好きな部分」が強くなっている）ことがわかります。「嫌いな部分」とは7～9行目で「人一人の生活やプライドに関わることを、じつに楽しそうにしゃべるのよね」という面が「すごく嫌《いや》」だと言っています。よって正解は**エ**です。

26 複雑な心情

本冊54ページ

❶ 問 例 患者たちに対する嫌悪の情や逃げだしたいくらいの恐怖を隠して、偽善的にふるまっていることへの自己嫌悪。［50字］

❷ 問 ウ

解き方

❶ 問 **指示語の前の部分に着目**しましょう。――線部「その皮肉な声」が表している内容を探します。すると、直前に「本当は逃《に》げだしたいくらいこわいくせに、一体、なんのためにこんな猿芝《さるしば》

居《い》をやっているのだ」や、さらにその前に「（お前たちは偽善者《ぎぜんしゃ》だよ）」とあり、「逃げだしたいくらい」の恐怖《きょうふ》を隠《かく》した「猿芝居」（＝慰問の学校行事）が「偽善」であることを批判している「声」だとわかります。そして、11〜12行目の「彼等《かれら》に、嫌悪《けんお》の情を感じたことが今たまらなく心に痛かった」と、14行目の「自己嫌悪にかられながら、ぼくは、みんなの表情をみた」という部分をふまえると、この「声」が「ぼく」の「自己嫌悪」の心情を表していることがわかります。

❷ 問 最終段落に、「少女はそうしているうちに、どういうわけか、自分が非常に悲しい気分になっていることに気づいた」とあります。「そうしているうちに」とは、人間が神馬《じんめ》に餌《えさ》を与《あた》え、「お廻《まわ》り！」と命令して厩舎《きゅうしゃ》の中を廻らせている様子を見たことを指しています。また、第4段落に、「少女は、この馬も、時には風を突《つ》いて広い草原を駆《か》けたいだろうにと思った」とあることから、少女は餌で神馬を弄《もてあそ》ぶような人間のふるまいに悲しみを感じていることがわかります。

27 心情の変化

本冊56ページ

❶ 問 エ

❷ 問 例 自分と同類だと思っていた馬が、怠けて何も出来ない存在ではなく、サアカス一座の花形だと知ったから。［48字］

解き方

❶ 問 「雄太《ゆうた》」が――線部のような心情になったのは、「伊良部《いらぶ》」に「一人で街をぶらついてい」ることを正直にメールで伝えたことがきっかけです。このことによって「雄太」は、――線部の直後にあるように、「自分を偽《いつわ》ったり、他人の顔色をうかがう毎日」から解放されたような気分になったのだと読み取れます。

❷ 問 「僕《ぼく》」が――線部のような心情になったのは、「馬」についての「思いちがいがハッキリして」きたことがきっかけです。第1段落にあるように、「僕」は「馬」のことを「僕のように怠《なま》けて何も出来ないのだと思っていましたが、第5段落で、実は「サアカス一座の花形だった」ことを知ります。そのため、「僕」は「気持が明るくなった」のです。

28 まとめのテスト❹

本冊58ページ

❶ 問1 X 冷やかし Y うれしい

問2 例 彼女を失わずに生きていくためにはどうすればよいのか、両親の経験を参考にしようと思ったから。［45字］

問3 エ

解き方

❶ 問2 「ぼく」が――線部②のように思ったきっかけは、直前の段落にあるように、「**彼女《かのじょ》を失わずに生きていくためにはどうすればいいのだろう**」と考えるようになったことです。また、――線部②のあとで、「同じ男性として、父が母のことをどう思っていたのかが知りたかった。そして、いつ、どんなことがきっかけになって、一緒《いっしょ》にはいられないと考えるようになったのかも知りたかった」とあることから、恋人《こいびと》の「片岡《かたおか》さん」を「失わずに生きていくため」のヒントを、**両親の経験から得よう**としていることが読み取れます。

問3 ――線部③の一つ前の段落では、「二人の男女が添《そ》いとげるというのは、これまでぼくが思ってきた以上にたいへんなことなのだろう」と想像しています。そのうえで――線部③の直前にある「どうか、ぼくたちに幸福が訪《おとず》れますように。ケンカをしても、すぐに仲直りできますように」という「ぼく」の心の声から、「ぼく」は「片岡さん」との関係を末永く続けたいと願っていることが読み取れます。

29 場面分け
本冊60ページ

❶ 問 4

❷ 問 「海月の化

解き方

❶ 問 第1段落から第3段落は「駅の洗面所」で、呼び止められた「ぼく」が「父」に、出征《しゅっせい》のあいさつの時に、一人だけ早く「お父さん万歳《ばんざい》」と言うように言いふくめられている場面です。さらに、第4段落以降は実際に「父」の「**訣別《けつべつ》のあいさつ**」が行われている場面になっています。

❷ 問 「紺野《こんの》先生」の「海月《くらげ》の化石を見たことがあるかい、」という発言で話題が変わるのと同時に、「地下のプラットフォームへ降りる階段で足をとめ、手摺《てすり》に寄りかかって」話していた場面から、「少年の案内で海百合《うみゆり》の化石を見に行く」場面に切り替《か》わっていることを読み取りましょう。

30 回想シーン
本冊62ページ

❶ 問 『……ここ

❷ 問1 夏の午後、〜に向った。

問2 イ

解き方

❶ 問 物語などで、登場人物が過去の出来事を思い出している部分の前後には「**思い浮《う》かんだ**」「**思い出した**」のような表現があることが多いでしょう。この文章では、最終段落の「不意にクロサイの言葉が**思い浮かんだ**。」という一文に着目します。「思い浮かんだ」のは直前の『……ここで出されたテーマが「ペット」じゃなくて「動物」なのは、なにか意味があるんじゃないかな』ということばです。

❷ 問1 「あとになって**思い返してみると**」で始まる段落の前後で場面が変わっていることに注意します。この直後から、「……海に向《むか》った。」までで、「ぼく」は学生時代の出来事を回想しています。よって、この部分の最初と最後を抜《ぬ》き出します。

問2 ――線部の前の「そのときの気分」とは、「カンボジア」に「行ってみよう、と思った」ときの「ぼく」の気分です。さらに、これと「学生時代に経験した覚えのある衝動《しょうどう》」が「よく似ていた」と述べています。「ぼく」は学生時代に退屈《たいくつ》な解《かい》剖学《ぼうがく》の講義を抜《ぬ》け出して海に行こうと友人に誘《さそ》われたとき、「夕陽に向《むか》って泳ぎ出し、沖の波間にただよいながら、ひき返そうか、そのまま大陸に向って進んで、疲《つか》れ果てて沈《しず》んでしまおうか、と悩《なや》む方が……はるかに貴重に思えた」と考えています。よって、イが適切です。

31 人物像をつかむ❶
本冊64ページ

❶ 問1 ウ

問2 例 どんなときでも泣いたりわめいたりしたい気持ちをおさえて仕事をしなければならないという苦労。［45字］

❷ 問 例 ヒットを狙わなくてもいいのに、納得のいく曲を作るための労力を惜しまない新井裕介の様子を見たから。［48字］

解き方

❶ 問1　——線部①のあとに「それは私事だからだった。……ポッポヤの乙松《おとまつ》が一番悲しい思いをしたのは、毎年の集団就職の子らを、ホームから送り出すことだった」とあることから、**「ポッポヤの乙松」**すなわち**「駅長としての自分」**を、**「私人としての自分」**と区別しようとしている姿勢が読み取れます。

❷ 問　「新井《あらい》裕介《ゆうすけ》」の**行動**から**人物像**をつかみ、——線部のように「メグ」が考えた理由を推測します。まず、第2～3段落から、かつての「新井裕介」は「貪《むさぼ》るように繰《く》り返し聴《き》きたくなる磁力」のある、売れる曲をつくれる作曲家だったということが読み取れます。また、第4段落以降では、現在の「新井祐介」も、「ヒットを狙《ねら》わなくてもいい曲」でも、納得《なっとく》がいかなければ「ボツ」にして、「つくり直す」ことを決めています。このことから「メグ」は、「新井裕介」が作曲への情熱をまだ失っておらず、今回で引退はしないだろうと考えたのです。

32 人物像をつかむ❷

本冊66ページ

❶ 問　イ

❷ 問1　イ

問2　例　万年筆を壊してしまったと勘違いしてうろたえる「私」を安心させたかったから。［37字］

解き方

❶ 問　各選択肢《せんたくし》について、**「佳苗《かなえ》」の人物像に合うかどうかを本文と照合して判断**します。まず、ア「率直《そっちょく》」は、本文の「佳苗は思っていたことをストレートに言った」という部分に合います。また、本文の「絵理《えり》の声のテンションがいきなりさがる。なのに、佳苗はちっともあわてることなく続ける」という部分にウ「沈着《ちんちゃく》」が合います。エ「賢明《けんめい》」は、「佳苗」の『絵理、やめときなよ。バンドのファンになるのはかまわないけど、知り合って一週間もしないひとに、なんでみつぐの？　いくら好きでも、そんなの変だよ』という発言に合います。これはイ「臆病《おくびょう》」で言っているのではないことを、「友達だから心配してんじゃん」という発言から読み取りましょう。

❷ 問2　——線部②の前の部分から、このとき「私は自分の不注意を呪《のろ》い、絶望して泣いた」ことが述べられています。このような状態の「私」に対し「**必ずという言葉を強調するよう**」な動作をしたことから、「キリコさん」は「私」を安心させようとしたことがうかがえます。

33 比喩表現

本冊68ページ

❶ 問1　イ

問2　①・②・④［順不同］

❷ 問1　ア

問2　(1)　イ

(2)　例　旅の中で、一見普通に見えても、自分の想像を超えた人生を送ってきたであろう老夫婦に出会ったこと。［47字］

解き方

❶ 問1　——線部①の直後に「線路」とありますが、「線路」は金属でできています。水銀は常温でも液体の金属であり、これを「流したような」と表現しているので、線状の金属がなめらかに続く

様子をたとえているとわかります。

問2　「(まるで)……ように」などの言葉を使って直接的にたとえているものが直喩《ちょくゆ》です。――線部③は、主語が「蝶《ちょう》」であり、**人でないものを人にたとえているので擬人法《ぎじんほう》**で、**隠喩《いんゆ》**の一種です。

❷

問2　(1)　**主語の「旅」を人間になぞらえて「つきつけた」という動詞を用いているので**、**擬人法**、つまり**隠喩**の一種になります。

(2)　――線部②の直前に「この人達が経験したであろう歳月《さいげつ》の明暗は、私の想像を超《こ》える」とあります。旅の中で、自分の「想像を超える」歳月を経験してきたであろう二人の老人に出会い、「私」は「真新しい切口」をつきつけられたように感じたのです。

34 情景描写

本冊70ページ

❶ **問**　ウ

❷ **問1**　エ

問2　例　サンタクロースを心待ちにしていた息子へのクリスマス・プレゼントとしては、特別さが足りないように思えたから。[53字]

解き方

❶ **問**　――線部の前の「美男でも美女でもないカップルは、手をつないで、池のほうへ歩いていた」という部分と、最終段落の「大人になれば、つまらない喧嘩《けんか》をしたり、つまらない手紙をもらったりしないだろう。……一番好きな人と手をつないで、風の中を一日中だって歩ける」という部分に着目します。「私」は「広一くん」と「喧嘩」をして「つまらない手紙」をもらってしまい、一人でいる自分の**孤独《こどく》**がつらく感じられ、彼《かれ》らのように「好きな人と手をつないで」歩きたいと「カップル」を**うらやましく**思ったのです。

❷ **問1**　――線部①の**「十二月二十日」という日付について書かれている内容と選択肢《せんたくし》を照合**します。アとイは、6～7行目の「ただひとつ、十二月二十日頃《ごろ》あの子に下着を送ってくれということだけを言い残した」という部分と一致《いっち》します。ウは、1～2行目の「十日余りで正月を迎《むか》えるという日である」と9～10行目の「新年を迎える前に、というくらいのことだと考えていた」という部分と一致します。エは、妻がホスピスに移ったのは「桜の咲《さ》く前」と書かれているため、不適切です。

問2　――線部②直前の「そのことに気がつくと」に注目します。下着が「一種のクリスマス・プレゼント」だと気がついた「私」は、「クシャクシャの新聞紙が詰《つ》められた箱」は、包装として「みすぼらしく」感じられるようになったのです。幼いころの息子が、カレンダーの二十四日に印をつけていたこともあわせて、制限字数以内にまとめます。

35 テーマをとらえる

本冊72ページ

❶ **問**　エ

❷ **問1**　ア

問2　例　出征をひかえた将校達に戦死の可能性を意識させたくないと思ったから。[33字]

解き方

❶ **問**　**登場人物の行動や発言の理由を考えながら読む**と、小説のテーマをとらえやすくなります。この文章では、――線部のあとで、「私たち」が「きぬ子《こ》」を「囃《はや》し立てた」行動の様子が詳《くわ》しく描《えが》かれています。また、最終段落の「きぬ子が怖《こわ》い顔をしたという報告は、私には何か知らぬが充分《じゅうぶん》満足だった」から、「きぬ子」の気を引けたことに喜びを感じている様子がわかります。「囃し立てた」のはきぬ子の気を引きたかったためなので、**エ**が適切です。

❷

問2　――線部②の「その墓地」とは直前の「戦死者の墓地」のことを指します。「ひさし」は出征《しゅっせい》直前の将校達に「戦死」を意識させたくないと思ったことを読み取り、制限字数以内でまとめましょう。

36 表現の特色

本冊74ページ

❶
問1　ウ
問2　イ

❷
問1　エ
問2　克久はホル
問3　例　克久が打ち鳴らすトライアングルの涼やかな音［21字］

解き方

❶
問1　**擬態語《ぎたいご》**とは、**物事の状態を音声にたとえて表すことば**で、「つるつる」「キラキラ」「ずらり」などのように、**ひらがなやカタカナで表記されることが多い**語です。この文章で擬態語が用いられているのは第2段落の「ぴったり」のみのため、「擬態語を繰《く》り返し用いて」という**ウ**が不適切です。

問2　本文では似た表現を繰り返すことで、蜂《はち》の死骸《しがい》が「静か」であることを強調しています。

❷
問1　――線部①では、「木管楽器たち」という人ではない主語に対応する述語が、「迎《むか》えた」と人に使う表現になっているため、**擬人法**が用いられているとわかります。

問2　「ホルン」の音を表している「タタタッタン、タタタッタン」が**擬音語**です。擬音語も擬態語と同じように、**ひらがなやカタカナで表記されることが多い**語です。

37 まとめのテスト⑤

本冊76ページ

❶
問1　イ
問2　ひと足遅れ
　　禮子は、笑
　　柱にしがみ［順不同］
問3　例　おかしな格好をして姿見の前に立っていたたみを見て、驚いたと同時に彼女の姿が面白くて笑い出しそうなのを我慢している。［57字］

解き方

❶
問1　――線部①の動作をする前の「たみ」の様子は、8～9行目で「白麻《しろあさ》の背広の上衣を着て、大まじめな顔で姿見の前に立っていた」と詳《くわ》しく書かれています。この珍妙《ちんみょう》な様子を門倉《かどくら》と禮《れい》子《こ》に見られて、「やだ。どうしよう」と言っていることから、「珍妙な装《よそお》い」を見られた「恥《は》ずかしさ」で二人と「顔を合わせたくない」と考える心情を読み取ることができます。

問2　禮子が笑っている場面をもれなく探します。門倉が笑っている場面と間違《まちが》えないように注意しましょう。

問3　「雷《かみなり》にでも打たれたように」とは強い驚《おどろ》きを受けたときに用いられる表現です。「門倉」は「たみ」が「白麻の背広の上衣を着て、大まじめな顔で姿見の前に立」ち、「茶色に変色した古いカンカン帽《ぼう》を頭にのっけて様子をつくったりしている」のを見て、驚いたことがわかります。また、――線部②のあとで、「門倉」は「のどの奥《おく》をぐうっと鳴らして」立ち去ったと書かれており、禮子に「笑い上戸《じょうご》」と言われていることから、「たみ」の姿のおかしさからくる笑いをこらえていたことが読み取れます。

38 友情・仲間がテーマの文章

本冊78ページ

❶ 問 例 陸上界から離れて一人で走り続けるよりも、走の走りを自由で楽しそうだと言ってくれた清瀬たち素人集団と箱根駅伝に挑《いど》んだほうがましだと考えたから。［70字］

❷ 問 例 病気を発症したことでオリンピックに出場するという夢を絶たれてしまい、努力が報われなくても好きでいることの難しさを実感したから。［63字］

解き方

❶ 問 走《かける》の気持ちに変化をあたえた清瀬《きよせ》の発言は、最終段落に書かれています。

❷ 問 ――線部のあとの、「**報《むく》われなくても好きでいる、ってほんとに難しい**」という弥生《やよい》の発言に注目します。

39 家族がテーマの文章

本冊80ページ

❶ 問1 ウ

問2 例 息子の成長ぶりを親として喜ぶべきなのに、裏切られたように感じる自分に引け目を覚えたから。［44字］

❷ 問 ① すこしずつ小さくなっていった［14字］

② 彫りつけるように力をこめて［13字］

③ 汚点［2字］

解き方

❶ 問1 ――線部①のあとの「**あんなに自分の意見を言わない柊平《しゅうへい》が、はじめて自分で選んだことだぞ**」という温彦《あつひこ》の発言に着目し、これに合うウを選びます。

問2 ――線部②の「ばつの悪さ」の原因は、直前で「柊平が、急に自分の意思を見せたことに怒《おこ》っているような」と説明されています。左織《さおり》は、自分が、息子《むすこ》が「自分の意思を見せたことに怒っているよう」だと気づき、子どもの成長を喜ぶべき親として「ばつの悪さ」を感じたのです。

❷ 問 弟の葉書の字は①「すこしずつ小さくなり」、返信を求める文章は②「彫《ほ》りつけるように力をこめて」書いてありました。また、葉書に料理の③「汚点《しみ》」がついていたので、「ぼく」は弟がラーメン屋のカウンターで葉書を書くはめになっているのではないかと心配しているのです。

40 成長がテーマの文章

本冊82ページ

❶ 問 例 同じ年頃の女の子と口をきいたことがなかったのに、なんのためらいもなく、彼女に声かけができたから。［48字］

❷ 問1 ア

問2 例 自分がこの先どう変わろうとも、これ以上失うものは一つもないという誇り。［35字］

解き方

❶ 問 第一段落の「ただの一度も、同じ年頃《としごろ》の女の子と口をきいたことはなかった。それなのに」という部分に着目します。「**それなのに**」という**逆接**の接続語のあとには、「ぼく」が「なんのた

めらいもなく」「うまいきっかけ」をつくる様子が描《えが》かれているので、自然に声かけができた自分自身に驚《おどろ》いたのだとわかります。

❷

問1 **情景**から「私」が置かれている状況《じょうきょう》を読み取ります。――線部①の前の「一瞬《いっしゅん》工場中の者の視線が私に集まったけれど、それだけだった」という部分から、工場で私に積極的な関心を示すような同僚《どうりょう》がいなかったことがうかがえます。そして、――線部①の「私の出発をいろどる舞台装置《ぶたいそうち》は、ただそれだけだった」という表現は、新しい生活に向けて「私」の気を引き立てるような存在が、明るいうちに見る街に感じた新鮮《しんせん》さしかないという、「私」の孤独《こどく》な状態を暗示しているとわかります。

問2 17〜18行目の「人生の大きな賭《か》けのスタートをきろうとしているのかもしれない」という部分をふまえて、――線部②の表す内容を読み取ります。――線部②の直前の「今いる自分がこの先どう変わろうとも、これ以上失うものは一つもありやしない」のが「誇《ほこ》り」の内容です。「変わ」ることを恐《おそ》れずに「大きな賭け」に出た「私」の気持ちがわかります。

41 悩み・葛藤がテーマの文章

本冊84ページ

❶ 問 エ

❷ 問1 イ

問2 例 同情すると優しい顔付きになるので波風が立たないし、同情されているとわかると、相手も自分を省みるようになるから。［55字］

解き方

❶

問 「**居住まいを正す**」とは、座《すわ》っている姿勢を正すことで、改まった態度をとるときに使われる表現です。――線部の直後の「ええ、ええ、熱くしましょう、今度の試合で。……」という発言から、萬羽《ばんば》のことばをきっかけに空也《くうや》は、ボクシングの試合を「熱く」したいと思い、萬羽に語りかけていることがわかります。また、そのあとで萬羽が「なんか暑苦しいよ、空也くん」と空也をからかっていることから、空也の「熱く」したいという発言が熱のこもったものであったことがうかがえます。これらの内容に合う**エ**が正解です。

❷

問1 「ぼく、先生が間違《まちが》ってるってことを言おうとすると、すぐ怒《おこ》られる」という秀美《ひでみ》の発言に合う選択肢《せんたくし》は**イ**です。

問2 ――線部②の直後でおじいちゃんは「その方が、波風立たないし、相手にも効くぞ」と、「同情」する「お芝居《しばい》」をする利点を述べています。また、「根性《こんじょう》悪そうな目付き」になってしまうことを秀美が自覚していることに対し、「同情ってことを覚えると、優《やさ》しい顔付きになるぞ」と助言しています。これらを文中のことばを用いて詳《くわ》しく説明します。

42 古い時代がテーマの文章

本冊86ページ

❶ 問 ウ

❷ 問 エ

解き方

❶

問 カナは、「兵隊」が「お国(=カナの故郷の沖縄)がこんなになって、さぞつらいでしょうね?」と気遣《きづか》ってくれたので、「この人はいい人にちがいない」と考えたのです。

❷

問 ――線部の前後の**ビルマ僧《そう》の行動**から、その**心情**を読み取ります。日本兵たちが「この曲」

すなわち「はにゅうの宿」を歌うのを聞いて、ビルマ僧は「がっくりと首をたれ」たのです。第一段落で、「われわれの友情」が「この曲にかたく結びついている」ことが述べられているので、水島が戦友をなつかしく思い、そのあと自らの正体を明らかにする行動をとったとわかります。よって**エ**を選びます。ア～ウは本文中からは読み取れません。

43 まとめのテスト❻

本冊88ページ

❶

問1 ① ウ　④ ア

問2 ウ

問3 例 家庭や家族から引きはなされること。[17字]

問4 X しかたなく自分にくっついている何か[17字]

Y 自分の分身[5字]

Z 僕の心に棲みついた[9字]

解き方

❶

問1 ① の前の「サッパリした愉快《ゆかい》な気持《きもち》」と ① のあとの「急に友人たちがうとましくなりはじめた」が反対の関係になっているので**逆接**の接続語である**ウ**の「**ところが**」が入ります。

④ の前後で「心細さを感じている余裕《よゆう》もないほど忙《いそが》しかったからだろうか」「僕《ぼく》という人間がはやくも作り変えられてしまいはじめたからだろうか」と並べて述べられており、「心細さ」が続かなくなった理由について、二つの推測を**対等に並べて比べている**ため、二つの物事を並べて比べる**ア**の「**それとも**」が入ります。

問4 X 本文の冒頭《ぼうとう》に「僕にとって家庭は……しかたなく自分にくっついている何かのような気がしていた」とかつての「僕」にとっての「家庭」のとらえ方が書かれています。

Y ――線部③の前に「母のことがにわかに自分の分身として考えられ」たと母への感情の変化があります。

Z 「『僕』の中にあり続けた」ことを表すことばを探すと、33～34行目に「その心細さは形を変えて僕の心に棲《す》みついたようでもある」とあります。

44 エピソード＋主張

本冊90ページ

❶

問 藤原敏行の歌[6字]／「ア、秋」という短篇というよりも掌篇というのがふさわしい小説[30字]

❷

問1 エ

問2 ウ

解き方

❶

問 ――線部の根拠《こんきょ》となる二つの具体例のうち一つは、6～7行目で、「藤原敏行《ふじわらのとしゆき》の歌」が「本来、立秋の頃《ころ》にうたった」という部分。二つ目は11～12行目で挙げられている、秋の訪《おとず》れ方について書いた太宰治《だざいおさむ》の『ア、秋』という短篇《たんぺん》というよりも掌篇《しょうへん》というのがふさわしい小説」です。

❷

問2 ――線部②の直後に、「彼女《かのじょ》たちが笑うのも無理はない、と思うようになっていた。登場人物の複雑な関係とその心理、それに三味線《しゃみせん》の音色があらわす情緒《じょうちょ》などは、いくら彼女たちが英文の解説を熱心に読んだところで、そう簡単に分《わ》かる道理がない」、「彼女たちは旅行の途中《とちゅう》、あわただしく、日本の伝統演劇の芝居小屋《しばいごや》をのぞいてみたにすぎないのである」とあります。外国人が歌舞伎《かぶき》をわずかな時間で理解できないことに**理解**を示しているため、ウが合います。

45 エピソード＋心情

本冊92ページ

❶ 問 ウ

❷ 問1 イ

問2 例 彼の人間らしい一面を知り、親しみと安心感を覚えたから。［27字］

問3 エ

解き方

❶ 問 ウは、「作品にめぐりあったすべての若者たちに希望をあたえた」という部分が12～14行目の「その本を友だちに貸したけれど……おもしろがらないひとのほうが多かった」という部分に合わず不適切です。この部分はエには合致《がっち》します。アは、12～13行目の「ほとんど山もなく、静かなことばがならんでいるだけ」と合致します。イは、1～2行目の「はっきりとじぶんの波長とあう本にぶつかると意識したのは、二十のころ」や、8行目の「この小説は、大げさにいえば、私の魂《たましい》にしみついた」、10～11行目の「私は、その本を読んで……希望と幸福を感じた」と合致します。

❷ 問1 [①] のあとの「その言葉によって……主張しているわけです」「そういう人物を気取る男は多いようです」「昂然《こうぜん》とした表情」という部分に着目すると、「彼《かれ》」が自分こそは「そういう人物」であると**自負**して勢いこんでいる様子がわかるため、イの「気負った」が入ります。

問2 ――線部②の直後に、「ほほえましさは、彼もやはり私の理解しうる範囲《はんい》の人間くさい人間であった、という安心感から出てきた点もあった」とあるので、この内容をまとめます。

46 日常の出来事がテーマの文章

本冊94ページ

❶ 問 例 弟はどんなものもヒヨコと同じように大切にあつかうということ。［30字］

❷ 問1 ウ

問2 例 自分が棄てられたのは甘えが足りなかったからかもしれないということ。［33字］

解き方

❷ 問2 文章中、筆者は猫《ねこ》を「弊履《へいり》のごとく棄《す》てられた者」としてとらえているので、**猫の気持ちを想像している部分**を探します。まず、5行目で「構われるのが嬉《うれ》しいのか」と想像しています。さらに、12～13行目に「どこかへ行ってしまったのは自分の甘《あま》えが足りないからかも知れない、と考え」ていると想像しているので、これらの内容をまとめます。

47 昔の出来事がテーマの文章

本冊96ページ

❶ 問 ウ

❷ 問 イ

解き方

❷ 問 **筆者の主張は、文章の最後にまとめられていることが多い**でしょう。この文章では、最終段落の「昭和三十年代から四十年代にかけての時期、彼《かれ》らが最も気にかけていたのが『暮《くら》しの手帖《てちょう》』の商品テスト」という部分が、エピソードを通じて筆者が示そうとした内容になります。

48 まとめのテスト⑦

本冊98ページ

❶
問1 ① エ　④ ウ
問2 イ
問3 ごく稀にしか、よほどの時でなければ使いたくない言葉[25字]
問4 使い方による意味の深浅は、人間観の深浅にも通じるだろうと思っている(から。)[33字]

解き方

❶
問1 [①]は、直前の「かなり意識して使っている」場合の**具体例**が[①]のあとに続くので、「**たとえば**」が入ります。
[④]は、直前では「こだわった言葉」は「自分の関心事とか、ものの考え方、感じようを**端《たん》的《てき》に思い出させる**」と述べられていますが、[④]のあとでは、「あらわすべき事実へのふさわしさという点では、**違和《いわ》を免《まぬか》れ得ない**」と、「言葉」の別の観点が述べられているので、**逆接**の接続語「**しかし**」が入ります。
問2 ——線部②の直後の「むらがあって、ある部分で割合細かいことにこだわっているかと思うと、別の部分では大きく抜《ぬ》けていたりする。無意識だけで言葉は運用できるものではない。無意識に助けてもらっているからこそ……」という内容に合う選択肢《せんたくし》を選びます。アは「意識的に使い分けしている」が、**ウ**は「意識的に細かく全体に気を配ろうとしている」が、**エ**は「無意識的な感覚のみによって」が、不適切です。

49 詩の種類・表現技法

本冊100ページ

❶
問1 ア
問2 エ
問3 [9]

❷
問1 ア
問2 ① ウ　② ア
問3 X 爪の垢ほどの彼らのしあわせ　Y 月や星

解き方

❶
問1 この詩は現代で使われていることば(**口語**)で書かれていて、決まった字数で書かれていないので、**口語自由詩**です。
問2 第六連では語句の順序が普通《ふつう》とは異なります。通常は「父親の若い頃《ころ》そっくりの笑顔《えがお》で」「あわてなさんなと息子《むすこ》は笑う」という順です。
問3 [1]行目から[8]行目までは親の発言と息子の発言が交互《こうご》に繰《く》り返されていますが、[9]行目以降はその形式がくずれています。

❷
問2 ① 「ようだ」や「ごとし」などのたとえることばを使わない比喩《ひゆ》を**隠喩《いんゆ》**といいます。「しあわせのアレルギー患者たち」は、第一連にある「しあわせが禁物の人」をたとえた表現です。
② 文の末尾《まつび》を体言(＝名詞)で終わらせる表現技法を**体言止め**といいます。

50 詩のテーマ

本冊102ページ

❶
問 イ

❷
問1 しずかにまいおちる[9字]
問2 エ

解き方

❶
問 この詩では、「もうすんだ」と「これから」、「あんらく」と「苦しい」など、**対照的な意味をもつことば**が、対《つい》になって並べられています。そのことによって、矛盾《むじゅん》しているようにも見える文の意味を読者に考えさせる効果があります。

51 詩と解説文

本冊104ページ

❶ 問 ウ

❷ 問 イ

解き方

❶ 問 解説文の6～7行目に「人は希望を追い求めながらたえず障害に阻《はば》まれて挫折《ざせつ》し、ときには放棄《ほうき》しそうになります。それが落下に当たるでしょう」とあります。「紙風船の落下」は希望の追求の**挫折や放棄**、「紙風船を打ち上げること」は「**希望の追求**」のたとえなのです。

52 まとめのテスト❽

本冊106ページ

❶
問1 ア
問2 1・2・3［順不同］
問3 ウ
問4 ふらんす［4字］
問5 X ある生き生きとした近代的なもの［15字］
Y 一種の気ばらし［7字］

解き方

❶ 問1 1行目の「行きたし」「思へ」、2行目の「遠し」、4行目の「みん」、7行目の「おもはむ」などから、昔のことば（**文語**）が使われていることが判断できます。音数に一定のきまりがないので、自由詩になります。

問3 1行目の「ふらんすへ行きたし」という「外国への憧《あこが》れ」に合うので**ウ**が正解です。アは「刺激《しげき》を受けて生まれた夢想」が、イは「悲しみ」が、エは「ねたみ」が、それぞれ不適切です。

問4 ③の前で述べられている汽車を用いた「趣味《しゅみ》としての旅行」「五月のうららかな朝の平穏《へいおん》」を「優《やさ》しく破るアクセント」となる単語が入ります。詩で用いられている名詞の中で、「ふらんす」だけが「趣味としての旅行」に関係しない**異質なものを表現**していることばです。

問5 X には、詩の冒頭《ぼうとう》で述べられた「外国にかかわる願望」に込《こ》められたもの、14～15行目の「ある生き生きとした近代的なものへの憧《あこが》れに」から抜《ぬ》き出したことばが入ります。

33～35行目に、「新しき背広」は「趣味としての旅行」をかたどったものと書かれています。この旅行は29～30行目で「一種の気ばらし」と言い換《か》えられているので、Y にはこれがあてはまります。

53 歴史的仮名遣い❶

本冊108ページ

❶ 問
① いろあい　② おかし
③ ろうたけ　④ たおやかに
⑤ あさがお　⑥ いい
⑦ ように

❷ 問1
① おおう　② のたまわせける
③ いいちらし　④ ようよう
⑤ いいけん　⑥ さぶらわぬ
⑦ おととし

問2
A おもひける　B ×
C ×　D ききならひつつ
E ×　F つたへきて

解き方

❶ 問 ③・⑦は、「―au」の音→「―ou」の音となるため、「らう」を「ろう」に、「やう」を「よう」に置き換《か》えます。

❷ 問2 B・C・Eは、現代仮名遣《かなづか》いと歴史的仮名遣いが同じになるため×と答えます。

54 歴史的仮名遣い❷

本冊110ページ

❶ 問
① にわかに ② うれえあえる
③ いうかい ④ つかうる
⑤ うつろわん ⑥ とまりおり
⑦ かわりて

❷ 問1
① おもいたまいて ② にゅうどう
③ てんじく ④ といたまう
⑤ おわせず ⑥ あたうる
⑦ のたまえば

問2
A おほせありける B いへり
C おもひて D したまへる
E とひたまへ F ×

解き方

❷ 問1 ② 「入道《にふだう》」を現代仮名遣《かなづか》いで表記する場合、「だう」を「どう」に置き換《か》えるだけでなく、「にふ」の読みを「にゅう」と転じさせる必要があるので注意しましょう。

問2 Fは、現代仮名遣いと歴史的仮名遣いが同じため×と答えます。

55 重要古語と古文の読解❶

本冊112ページ

❶ 問1 エ
問2 ア

❷ 問1 イ
問2 ② すばらしい［よい］
③ おありになる
④ みすぼらしい
⑤ わずらわしい
問3 例 貧しさを楽しむ者は、逆にあらゆる事に満足する

解き方

❶ 問2 「おろかなる」「よしなかり」の言い切りの形はそれぞれ「おろかなり」「よしなし」です。いずれも重要古語で、複数の意味があるので、文脈に合う現代語訳を選びます。

おろかなり
㈠いい加減だ ㈡疎遠《そえん》だ
㈢愚《おろ》かだ ㈣下手だ

よしなし
㈠つまらない・無意味だ
㈡理由がない ㈢方法がない
㈣関係がない

現代語訳

世の男たちは、身分の高い人も、低い人も、どうにかしてかぐや姫《ひめ》を手に入れ、妻にしてみたいものだと（願って）、（その美しさの）評判を聞いて恋《こ》い慕《した》っていた。（かぐや姫の家の）近くの垣根《かきね》（のあたり）も、家の門のすぐ外でさえも、簡単には見ることができないのに、（男たちは）夜は安らかに眠《ねむ》れず、闇夜《やみよ》に出ていって、（姫を見るための）穴を（塀《へい》に）くじりあけ、垣根越《ご》しにのぞき見をし、うろうろしていた。このとき以来、（求婚《きゅうこん》することを）「よばい」と言うようになったそうだ。

（男たちは）人が近づかないような場所まで、惑《まど》いながら行ってみるが、何のききめもありそうもない。家の人たちに（せめて伝言をしようとして、）言葉をかけたが、相手にしない。家の近くから離《はな》れようとしない公《きん》達《だち》は、夜中も日中もそこで過ごす人が多い。（かぐや姫への思いが）いい加減な人は、「むだに出歩くことは、つまらぬことである」と言って来なくなった。

その中で、なおも求婚していたのは、当代の色好みといわれる五人で、（かぐや姫への）思いが消えることもなく、夜となく昼となくやってきた。その名は、石作《いしつくり》の皇《み》子《こ》、くらもちの皇子、右大臣阿倍御主人《あべのみうし》、大納言大伴《だいなごんおおともの》御行《みゆき》、中納言石上麿足《いそのかみのまろたり》、この人々だった。

世の中のありふれた女性でも、少しでも外見がよいと聞けば、自分のものにしたがる人たちだったので、かぐや姫を手に入れたがって、食事もせずに思い続け、かぐや姫の家に行って、たたずんだり歩き回ったりしたが、そのかいはなかった。（五人は）手紙を書いて、送ったが、（かぐや姫は）返事もしない。

❷

問1 「いつく」は「大切に世話をする」という意味。**「かしづく」は、目上の人が目下の人を大事にする**という意味で、**現代語とは逆**なので留意しましょう。ここでの「かしづく」は「大切にもてなす」という意味合いで用いられています。

現代語訳

あるとき、都に住む鼠《ねずみ》が、片田舎《かたいなか》に行くことがあった。田舎の鼠達は、このうえなく大切にもてなした。これによって都の鼠は、田舎の鼠を連れて都に行った。しかもその（都の鼠の）住まいは、都の金持ちの蔵《くら》だった。そのために、食べ物は不足することがない。そこで都の鼠が言うには、「京の都には、このようにすばらしいことだけがあるので、みすぼらしい田舎に住んでどうなさるのか」などと、語って楽しんでいたところ、家の主が、蔵に用事があって、急に扉《とびら》を開く。

都の鼠は、元々（土地の様子を）知る者だったので、穴に逃《に》げた。しかし田舎の鼠は、元々様子を知らぬ者だったので、あわてて逃《に》げ回ったものの隠《かく》れる場所がなく、かろうじて命ばかりは、助かった。そのあとで、田舎の鼠が、（都の鼠に）顔を合わせて、言うには、「あなたは、『都にはすばらしいことだけ』とおっしゃいましたが、今回の気遣《きづか》いで、一晩で白髪《しらが》になると伝わる通り（恐《おそ》ろしく）思いました。田舎では、不自由することはありましても、このような気遣いはありません」と申した。

この通り、身分の低い者は身分の高い人と一緒《いっしょ》にいてはならないものだ。もし、無理をすればわずらわしいだけでなく、たちまち災難が出てくるだろう。「貧しさを楽しむ（＝身の丈《たけ》を知る）者は、逆にあらゆる事に満足する」とみえる。このために、ことわざで、「貧《ひん》を楽しむ」と、言ったのだ。

56 重要古語と古文の読解❷

本冊114ページ

❶

問1
① 趣がある［すばらしい］
② 手持ちぶさたである［ひまである］
③ 悪くない［まずまずである］
④ だます
⑥ つらい［やりきれない］

問2 ア

❷

問1 エ

問2
② 悪い
③ 早く
④ 悲しい
⑤ 問いただすこと
⑥ 困惑する［途方に暮れる］

問3 ウ

解き方

❶

問1 いずれの語にも複数の意味があるので、文脈に合う意味を答えます。

① **おもしろし**
㈠趣《おもむき》がある・すばらしい　㈡興味深い・楽しい　㈢珍《めずら》しい

② **いたづらなり**
㈠手持ちぶさたである・ひまである　㈡むなしい・つまらない　㈢無意味である・無駄《むだ》である　㈣何もない

③ **よろし**
㈠悪くない・まずまずである　㈡ふさわしい　㈢好ましい　㈣ありふれている・普通《ふつう》である

④ **はかる**
㈠だます　㈡たくらむ　㈢推《お》し量る　㈣機会を見て取る　㈤相談する　㈥数量を調べる（測る・量る・計る）

⑥ **わびし**
㈠つらい・やりきれない　㈡つまらない・興ざめである　㈢みすぼらしい　㈣ものさびしい　㈤困ったことである

現代語訳

十八日。相変わらず、同じところにいる。海が荒《あ》れているので、船を出さない。

この港は、遠くを見ても、近くを見ても、たいそう趣《おもむき》がある。そうであるけれど、（旅が）苦しいので、何も（面白味《おもしろみ》を）感じない。男たちは、心のなぐさめだろうか、手持ちぶさたなので、ある人が詠《よ》んだ歌は、

荒波《あらなみ》が打ち寄せる磯《いそ》にはいつの年月ともわからない

雪だけが降っている

この歌は、日頃《ひごろ》(歌を詠ま)ない人の(詠んだ)歌だ。また、別の人が次のように詠んだ。

風が吹《ふ》いて波が打ち寄せる磯には鶯《うぐいす》も春も知らない(波の)花だけが咲《さ》いている

これらの歌を、まあ悪くない、と聞いて、船の長《おさ》をしている老人が、日ごろの憂《う》さ晴らしに詠んだ歌は、

立つ波は雪か花かと見まがうが、それは風が吹き寄せつつ人をだましているらしい

これらの歌を(批評《ひひょう》して)人々が何かと言うのを、ある人がじっと聞いていて、歌を詠んだ。その歌は詠んだ文字が、(なんと)三十七文字(で構成されていた)。(人々はみんな)こらえきれず笑っているようだ。歌を詠んだ人は、とても機嫌《きげん》をそこねて、(人々を)恨《うら》めしがる。(歌主の詠んだように)詠もうとしてもどうしてもできない。書きとめたとしても、読めないだろう。(聞いたばかりの)今日でさえ、言いにくい。まして後日はどうか(、もっと言いにくい)。

十九日。天気が悪いので、船を出さない。

二十日。昨日と同じような(悪天候なので)船を出さない。

みんな人々は心配し、嘆《なげ》いている。苦しく不安なので、ただ、経過した日数を、今日は何日だろうか、二十日、三十日と数えると、指が傷《いた》んでしまいそうだ。とてもつらい。

❷

問1 文脈に合う㈢の意味をふくむエを選びます。

いかで

㈠どうして(疑問)

㈡どうして……か、いや……ない(反語)

㈢どうにかして・何とかして(強い願望)

問2 ④は「愛《かな》し」と漢字表記できる「かなし」とは異なるため注意しましょう。

④ **かなし(悲し・哀し)**

㈠悲しい

㈡かわいそうである

㈢残念である

㈣(生活が)貧しい

現代語訳

東国の人は趣がわからない田舎者《いなかもの》である。歌などをどうして詠むだろうか(いや、詠まないだろう)と世間ではいわれている。相模国《さがみのくに》小余綾《こゆるぎ》の浦《うら》に住む者で、心優《やさ》しく生まれ育ち、何事につけても風雅《ふうが》(なことへ)の思いをつのらせていた者がいたが、どうにかして、都に上って、歌の道を学びたい、身分の高い方について、直々に教えを受けたなら、「花の陰《かげ》に憩《いこ》う山の民よ」と、人にいわれるほどにはなれるであろうと、西を志す気持ちが抑《おさ》えられないでいる。「鶯《うぐいす》は田舎の谷の巣にいても、濁《にご》った声では鳴かぬと聞きます」といって、親に旅立ちの許しを乞《こ》うた。「近頃は文明、享禄《きょうろく》の戦乱の名残《なごり》で、行き来する道筋は断ちふさがれ、便が悪いと言われている」などと、(親も)一度はいさめてみたが、「どうしても思い込《こ》んだ道ですから」といって、従わない。母親も、戦乱の世に生きる人らしく、鬼《おに》のように無情でこそないが、気持ちが強く、「早く行って、早く帰れ」と言って、止めもしない。別れを悲しむ様子もなく旅立ちをさせた。

たくさんの関所の通行証も手に入れ、途中《とちゅう》とがめられることもなく、近江国《おうみのくに》に入って、明日は(いよいよ)都だと思う心がはやるせいか、宿を取るのに困惑《こんわく》して、老曽《おいそ》の森の木立《こだち》に(紛《まぎ》れこんで)、今夜はここに野宿と(覚悟《かくご》して)、松の根の枕《まくら》を探しに、森深く分け入ってみると、風に折られた様子もないのに、大木が朽《く》ち倒《たお》れている。踏《ふ》み越《こ》えては(みたものの)、さすがに不安な気持ちがしてしばらく立ち止まった。落葉、小枝が道を埋《う》め、浅沼《あさぬま》でも渡《わた》るようで、着物の裾《すそ》がびっしょり濡《ぬ》れたのも悲しい。(見ると、)神をまつる小さな社《やしろ》が建っている。軒《のき》は落ちこぼれ、階段も崩《くず》れていて、昇《のぼ》ることもできない。草は高く(茂《しげ》り)、苔《こけ》むしている。誰《だれ》かが昨夜宿った跡《あと》であろうか、少し草をかき払《はら》った所がある。寝《ね》る場所はここと決めた。

57 まとめのテスト⑨

本冊116ページ

❶

問1 ① いふ ④ たひらなる ⑤ かはらじ

問2 ② 新院の陵 ③ 新院

問3 エ

問4 イ

解き方

❶

問4 ⑦ には、新院（崇徳院《すとくいん》）の霊《れい》が、西行《さいぎょう》法師の歌に返す歌を詠《よ》んでいるという文脈をふまえた訳が入ります。

58 漢文の読み方

本冊118ページ

❶

問1 人皆人に忍びざるの心有り

問2 矣

問3 エ

❷

問1 ① 敗れて壁に入る　② 之を囲むこと数重　③ 漢の軍四面皆楚歌するを聞き

問2 力ハ抜キレ山ヲ

解き方

❶

問1 **書き下し文は、日本語の文法にもとづいて漢文に訓点をつけ、語順を並べかえたもの**です。訓点にしたがって漢文を読むことを**訓読**といいます。漢文を訓読するとき、基本的には漢字を上から順に読んでいきますが、**レ点**や**一二点**などの**返り点**がついている漢字は一度飛ばし、先に返り点のない漢字を読んでからもどって読みます。レ点は一字さかのぼって読み、一二点は一→二→三……と、数字の順に読んでいきます。この問題では「人」→「皆」→「人」→「忍」→「不」→「之」→「心」→「有」の順に読みます。書き下し文は歴史的仮名遣《かなづか》いで書き、**助詞や助動詞を表す漢字はひらがなに直します**。「不」は助動詞、「之」は助詞を表すので、ひらがなに直し忘れないように注意しましょう。

問2 漢文を訓読するときに読まない字もあり、これを**置き字**といいます。「矣」は文末に置かれ、断定の語気を強めるはたらきをする字です。

問3 ——線部③を書き下し文にすると、「惻隠《そくいん》の心無きは、人に非《あら》ざるなり」となります。「惻隠の心」は注記にあるように、「あわれみの心」です。「惻隠の心無き」のあとには「人」が省略されていることに注意しましょう。

現代語訳

孟子《もうし》が言うには、人には皆《みな》、人の不幸を見過ごすことができない心がある。

先代の王にも（人の不幸を）見過ごすことができない心があり、

この心によって、人（の不幸）を見過ごさない（立派な）政治を行っていたのだ。

（中略）

あわれみの心がない（者）は、人ではないのだ。

悪を恥《は》じて憎《にく》む心がない（者）は、人ではないのだ。

譲《ゆず》り合う心がない（者）は、人ではないのだ。

（物事の）良し悪《あ》しを分別する心がない（者）は、人ではないのだ。

❷

問2 **書き下し文から、漢字を読む順番を判断します**。書き下し文は「力は山を抜《ぬ》き」となっているので、「力」→「山」→「抜」の順に読むことがわかります。元の漢文は「力」→「抜」→「山」の順番になっているので、「抜」にレ点をつければ書き下し文と同じように訓読できます。

現代語訳

項羽《こうう》は垓下《がいか》に着いた。兵は少なく食糧《しょくりょう》も尽《つ》きはててしまった。韓信《かんしん》たちはこれに乗じて攻《せ》めこんだ。項羽は敗走して城壁《じょうへき》の中に立てこもった。漢軍はこれを何重にも包囲した。項羽は、夜に、漢軍が四方で皆楚《みなそ》国の歌を歌うのを聞き、非常に驚《おどろ》いて、「漢軍はすっかり楚の地を手中に収めてしまったのか。

なんとまあ楚人の多いことよ」と言った。（中略）

（項羽は）悲しい歌を歌って自分の不運を嘆《なげ》き、涙《なみだ》が幾《いく》筋《すじ》も流れていった。その歌は、「わが力は山をも崩《くず》し、わが勇気は天下をおおってしまうほどだ。（だが、）運に見放され、愛馬の騅《すい》も進まない。騅が進まずしてどうすることができようか。ああ虞《ぐ》よ、虞よ、お前をどうしたらよいのだろう」というものだった。

59 故事成語

本冊120ページ

❶

問1 莫シ二 能ク 陥スモノ一 也

問2 子の楯を陥さば何如

問3 矛盾

❷

問1 数 人 飲メバレ 之ヲ 不レ 足ラ

問2 安んぞ能く之が足を為さん

問3 蛇足

解き方

❶

問1 **書き下し文から、漢字を読む順番を判断し**ます。書き下し文は「能《よ》く陥《とほ》すもの莫《な》し」なので、「能」→「陥」→「莫」の順に読みます。「**也**」は**置き字**なので、訓読しません。元の漢文は「莫」→「能」→「陥」の順番なので、「陥」に一点、「莫」に二点をつけます。

問2 **返り点に注意して漢文を訓読**し、書き下し文にします。[②]に対応するのは、「陥二 子 之 楯一 何 如」の部分です。「陥」に二点、「楯」に一点がついていることから、「子」→「之」→「楯」→「陥」→「何」→「如」の順に読みます。「之」は「の」と読み、助詞を表す漢字なのでひらがなに直すことに注意しましょう。

問3 「**矛盾《むじゅん》**」とは「つじつまの合わないこと」を意味します。本文にあるように、「どんなものでも突《つ》き通せない盾《たて》」と「どんなものでも突き通せる矛《ほこ》」はどちらが勝つのか、という問いに対して商人が答えられなかったという故事から生まれたことばです。

現代語訳

楚《そ》(の国)の人に、盾と矛とを売る者がいて、この盾をほめて、「私の盾の堅《かた》さは、突き通せるものがないほどだ」と言う。またその矛をほめて、「私の矛の鋭《するど》さは、突き通せないものがない(ほどだ)」と言う。ある人が、「あなたの矛で、あなたの盾を突いたらどうなるか」と(たずねた)。その人は答えることができなかった。

❷

問1 **書き下し文から、漢字を読む順番を判断し**ます。書き下し文は「数人之を飲めば足らず」となっているので、「数」→「人」→「之」→「飲」→「足」→「不」の順に読むことがわかります。「不」は助動詞なのでひらがなになっていることに注意が必要です。元の漢文は「数」→「人」→「飲」→「之」→「不」→「足」の順番になっているので、「飲」と「不」にレ点をつければ書き下し文のように訓読できます。

問2 返り点に注意して漢文を訓読し、書き下し文にします。[②]に対応するのは「安 能 為二 之 足一」の部分です。「為」に二点、「足」に一点がついていることから、「安」→「能」→「之」→「足」→「為」の順に読みます。

問3 本文では、だれが最初に蛇《へび》の絵を完成させるかという競争をしていますが、最初にかき終わった人は、本来蛇にはない足を付け足そうとしたせいで競争に負けてしまいます。このことから、「**蛇足《だそく》**」が「余分なもの」という意味を表すようになったのです。

現代語訳

楚《そ》(の国)に祭礼をつかさどる人がいた。(あるとき)その(=自分の)使用人たちに大杯《たいはい》についだ酒を与《あた》えた。使用人たちが互《たが》いに言うことには、「数人でこれ(=酒)を飲めば足りず、一人でこれ(=酒)を飲めば余ってしまう。地面に蛇(の絵)をかいて、最初にできあがった者が酒を飲むことにしよう。」と。一人が蛇を最初にかきあげた。(その者は)酒を引き寄せて今にもこれ(=酒)を飲もうとした。しかし左手で大杯を持ち、右手で蛇をかいて、言うことには、「私はこれ(=蛇)の足をかくことができる。」と。(その者の蛇の足が)まだ完成しないうちに、(別の)一人の蛇(の絵)が出来あがった。(その男が)その(=先に蛇を完成させた者の)大杯を奪《うば》って言うことには、「蛇にはもともと足がない。あなたはどうしてこれ(=蛇)の足をかくことができようか、いや、かけるはずがない。」と。(その人は)そのままその酒を飲んだ。蛇の足をかいた者は、とうとうその酒を飲みそこねた。

60 まとめのテスト⑩

本冊122ページ

❶

問1 嘗テ得タリ二楚ノ和氏ノ璧ヲ一

問2 ② 十五城を以て之に易へんと請ふ

③ 与へざらんと欲すれば

④ 欺かれんことを恐る

問3 (1) エ (2) 完璧

問4 X 藺相如［相如］ Y 髪

問5 例 昭王を出しぬいて璧を取り返し、従者の懐に忍ばせて璧を国に持ち帰らせた藺相如の賢さに感心したから。［48字］

解き方

❶

問2 返り点に注意して ② ～ ④ に対応する漢文を訓読し、書き下し文にします。

② 「十」↓「五」↓「城」↓「以」↓「之」↓「易」↓「請」の順に読みます。

③ 「与」↓「不」↓「欲」の順に読みます。「不」は助動詞なのでひらがなに直します。

④ 「欺」↓「見」↓「恐」の順に読みます。「見」は助動詞なのでひらがなに直します。

問3 (1) 藺相如《りんしょうじょ》は、恵文王《けいぶんおう》に、もし城を昭王からもらえなかったら、璧《へき》を持ち帰ることを約束したのです。

(2) 「完璧《かんぺき》」は「欠点がないこと」という意味の故事成語です。本文で「藺相如」が「璧《へき》」を完全な状態で持ち帰ったことが由来になります。

問4 X に入る怒《おこ》った人物は「城を償《つぐな》ふ」という約束を破られそうになった「**藺相如**」です。Y に入る逆立ったものは、――線部⑥から文脈に合う「**髪**」です。

現代語訳

（趙《ちょう》の）恵文王が、かつて楚《そ》の（宝であった）『和氏《かし》の璧』を手に入れた。秦《しん》の昭王は、十五の城と和氏の璧を交《こう》換《かん》してくれと申し出た。（恵文王は、）秦の（軍の）強さを恐《おそ》れ、交換に応じればだまされると恐れた。（すると）藺相如が、和氏の璧をもって秦に行くと願い出た。（藺相如は）「城が手に入らなければ、（私は）璧を完全な状態で持ち帰ります」と（言った）。（藺相如は）既《すで》に（秦に）到着《とうちゃく》した。（しかし、）秦の王には、城を与《あた》える意志はなかった。藺相如はうまくだまして取り返し、髪《かみ》の毛が（逆立って）冠《かんむり》から出（るほど怒《いか》りを表に）して、（部屋の）柱の下に立って言った。「（城と交換しないのであれば）私の頭は璧と砕《くだ》けます（＝私の頭ごと璧を粉々にします）」と。（藺相如は、）従者の懐《ふところ》に璧を忍《しの》ばせて密《ひそ》かに先に返し、自分は秦の王の判断が下るのを待った。秦の昭王は、賢《かしこ》い者だと言って、これ（＝藺相如）を（趙の国に）帰らせたということだ。

チャレンジテスト❶

本冊124ページ

1

問1 イ

問2 日本語が論

問3 ア

問4 例 よく理解し合っている人間同士の言語活動において省略の多い飛躍した言い方でありつつも注目されている要点をつなげていく論理。［60字］

問5 エ

問6 欠落

問7 創造

問8 ウ

2

問1 ウ

問2 イ

問3 例 桃沢がだれかのために自分のしたいことをあきらめなければ、将来もやっていけるということ。［43字］

問4 エ

解き方

1

問3 ③ の**前後の文章がどういう関係にあるのかを考えます。** ③ の直後で、「表現の道筋はあくまで太くしっかりしたものである必要がある。かりにもその筋を外した解釈《かいしゃく》が可能であっては不都合がおこるからである」とあります。「表現の道筋」を「外した解釈が可能」な状《じょう》況《きょう》は、③の前の「受け手がときとしてはまったく対立する観点に立っていることがある」という状況で起こりうるので、③の前後は因果関係になっていることがわかります。よって、アの「したがって」が正解です。

問4 ――線部④「点的論理」がどのような特徴《とくちょう》をもち、どういう場合に用いられるのかを読み取ってまとめます。第6段落から、点的論理は、「要点は注目されるが、それ以外の部分はどうでもよ」く、「親しいと感じ合っている人たち(＝**相互によく理解し合っている**人間)の間の言語における**論理**」であり、「点の並んだようなもの」であるとわかります。これは、第5段落にある「家族同士の会話」の例にもあてはまり、「第三者が聞けば何のことかまるでわからぬような**省略の多い飛躍《ひやく》した言い方**をしている」とあります。これらの内容をまとめます。

問5 ⑤の前に「非論理でも没論理《ぼつろんり》でもなく」とあり、⑤を含《ふく》む一文の内容から、「論理性」のあるものが入ることが推測できます。選択肢《せんたくし》の中で「論理性」があるものは「筋」です(第3段落参照)。よって、**エ**が正解です。

問6 79〜80行目の「点的論理の背後には陥没《かんぼつ》した線的論理がかくれて下敷きになっている」という文と**同じ内容を述べている文**を探します。47〜48行目の「方々が風化して線に欠落ができると、線的な筋が点の列のようなものになって行く」という部分は、「線的論理」から「要点」以外の部分を「等閑《とうかん》に付」した結果「点的論理」ができあがること、すなわち「点的論理」の背後には「要点」以外の部分の「風化」によって「欠落」した「線的論理」があることを述べています。よって、「欠落」が正解です。

2

問1 ――線部①の前の桃沢《ももさわ》の発言に、「ブログに書いてあったみたいに十七歳《さい》で働いているってことは、もしかしたら中卒なのかなって思って。それならその人に話を聞いてみたいと思ったんです。企画《きかく》とはズレてますけど」とあり、「企画」とは校内新聞の『匠《たくみ》』で、車夫を取りあげるというものでした。「車夫」の仕事についてではなく、「中卒」で働くという個人的な話を吉《きっ》瀬《せ》さんに聞こうとしていることを指して「企画とはズレて」いると言っていることがわかります。よって**ウ**が正解です。

問2 ――線部②の「あたり前」は、桃沢の「大丈《だいじょう》夫《ぶ》ですよね、高校へ行かなくたって、やっていけますよね」という質問に対して「すみません、オレにはなにもいえないです」と吉瀬さんが答えたことを指します。この答えによって、桃沢は「**視線を落とした**」とあるので、落胆《らくたん》していることがうかがえます。小野寺《おのでら》はそんな桃沢の様子を見て、吉瀬さんが「なにもいえない」のは「あたり前」だと思いつつも、落胆する桃沢を気の毒に思っていることが推測できます。よって、**イ**が正解です。**ア**は「質問をはぐらかしていい加減に扱《あつか》う」が誤りです。はぐらかすとは話題を変えてごまかすことですが、吉瀬さんは話題を変えておらず、桃沢の質問に正面から答えています。**ウ**は「冷たく突《つ》き放すような忠告」が誤りです。「なにもいえない」と答えることは「忠告」とはいえません。**エ**は「桃沢をはげますことのできない自分を情けなく思っている」が誤りです。小野寺は直前の吉瀬さんの返答について「あたり前」と思っていて、自分の対応について何かを思っている訳ではありません。

問4 **ア**は「小野寺は……傍観者《ぼうかんしゃ》に徹《てっ》している」が誤りです。回数は少ないですが、小野寺も何度か会話に参加しています。**イ**は「場面を転換《てんかん》させている」が誤りです。「船の警笛」や「セミの鳴き声」の描写《びょうしゃ》はありますが、場面は転換していません。**ウ**は「会話文の最後に『……』を多用」が誤りです。会話文の最後に「……」は使用されていません。**エ**は、「**顔を上げた**」によって吉瀬さんの返答に対する桃沢の驚《おどろ》きが表現されたり、「視線を落とした」によって桃沢の落胆する心情が表現されたりしているので適切といえます。よって、正解は**エ**です。

チャレンジテスト❷

本冊130ページ

1
問1 ウ
問2 ② エ　④ イ
問3 聞く自分［4字］
問4 例 訳に元々のメッセージにない意味を付け加えたり、意味を削ったりすること。［35字］
問5 ア

2
問1 固くなって
問2 イ
問3 ウ

解き方

1
問1 第2～4段落で、——線部①に書かれたコミュニケーションの「二種類の参加者」について、具体例を交えて説明しています。

問2 ② のあとに**具体例が続く**ので例示の接続語、「例えば」が入ります。

④ は、直前の「忠実に」を直後で「正確かつ過不足なく」と言い換《か》えているので言い換えを表す「つまり」が入ります。

問3 ③ の前にある「しゃべる自分」と対《つい》になることばを考えます。

問4 ——線部⑤の前の『子は親の鏡』であって」とは、「訳」は送り手の伝えたいメッセージの意味を「鏡」のようにそのまま伝えるべきであることのたとえです。同様に、「『鳶《とび》が鷹《たか》を生む』こと」も」許されないという表現がたとえている内容を考えます。「鳶が鷹を生む」は「平凡《へいぼん》な親が親よりも優《すぐ》れた子供を生むこと」という意味の慣用句なので、元の「メッセージ」よりも「意味」が増したり減ったりして相応でないものが生まれてしまうことが許されないというたとえだとわかります。

問5 シンポジウムの「回答」と「通訳」の発言を比べて、含《ふく》まれていない内容で構成されている選《せん》択肢《たくし》を選びます。

2
問1 「僕《ぼく》」がいる場所に着目して、電車の中で起きていることが描写《びょうしゃ》されている部分と、そうでない部分で分けます。

問2 「可哀想《かわいそう》に／娘《むすめ》はうつむいて／そして今度は席を立たなかった。」「次の駅も／次の駅も／下唇《したくちびる》を噛《か》んで／身体をこわばらせて——。」と、「やさしい心に責められながら／娘はどこまでゆけるだろう。」「下唇を噛んで／つらい気持《きもち》で／美しい夕焼けも見ないで。」という部分で**倒置法**《とうちほう》が用いられています。

問3 共感する力の高い「やさしい心の持主《もちぬし》」である「娘」がつらい思いをする様子をていねいに描《えが》いています。よって**ウ**が正解です。

チャレンジテスト❸

本冊134ページ

1
問1 いえる
問2 例 どんなことも、始めと終わりこそが趣深いものである
問3 ウ

2
問1 王 好ムレ 戦ヲ
問2 ② 請ふ戦を以て喩へん　③ 甲を棄て兵を曳いて走る
問3 例 百歩逃げた者を笑ったならば
問4 五十歩百歩

解き方

1
問1 歴史的仮名遣《かなづか》いを現代仮名遣いに直すときは、**語頭と助詞以外**の「**は・ひ・ふ・へ・ほ**」は「**わ・い・う・え・お**」となります。

問2 重要古語「をかし」には次の複数の意味がありますが、ここでは㈠が文脈に合います。

をかし
㈠ 趣《おもむき》深い・風情《ふぜい》がある。
㈡ 興味深い・おもしろい
㈢ こっけいである
㈣ 優美である・美しい
㈤ すばらしい・見事である

問3 冒頭《ぼうとう》で、花は「さかり（＝満開の時期）」、月は「くまなき（＝くもりのない満月の時期）」を見るものではない、と述べています。筆者はものの風情は盛《さか》りのときだけにあるのではなく、今にも咲《さ》きそうな花の梢《こずえ》や、花がしおれたあとの庭などの、始めと終わりにもあると考えているのです。

現代語訳

（桜の）花は（満開の）盛りで（あるときだけを）、月はくもりのない（満月）だけを（よいとして）見るものだろうか（、いやそうではない）。雨の中で（雲の向こうの）月を恋《こい》しく思い、すだれを下ろして室内にこもり、春が過ぎゆくのを知らずにいるのも、しみじみとした気持ちになるものだ。今にも咲きそうな花の梢や、（桜の花が）しおれて散っている庭などは特に見所は多い。和歌の前書きなどでも「お花見に出かけたところ、とっくに散り去っていて」とか「のっぴきならぬ事情で（花見に）行けなくて」と書いてあるのは「（満開の）花を見て（詠《よ》みました）」と書いてある和歌に負けることがあるだろうか（、いや負けまい）。花が散り、月が傾《かたむ》くのを切ない気持ちで見る（のは）自然なことではあるが、ものの趣を知らない人にかぎって、「この枝も、あの枝も、花が散ってしまった。今は見所はない」というようだ。

　どんなことも、始めと終わりこそが趣深いものである。男女の恋も、ただひたすら会って契《ちぎ》りを結ぶことをいうのであろうか（、いや、そればかりが恋とはいえない）。（恋人と）会うことなく（つながりが）終わってしまったつらさを思い、はかない約束を嘆《なげ》き、長い夜を独り明かし、遠い大空（の下にいる人）を思い、浅茅《あさぢ》が茂《しげ》る（荒《あ》れた）住まいで昔をしみじみと思うことこそ、恋の情趣《じょうしゅ》を解しているといえよう。満月がくもりなく照っているのを（はるか遠く）千里のかなたまで眺《なが》めているのよりも、明け方近くになって待ちこがれた（月）が、たいそう趣深く、青みを帯びているようで、深い山の杉《すぎ》の梢（の間）に見えている、木の間からもれる月の光や、さっと時雨《しぐれ》を降らせている雲に隠《かく》れている様子は、この上もなくしみじみと心打たれる（ものである）。椎《しい》の木・白樫《しらかし》などの、濡《ぬ》れているような葉の上に（月光が）きらめいているのは、身にしみて、情趣を解する友がそばにいたらなあと、都が恋しく思われる。

2

問2 返り点に注意しながら[②]・[③]に対応する漢文を訓読し、書き下し文にします。

② 「請」→「戦」→「以」→「喩」の順に読みます。

③ 「甲」→「棄」→「兵」→「曳」→「走」の順に読みます。**「而」**はこの部分では**置き字**であるため読まないことに注意が必要です。

問3 書き下し文を参考にして[　]に入ることばを考えます。[　]に入るのは、書き下し文の「百歩を笑はば」に対応する部分です。「百歩」とは――線部④の前の書き下し文にある、「百歩にして後止《のちとど》まる」者、つまり「百歩逃《に》げた者」のことを指しています。また、「笑はば」は**「笑ったならば」**という**仮定の意味**を表しています。以上から、[　]には**「百歩逃げた者を笑ったならば」**ということばが入ります。

問4 「五十歩百歩」は**「大きな違《ちが》いがないこと」**という意味の故事成語で、本文の孟子《もうし》と王のやり取りに由来します。最後に、「是《これ》（＝五十歩逃げた者）も亦《また》走る（＝逃げる）なり」とあるように、**逃げた距離《きょり》が五十歩であろうと百歩であろうと、逃げたことに変わりはない**、ということです。

現代語訳

　孟子が答えて言うことには、「王は戦いを好みます。どうか戦争でたとえさせてください。（戦場で）ドンドンと（進軍の）太鼓《たいこ》を打ち鳴らし、（両軍の）武器が交わりました。（すると兵士が）よろいを捨てて武器を引きずって逃げました。ある者は百歩逃げたあとでとどまり、ある者は五十歩（逃げたあと）でとどまりました。（五十歩逃げた者が）五十歩（逃げたこと）で百歩（逃げた者）を（臆病《おくびょう》だと）笑ったとしたら、どうでしょうか」と。（王が）言うことには、（それは）よくない。ただ百歩逃げなかったというだけだ。これ（＝五十歩逃げた者）もまた逃げたのである、と言った。